MEINE ZWEI LEBEN

DIETER MÜLLER
mit Mounir Zitouni

MEINE ZWEI LEBEN

Was mir das Schicksal genommen
und der Fußball gegeben hat

*Für Alexander und Johanna
in Liebe*

Inhalt

Vorwort	9
Prolog – Das Wunder von Maintal	11
Mein Start ins Leben	14
Widmayer und die Reise nach Aschgabad	34
Wie Gyula Lorant mich aus Offenbach wegekelte	46
Kölner Premierenjahr	60
Der Kampf um die Karriere	78
Die Nationalelf und ich	92
Titel, Titel, Titel	132
Abschied aus Köln	156
Leben wie Gott in Frankreich	172
Der Vorhang fällt	188
Abenteuer Osten	195
Alexander	203
Präsident beim OFC	211
Leben oder Tod	221
Epilog	234
Dank	236

Vorwort

Idol, Gegner, Kollege und Freund.
Bundesliga-Torschützenkönig.
Sechs Tore in einem Bundesliga-Spiel.
Drei Tore beim Debüt in der deutschen Fußballnationalmannschaft.

Und als dann noch mein Schwager Ludger von einem Kick mit Dieter Müller und anderen Sportstudenten auf dem kleinen Kunstrasen an der Deutschen Sporthochschule in Köln erzählt und dass der große Bundesliga-Held ein ganz toller Typ ohne Starallüren sei, da wurde aus dem bewunderten Torjäger mein Idol. Das erste Treffen war indirekter Natur. Dieter Müller auf seiner letzten Station als Stürmer bei den Offenbacher Kickers. Ich als junger Cheftrainer beim damaligen Zweitligisten FC St. Pauli in der Saison 87/88. Meine Abwehrspieler hatte ich vorbereitet mit den Worten:
„Passt gut auf den Dieter Müller auf. Der steht zwar nur rum, aber macht aus keiner Chance ein Tor." Das war nicht ganz richtig. Er machte zwei Tore und wir verloren 1:3.
Unseren Aufstieg in die Bundesliga konnte er aber damit nicht verhindern.

Bei Dynamo Dresden in der ersten gesamtdeutschen Bundesliga-Saison 91/92 lernen wir uns dann persönlich kennen. Dieter Müller wird als Manager in der Rückrunde mein Mitstreiter im Kampf um den Klassenerhalt. Gemeinsam erleben wir Stasi-Enthüllungen, finanzielle Eskapaden und desaströse Niederlagen. Am Ende stehen der Klassenerhalt, unser Abschied und die Erkenntnis: Mission accomplished.
Idol, Gegner und Kollegen verloren, aber einen Freund fürs Leben gewonnen.

Und das ist doch keine so schlechte Ausbeute.

Denn: Ein Freund, ein guter Freund, das ist das Beste, was es gibt auf der Welt. Über Dieter als Sportsmann ist viel geschrieben und fast alles gesagt. Aus unserer Zeit sind mir drei Sätze besonders in Erinnerung geblieben, die den Menschen Dieter Müller gut beschreiben. Bei einem unserer Treffen sinniert er über Gott und die Welt und kommt zu der philosophischen Selbsterkenntnis:

„Wenn man nach dem Gefühl geht, ist es immer gut." Im Restaurant betrachtet er gedankenverloren sein Glas besten Rotweins. Schwenkt es gekonnt, sieht die Tropfen, die wie Tränen an der Innenseite herunterlaufen, und spricht:

„Helmut, guter Wein ist wie das Leben. Traurigkeit gehört dazu." Und auf seiner eigenen Geburtstagsfeier erklärt er den Grund für seine häufigen Aufenthalte im Restaurant „Neuer Haferkasten":

„Wir haben jeden Abend über das Leben und die Liebe diskutiert. Und? Wir sind bisher zu keinem Ergebnis gekommen."

Gefühl, Lebensklugheit und Humor sind Ingredienzien eines sehr wertvollen Menschen.

In diesem Sinne wünsche ich viel Spaß bei der Lektüre.

Helmut Schulte

Prolog
Das Wunder von Maintal

Plötzlich war Licht um mich. Weißes, grelles Licht. Wo war ich? Auf dem Weg ins Jenseits? In eine andere Welt? Menschen, die als klinisch tot galten, dann ins Leben zurückgefunden hatten, erzählen davon: Licht am Ende des Tunnels, Treffen mit Verstorbenen, übernatürliche Begegnungen ... Und nun blickte ich in dieses grelle Licht.

Aber ich glitt in keinen Tunnel hinein und fuhr durch keine Öffnung ins Jenseits. Ich lag in einem gewöhnlichen Bett. Langsam gewöhnten sich meine Augen an die Helligkeit, und ich nahm eine graue Zimmerdecke wahr. Das Bett war von Monitoren umstellt, Kabel und Schläuche hingen an mir herunter. Mein Kopf brummte, in meinem Brustkorb brannte es.

Ich wollte diese Kabel unbedingt loswerden und sie mir vom Leib reißen, aber als ich danach griff, in einer völlig unerwarteten Langsamkeit, trat eine Frau in weißem Kittel vor mich, legte meine Hand behutsam zurück auf die Bettdecke und lächelte mich an.

„Herr Müller, alles in Ordnung. Sie sind in der Kardiologischen Klinik Hanau. Sie waren fünf Tage im Koma. Alles wird gut."

Meine Gedanken stockten, ich hatte Schwierigkeiten, mich zu konzentrieren. Dann erkannte ich die zwei Menschen, die mir in meinem Leben am nächsten stehen: Johanna, meine langjährige Lebensgefährtin, und Annemarie, meine Tante, die mir wie eine Schwester ist.

„Du hattest einen Herzstillstand", sagte Johanna. Sie hielt meine Hand und kämpfte mit den Tränen. „Kannst du dir das vorstellen, 31 Minuten lang ..."

Wie konnte das sein? Wie kann man überleben, ohne dass das Herz schlägt, 31 Minuten lang? In den nächsten Tagen realisierte ich, dass es tatsächlich an ein Wunder grenzte. Zehn Minuten Herzstillstand bedeuten den Exitus, danach, so die Lehrmeinung, sind die Schäden im Gehirn wegen mangelnder Sauerstoffzufuhr irreparabel. Eigentlich hätte ich ein Pflegefall sein müssen oder gar nicht mehr aus dem Koma aufwachen dürfen. So wie Heinz Flohe, mein einstiger Mitspieler beim FC Köln, der drei Jahre im Koma lag, bevor er starb. Ich überlebte und wurde gegen jede Wahrscheinlichkeit wieder gesund. Ich war dem Tod von der Schippe gesprungen. Für meine Angehörigen waren es weitaus schlimmere Tage. Einem geliebten Menschen fünf Tage lang zuzuschauen, wie er ums Überleben kämpft, ist eine Qual.

Der Tod ist ein furchtbarer Begleiter. Ich weiß, wovon ich rede. Tod und Verlust spielten in meinem Leben eine viel zu große Rolle. Einige von mir sehr geliebte Menschen gingen viel zu früh, vor allem mein Sohn, der mit nur 16 Jahren einem Gehirntumor erlag.

Nach drei Monaten im Krankenhaus durfte ich nach Hause zurückkehren. 2012 sollte es noch nicht so weit sein, ich sollte einfach noch nicht sterben. Das Schicksal hatte etwas anderes mit mir vor, mein Leben sollte weitergehen.

Ich hatte großartige Momente, vor allem auf dem Fußballplatz. Ich war mit dem 1. FC Köln Deutscher Meister und Pokalsieger, zweimaliger Bundesliga-Torschützenkönig, Nationalspieler, und bis heute bin ich der einzige Spieler, in einem Bundesligaspiel dem sechs Tore gelangen.

Ich wusste, wie man eine gegnerische Abwehr auseinandernimmt – doch den Schicksalsschlägen des Lebens stand ich mehr als einmal ohnmächtig gegenüber.

Davon möchte ich in diesem Buch erzählen: von den Schicksalsschlägen in meinem Leben und davon, wie ich aus ihnen positive Energie gewann, wie ich es schaffte, den Mut nicht zu verlieren und dankbar für all das Schöne zu bleiben, das ich als Fußballer und als Mensch erleben durfte.

Mein Start ins Leben

Am 1. April 1954 erblickte ich um 2.40 Uhr in der Nacht im Offenbacher Stadtkrankenhaus das Licht der Welt. Aber es war ganz schön knapp. Bei der Geburt wickelte sich die Nabelschnur um meinen Hals, eine lebensbedrohliche Situation, zumal in den 1950er-Jahren, in denen Totgeburten keine Seltenheit waren. Die erste Herausforderung, noch bevor ich selbstständig atmen konnte. Glücklicherweise brachte ich meinen Kopf rechtzeitig nach draußen, die Schnur konnte entwirrt werden, bevor die Sauerstoffzufuhr abgeschnitten war. Der Zwischenfall hinterließ keine Spuren, aber er stellte die Weichen für mein weiteres Leben, in dem ich mich immer wieder herausfordernden Situationen würde stellen müssen.

Was meine Mutter in diesem Moment im Krankenhaus wohl fühlte und dachte? Sie war damals gerade mal 21 Jahre alt, ich war ihr erstes Kind. Ihr Geburtsname lautete Renate Weller. Sie hatte nach der Schule eine Weile bei der Stadt Offenbach als Telefonistin gearbeitet, bis sie meinen Vater, Heinz Kaster, kennenlernte, den sie mit 20 Jahren recht unspektakulär in sehr kleinem Kreis heiratete. Beide wohnten in einer winzigen Wohnung in Offenbach-Bürgel. Ich war nicht gerade ein Wunschkind; wenige Tage nach der Geburt gaben meine Eltern mich zu meinen Großeltern mütterlicherseits und schon im Sommer darauf verließen beide Offenbach und zogen nach Herne. Ich blieb in Offenbach. Mein Vater verschwand danach völlig aus meinem Leben. Ich sah ihn 42 Jahre lang nicht mehr.

Es gibt bessere Starts ins Leben.

Mein abwesender Vater

Ich habe mich immer gefragt, was mein Vater für ein Mensch war, wie er es mit sich vereinbarte, dass er zu seinem eigenen

Kind den Kontakt abreißen ließ. Dabei lebte er viele Jahre räumlich nur wenige Kilometer von mir entfernt. Die Erklärungen, die er mir sehr viel später, als wir uns endlich kennenlernten, anbot, konnten mich nicht zufriedenstellen. Es gab in meiner Kindheit zwar den einen oder anderen Annäherungsversuch, doch meine Mutter wollte auch nicht, dass es zu einer intensiveren Beziehung kam. Sie hielt meinen Vater für einen Trinker, sah in ihm keinen guten Umgang für mich, wie sie mir später erzählte. Immerhin trug ich beinahe 19 Jahre lang seinen Namen. Bis 1973 hieß ich Dieter Kaster, dann erst nahm ich den Nachnamen meines neuen Stiefvaters Alfred Müller an.

Kurioserweise erfuhr ich erst vier Jahrzehnte später, dass mein leiblicher Vater ebenfalls Fußballspieler gewesen war. Zum Zeitpunkt meiner Geburt war er 25 Jahre alt und spielte für Eintracht Frankfurt als rechter Außenverteidiger. Man nannte ihn „Knorze", was wohl seinem strammen Schuss geschuldet war. Er schaffte es sogar einmal zu einem Nationalmannschaftslehrgang unter Sepp Herberger. Der *kicker* schrieb damals, dass er sich „außerhalb des Spielfeldes nicht der strengen Mannschaftsräson unterwerfen" wollte. Meinem Vater fehlte es offensichtlich an Disziplin, nicht nur in Bezug auf seine väterlichen Pflichten.

Nach dem Krieg hatte er zunächst zwei Jahre für die Offenbacher Kickers gespielt, war dann für eine Saison zum FC St. Pauli gewechselt, um sich 1949 der Frankfurter Eintracht als Vertragsspieler anzuschließen. Keine Frage also, woher ich mein fußballerisches Talent hatte. Dafür war mein Vater verantwortlich. Mehr konnte und wollte er mir nicht mit auf den Weg geben.

In seiner letzten Saison in Frankfurt spielte Heinz Kaster keine große Rolle mehr. In der Spielzeit 1953/54 kam er lediglich auf einen Einsatz. Auch bei der Endrunde um die Deutsche Fußballmeisterschaft, für die sich Frankfurt als Oberliga-Zweiter der Gruppe Süd qualifiziert hatte – die Oberliga war damals die höchste Liga –, spielte er nicht. Die Eintracht verlor dort unglücklich gegen Köln und Kaiserslautern. Ohne meinen Vater.

Aufgrund der schlechten sportlichen Perspektive in Frankfurt entschloss er sich, zur neuen Saison zu Westfalia Herne, Aufsteiger in die Oberliga West, zu wechseln. Meine Mutter begleitete ihn und ließ mich, wie gesagt, bei meinen Großeltern Heinrich und Else zurück. Direkt nach meiner Geburt im April 1954. Dabei startete die neue Saison doch erst im September ... Im ersten Spiel am 22. September 1954 gab es gleich eine 1:7-Niederlage bei Preußen Münster. Mein Vater stand in der Startelf. Es sollte sein erstes und letztes Spiel für Herne sein. Bereits 1955 kam er wieder zurück ins Rhein-Main-Gebiet. Auch meine Mutter kehrte zurück, doch beide waren kein Paar mehr. Sie hatten sich nach nur einem Jahr getrennt, die Ehe hatte nur zwei Jahre gehalten.

Seltsamerweise fragte ich nie bei meiner Mutter nach, jedenfalls nicht beharrlich genug, wie das alles war in den ersten Jahren nach meiner Geburt, warum mein Vater mich nie besuchen kam, wer er eigentlich war, weshalb sie beide mich nicht nach Herne mitnahmen, warum sie sich so schnell trennten. Allzu leicht gab ich mich mit ihren Ausflüchten und Ausweichmanövern zufrieden. Sie wollte diese Episode ihres Lebens wohl unter allen Umständen vergessen, verdrängen. Fragen dazu wehrte sie rigoros ab. Vermutlich scheute auch ich mich davor, die wahren Beweggründe zu hören, weil ich fürchtete, dadurch erneut verletzt zu werden.

Bei Oma und Opa in Offenbach

Fakt war, dass ich wenige Tage nach meiner Geburt ohne meine Eltern in die Wohnung meiner Großeltern kam und dort die ersten zehn Jahre meines Lebens verbrachte. Wir wohnten in einem Wohnblock im Stadtzentrum von Offenbach, direkt an den Bahngleisen, genau gegenüber der Station Offenbach-Ost. Annastraße 18, so lautete die Adresse. Die Bieberer Straße, die schnurgerade hoch zum Stadion führte, lag um die Ecke. Von unserer Wohnung aus konnten wir hinter den Gleisen das riesige grüne Areal des Alten Friedhofs erahnen. Der Block, 1950 gebaut, war einer dieser typischen kleinbürgerlichen Mietshäuser, die nach dem Krieg überall hochgezogen wurden, um den vielen Flüchtlingen ein Dach über dem Kopf zu geben. Zusammen mit drei weiteren Blocks bildeten die Häuser eine Kolonie, eine kleine Welt für sich. Auf den Rasenflächen zwischen den Gebäuden trockneten die Bewohner im Sommer ihre Wäsche.

In unserem Block gab es vier Hauseingänge. Wir wohnten ganz vorne, direkt gegenüber den Bahnschienen. Die Wohnung befand sich im zweiten Stock links. Insgesamt hatte die Wohnung 50 Quadratmeter. Das reichte für eine ganze Familie. Wenn man eintrat, befand sich links ein kleines Duschbad mit Toilette. Geradeaus ging es in den wichtigsten Raum der Wohnung, die Küche. Dort spielte sich das Familienleben ab. In der Küche gab es eine kleine Nische, in der eine kleine Couch stand. Diese Nische war durch einen Vorhang vom Rest der Küche abgetrennt. Das hatte einen Grund, denn die Couch wurde abends ausgeklappt. Dort verbrachte die kleine Schwester meiner Mutter, meine Tante Annemarie, die nur sieben Jahre älter war als ich, ihre Nächte. Tante Annemarie wurde für mich zur wichtigsten Bezugsperson, wir entwickelten ein sehr enges Verhältnis, das sich bis heute wie ein Bruder-Schwester-Verhältnis anfühlt. Von Eifersucht war bei ihr keine Spur, sie liebte mich abgöttisch. Und das tat mir gut. Sie brachte mich zum Kindergarten, sie schaute nach mir, wenn es mal wieder zu spät wurde, weil ich mit den anderen Kindern bolzte, oder ging dazwischen, wenn es zu Streitigkeiten kam. Als Baby schlief ich mit Opa und Oma im kleinen Schlafzimmer, das, wie das Wohnzimmer, vom Flur abging. Ich hatte kein eigenes Bett, dafür gab es keinen Platz, ich lag also die ersten Jahre sozusagen in der „Besucherritze". Später kam es auch vor, dass ich auf der Couch im Wohnzimmer schlief. Tagsüber hielt ich mich meist in der Küche auf. Es gab dort einen Ofen, den Herd, Tisch, Bank und Stühle sowie eine kleine Speisekammer. Ich liebte diesen Ort. Er roch immer lecker nach Essen und war auch im Winter den ganzen Tag über warm. Das kleine Wohnzimmer hingegen wurde in den kalten Monaten höchstens am Abend oder am Wochenende geheizt.

Meine Großeltern, die nie Aufhebens davon machten, dass sie mich großzogen, akzeptierten, dass ihre Tochter mich bei ihnen zurückgelassen hatte. Sie versuchten, das Beste aus unseren bescheidenen Verhältnissen zu machen. Nach heutigen Maßstäben waren es unzumutbare Zustände. Meine Großeltern hatten keinerlei Privatsphäre. Dabei waren sie nicht alt, bei meiner Geburt gerade mal 50 Jahre. Heute hat man mit 50 noch eine sehr aktive Paarbeziehung, damals war das kein Thema. Es gab andere Sorgen. Man musste für die Familie sorgen. Das Überleben sichern. Meine Großeltern widmeten sich dieser Aufgabe mit Hingabe, der Alltag nahm sie voll und ganz in Anspruch.

Oma Else sorgte für mich wie eine Mutter. Sie war klein, ein wenig korpulent, aber mit einer unglaublichen Energie. Sie war die gute Seele in der Wohnung, kümmerte sich um alle und alles. Zu Hause trug sie meist eine Küchenschürze, mal blau, mal grün. Oma war Hausfrau mit Leib und Seele. Sie machte sauber, kochte, wusch und kaufte ein.

Opa Heinrich hatte nach dem Krieg eine Anstellung als Sachbearbeiter beim Ausgleichsamt im Offenbacher Rathaus gefunden. Mit seinen kurz geschnittenen Haaren, die auch über den Ohren rasiert waren, seinem dünnen Schnauzer und dem grauen, abgetragenen Anzug sah er recht bieder und streng aus. Aber ich hatte zu ihm eine sehr enge Beziehung. Als ich später Fußballprofi wurde, sammelte Opa gewissenhaft alle Berichte und Fotos, die ihm in die Hände fielen, und bastelte Alben daraus. Er war unglaublich stolz auf mich.

So traurig es rückblickend für mich war, dass meine Eltern nach Herne gingen und mich zurückließen – für meine Großeltern war es ein Glücksfall. Ich war der Sonnenschein, der die dunklen Wolken aus ihrem Leben vertrieb. Meine Großeltern hatten schlimme Nachkriegsjahre hinter sich und das hatte vor allem mit der düsteren Vergangenheit meines Opas zu tun. Mit mir als ihrem neuen Lebensinhalt trat die Vergangenheit ein Stück weit zurück. Sie stürzten sich regelrecht auf mich.

Für mich ist es nach wie vor unvorstellbar, dass mein Opa anderen Menschen Schlimmes angetan hat. Aufgrund seiner Stellung und Arbeit während des Krieges ist das aber mehr als wahrscheinlich. Ich kriege das immer noch nicht zusammen. Wie kann ein liebevoller, bescheidener und freundlicher Mensch wie mein Großvater zu Gräueltaten fähig sein wie so viele andere während des Hitlerregimes auch? Eine Frage, die später eine ganze Generation beschäftigen sollte. Mein Opa war Nazi, das war leider so. Wenn ich als Kind seine eintätowierte Blutgruppenbezeichnung auf dem Oberarm sah, war das für mich nur eine Verzierung. Erst später lernte ich, dass Mitglieder der SS diese Tätowierung trugen.

Wie in vielen anderen Familien legte sich auch bei uns eine Glocke der Sprachlosigkeit über die Kriegszeit. Ich erfuhr nie von meinen Großeltern, was Opa tatsächlich im Krieg gemacht hatte. Vor dem Krieg war er bei der Offenbacher Kriminalpolizei gewesen. Schon sein Vater, also mein Urgroßvater, war Polizist gewesen. Sein Revier war die Mathildenstraße, Ecke Bieberer Straße, dort, wo es noch heute eine Polizeidienststelle gibt. Nach Hitlers Machtübernahme trat Opa Heinrich in die NSDAP ein und mit Ausbruch des Krieges wurde er immer häufiger nach Berlin zum Reichssicherheitshauptamt abkommandiert, dessen Leiter der brutale Reinhard Heydrich war, unter anderem einer der Hauptverantwortlichen des Holocaust. Das Amt war mit 3000 Beschäftigten die zentrale Behörde, die den größten Teil der deutschen Repressionsorgane unter Hitler leitete. Mein Opa war also regelmäßig an der Quelle des Bösen. Später reiste er auch öfter nach Prag, wo sein Chef Heydrich als stellvertretender Reichsprotektor Böhmen und Mähren Hof hielt. Vor allem in Gesprächen mit meiner Tante Annemarie wurde mir als Erwachsener nach und nach klar, wie sehr mein

Großvater in das Hitlerregime verstrickt gewesen war. Nach dem Krieg, als die US-Amerikaner durch Hessen marschierten, floh Opa zusammen mit Oma, meiner damals zwölfjährigen Mutter und einem Halbbruder, den meine Oma aus einer ersten Ehe mitgebracht hatte, in Richtung Süden. In der Nähe von Rosenheim wurden sie jedoch gestellt. Opa kam in ein Entnazifizierungslager im Rhein-Main-Gebiet. Später wurde er von den Behörden als Mitläufer eingestuft und durfte zu seiner Familie zurückkehren.

Doch mit welcher Perspektive? Die Familie litt existenzielle Nöte und das war eine große Umstellung, denn ihr war es zuvor immer sehr gut gegangen. Meine Oma, so erfuhr ich später, kam als Fabrikantentochter aus gutem Hause und nicht zuletzt dank der Stellung meines Opas bei der Polizei lebte die Familie all die Jahre frei von materiellen Sorgen. Das war nun vorbei. Die Familie kam zunächst in einem Zimmer bei Verwandten am Offenbacher Waldpark, in der Nähe des Stadions, unter, bis man eine kleine Wohnung in der Nähe des Wilhelmplatzes im Stadtzentrum fand. 1947 kam meine Tante Annemarie zur Welt und vergrößerte die Familie. Das machte die Sorgen nicht kleiner. Mein Opa fing an, auf dem Bau zu arbeiten. Er war so eine Art Gelegenheitsarbeiter oder Tagelöhner. Die Rückkehr in den Polizeidienst war ihm versperrt. Nun verließ er früh das Haus, wartete auf Auftraggeber, die seine Dienste tageweise bezahlten, und kam am Abend müde nach Hause. Meine Mutter litt in dieser Zeit als Teenager wohl besonders. Sie kam mit den ärmlichen Verhältnissen gar nicht zurecht und sehnte sich nach den guten alten Zeiten zurück.

Ich stelle mir vor, wie meine Familie nach dem Krieg zusehen musste, wie sie mit den neuen Verhältnissen klarkam. Die belastende Vergangenheit meines Großvaters, das fehlende Geld, die beengten Wohnverhältnisse, das Schweigen, all das, so denke ich, sorgte dafür, dass auf dem Haushalt eine gewisse Schwere lag.

Mit meiner Ankunft sollte sich das ändern. Ich war für sie wie ein neues Lebenselixier.

Meine Mutter taucht wieder auf

1955, etwa ein Jahr nach meiner Geburt, kam meine Mutter zurück nach Offenbach.

Dort sah es damals wie überall in Deutschland aus. Alles war im Wiederaufbau begriffen. Offenbach war im Zweiten Weltkrieg durch alliierte Luftangriffe zu 36 Prozent zerstört worden. Besonders in der Alt- und Weststadt war kein Stein auf dem anderen geblieben. Die öffentlichen Gebäude waren allesamt hinüber und mussten wiederaufgebaut werden. Genauso wie Wohnungshäuser, Straßen, Kanalisation, Versorgungsleitungen oder Krankenhäuser. Die Stadt erhielt ein völlig neues Bild. Aus den Trümmern der idyllischen Altstadtgassen wuchs keine sehr schöne, aber immerhin eine moderne Stadt. Die in Offenbach ansässige Lederindustrie zog viele Menschen an. 1954, wenige Monate nach meiner Geburt, hatte Offenbach erstmals 100 000 Einwohner. Auch auf dem Bieberer Berg, dort, wo 1921 ein Stadion gebaut worden war, legte man Hand an. Die alte Holztribüne hatte lediglich Platz für 1200 Zuschauer. So wurde 1952 auf der Gegenseite eine neue überdachte Stehtribüne gebaut, 1956 erhielt das Stadion seine erste Flutlichtanlage und 1960 entstand die Haupttribüne neu. Auf den Straßen Offenbachs startete in den 50er-Jahren wie überall in Deutschland der Siegeszug des Autos. 1957 bekam Offenbach seine erste Straßenampel, und zwar an der Kreuzung Kaiserstraße/Bernhardstraße am Büsingpark, keine zwei Kilometer von unserer damaligen Wohnung entfernt. Wir besaßen allerdings kein Auto. Das konnten sich meine Großeltern nicht leisten.

1955 war meine Mutter also plötzlich wieder in Offenbach. Ihre Ehe mit Heinz Kaster war in die Brüche gegangen und sie zog bei uns ein. Wohin? Gute Frage, wenn in einer 50-Quadratmeter-Wohnung bereits vier Personen leben. Aber es gab ja noch das Wohnzimmer. Das machte sie zu ihrem Reich. Mutter fing wieder an, als Telefonistin zu arbeiten, diesmal beim Fernmeldeamt in Frankfurt. Parallel dazu kümmerte sie sich um die Scheidung. Der Anwalt, den sie mit dieser Angelegenheit beauftragte, war ein wohlhabender unverheirateter Mann. Die beiden wurden ein Paar. Meine Mutter war eine attraktive Frau. Sie hatte hübsche schwarze Haare, eine schlanke Figur und legte sehr viel Wert auf ihre Kleidung. Die Männer drehten sich auf der Straße nach ihr um. Der Anwalt kam in dieser Zeit öfters zu uns nach Hause, was ich als Kleinkind noch nicht so mitbekam. Auch weil meine Mutter sich regelmäßig ins Wohnzimmer zurückzog. Sie schloss die Tür ab und keiner durfte hinein. Meine Großeltern akzeptierten das.

Für mich hatte sie nach ihrer Rückkehr nur wenig Zeit. Sie war mit ihrer Arbeit beschäftigt, dazu mit der Scheidung und nicht zuletzt mit ihrer neuen Beziehung. Für mich lief eigentlich alles so weiter wie bisher. Annemarie und Oma Else blieben meine zentralen Bezugspersonen. Vor allem von meiner Oma bekam ich die Sicherheit und Geborgenheit, die ich brauchte. Statt mit meiner Mutter schmuste und kuschelte ich mit ihr. Babys und Kinder benötigen vertraute und verlässliche Personen, die Bindungserfahrungen der ersten Jahre können durch nichts ersetzt werden. Deshalb bin ich sehr glücklich, dass ich meine Großeltern und Annemarie hatte. Aber die Rolle von Mutter und Vater konnten sie natürlich nicht zu 100 Prozent übernehmen.

Obwohl mein Vater nach seinem Intermezzo in Herne wieder in Offenbach lebte, tauchte er in meinem Leben nicht mehr auf. Laut Wikipedia spielte er noch für den KSV Urberach, einen kleinen Verein in der Nähe, und trainierte später Germania Bieber, einen Klub, der nicht weit vom Stadion der Kickers entfernt seine Heimstatt hatte. Tatsächlich gab es keinerlei Kontakt. Meiner Mutter war das nur recht. Sie wollte die Episode mit dem „Fußballer" so schnell wie möglich vergessen und nicht mehr über ihn reden. Und wenn sie es doch tat, dann fiel ihr nur Schlechtes ein.

Sie hatte jetzt ihren Anwalt, mit dem sie sich in die nächste Ehe stürzte. Auch an diesem neuen Leben meiner Mutter durfte ich nicht teilnehmen. Der neue Mann wusste von mir, hatte mich ja des Öfteren bei uns in der Annastraße gesehen, wenn er meine Mutter besuchte. Aber vor seiner Familie wurde meine Existenz totgeschwiegen. Er lebte in Bad Nauheim zusammen mit seinen Eltern in einem herrschaftlichen Haus. Die Familie war angesehen und gut betucht. Nach der Heirat sollte meine Mutter dort einziehen. Ich habe das Haus nie gesehen. Auch bei der Hochzeit war ich nicht dabei. Meine Mutter entschied, dass ihr Kind aus erster Ehe hier nichts zu suchen hatte. Ich sah sie nur gelegentlich, wenn sie aus Bad Nauheim zu Besuch in Offenbach war.

Annemarie dagegen wurde des Öfteren nach Bad Nauheim eingeladen, wobei sie sich dort alles andere als wohl fühlte. Anders als bei uns in Offenbach ging es in Bad Nauheim sehr steif und förmlich zu. Jedes Mal, bevor sie dorthin fuhr, wurde sie ausführlich „gebrieft". Sie durfte auf keinen Fall erzählen, dass es in Offenbach noch den kleinen Dieter gab, der auf seine Mutter wartete.

Fußball, Elvis, Eiscafé

Mittlerweile schrieben wir das Jahr 1957, ich kam in den Kindergarten.

Einmal in der Woche, immer am Samstag, war Badezeit für Annemarie und mich. Das Wasser wurde in Kochtöpfen erhitzt und in die Emaillebadewanne geschüttet. Und auch Oma und Opa sprangen manchmal hinein. Das Wasser wurde natürlich nicht gewechselt, es musste ja an Öl fürs Heizen gespart werden. Auch das, was Oma Else auf den Tisch brachte, war einfach und kostensparend. Es gab viel Gemüse – Kartoffeln, Kohlrabi oder Karotten –, auch mal Gulasch oder Eisbein mit

Sauerkraut. Opa kam mittags immer von der Arbeit zum Essen nach Hause, um Geld zu sparen. Kurz vor dem Hauseingang pfiff er sehr laut zum Küchenfenster hoch, sodass Oma wusste, dass nun das Essen aufgetischt werden musste. Mein Lieblingsessen war Hackbraten. Ab und an gingen wir in eine Gaststätte in der Nähe. Da gab es für alle immer ein halbes Hähnchen. Dazu putzte sich mein Großvater stets fein raus, zog seinen zweiten Anzug an, den er nur für besondere Anlässe aus dem Schrank holte. Es war für mich das Schönste, wenn Oma, Opa, Annemarie und ich zusammen etwas unternahmen oder zu Hause vor dem Fernseher saßen. Anfang der 60er-Jahre konnten wir uns tatsächlich ein Loewe-Opta-Gerät leisten. Szenen von der WM 1962 aus Chile waren die ersten Fußballbilder im TV, an die ich mich noch erinnern kann.

Trotz der Abwesenheit meiner Eltern und der beengten und einfachen Verhältnisse war es eine glückliche Zeit für mich.

Ich war ein zurückhaltendes und braves Kind, meine Großeltern hatten es nicht schwer mit mir. Tante Annemarie war da schon anders. Opa Heinrich schimpfte oft mit ihr. Sie büxte als kleines Mädchen oft aus. Unsere Haustür hatte quadratische Glasscheiben und eine von den unteren konnte man aufklappen – durch die verschwand sie regelmäßig. Ich bewunderte sie dafür, denn ich traute mich so was nicht. Ich hatte sehr großen Respekt vor meinen Großeltern und machte nur selten Dummheiten. Ich spürte als Kind, dass ich auf beide angewiesen war, mehr als auf jeden anderen in der Welt. Ich wollte es mir mit ihnen nicht verscherzen.

Ich besaß kein eigenes Zimmer, meine Spielsachen waren überschaubar. Andere Kinder kamen nie zu mir, das war nicht vorgesehen. Vieles spielte sich deshalb draußen ab. Auf der anderen Straßenseite von unserem Haus gab es einen kleinen Park, eigentlich ein sandiger Platz zwischen Bäumen, um den einige Parkbänke standen. Wir nutzten ihn zum Fußballspielen. Noch heute gibt es diesen Bolzplatz, jetzt eingezäunt und mit richtigen Toren, aber Kinder kicken dort nur noch selten. Die Zeiten haben sich geändert. Für mich gab es damals, vor 60 Jahren, nur eines: raus und Fußballspielen. Ich hatte mich mit einem drei Jahre älteren Jungen angefreundet. Er hieß Rainer und wohnte in der 12, drei Eingänge weiter. Trotz des Altersunterschiedes verbrachten wir viele, viele Nachmittage vor dem Haus, streunten umher, spielten Nachlaufen, kickten auf dem Rasen oder schossen den Ball abwechselnd stundenlang gegen eine Mauer vor unserem Haus. Bis heute sind wir Freunde und treffen uns ab und zu, um über die alten Tage zu reden.

Ich war vier Jahre alt, als ich das Fußballspielen für mich entdeckte. Ab da war ich fast jeden Tag draußen. Aber zum Spielen brauchten wir einen Ball und das war ein Problem. Erst mit neun Jahren bekam ich von meinem Großvater einen Lederball geschenkt. Bis dahin waren wir auf Helmut angewiesen. Er war der einzige, der einen richtigen Ball hatte. Wenn Helmut nicht da war, wurde es schwierig. Oft klingelten wir bei ihm an der Haustür, einen Block weiter, um zu fragen, wann er endlich rauskomme. Manchmal gab er uns den Ball mit und wir brachten ihn später zurück. Mit Helmuts Lederball machte das Kicken gleich viel mehr Spaß. Es gab zwar den einen oder anderen Gummi- oder Plastikball in der Siedlung, aber das war natürlich nicht das Gleiche. Ich erinnere mich an endlose Augenblicke, die ich unten wartete, bis endlich andere Kinder kamen. Ich lief herum, allein oder mit Rainer, auf der Suche nach Spielkameraden. Wenn niemand da war, mussten wir uns was ausdenken, zum Beispiel Mauerschießen. Manchmal war ich ganz allein und dann wurde es richtig langweilig. Eine Langeweile, die die Kinder von heute gar nicht mehr kennen. Damals gehörte das dazu, wir hatten endlos Zeit. Es gab keine Nachhilfe, keine Events, ich wurde weder zum Klavier- oder Englischunterricht chauffiert noch zu meinen Freunden. Man musste sich mit sich selbst beschäftigen und sich die Zeit vertreiben. Und dann gab es noch den Faktor Wetter. Wie ich damals den Regen hasste! Wenn es schüttete, wollte Oma

Else nämlich nicht, dass ich rausging. Ich saß dann stundenlang am Fenster und schaute hinaus, ob der Regen vielleicht etwas nachlassen würde. Ich war tatsächlich fußballverrückt. Ich erinnere mich gut daran, wie Opa Heinrich schimpfte, wenn ich mit meinen guten Schuhen, die ich für die Schule brauchte, Fußball spielte. Dann pfiff er mich hoch, die Schuhe zu wechseln, was ich immer ziemlich peinlich fand, denn die anderen mussten das Spiel unterbrechen und auf mich warten.

Unsere Tore waren zwei gegenüberliegende Bänke. Keine Chance für die Anwohner, sich dort auszuruhen, ein Buch oder die Zeitung zu lesen. Das war unser Revier. Ich liebte diese Welt. So lieb und brav ich zu Hause war, so wild und draufgängerisch war ich beim Fußball. Mal spielte ich mit Älteren, mal mit Jüngeren. Das Wichtigste war für mich jedes Mal, Tore zu schießen. Dieser Moment, wenn ich für meine Mannschaft etwas leistete und dafür Anerkennung bekam, brannte sich mir ein. Ich glaube, ich bin in jenen Tagen in der Annastraße richtig süchtig danach geworden. Es ging ab da immer nur darum, Tore zu erzielen. Mit sechs war ich so flink und dribbelstark, dass mich die anderen Jungs irgendwann „Didi" tauften. Der brasilianische Star war zwei Jahre zuvor zum besten Fußballer des Weltmeisterschaftsturniers in Schweden gewählt worden, wo er unter anderem mit Pelé und Vavá den WM-Titel gewonnen hatte. 1959 wechselte er zu Europapokalsieger Real Madrid. Seine Technik war legendär. Didi perfektionierte den Schuss mit dem Außenrist, mit dem er ein ums andere Mal die Torhüter düpierte. Mir gefiel mein neuer Name, er spornte mich an und natürlich probierte ich wie die anderen auch, mit dem Außenrist zu schießen. Das war schwerer als gedacht.

In einen Verein einzutreten, stand damals nicht zur Debatte. Ich erinnere mich schwach, dass Opa Heinrich Anfang der 60er-Jahre bisweilen mit mir hoch ins Stadion am Bieberer Berg zu den Kickers ging. Aber die Erinnerungen daran sind verblasst. Es sollte noch einige Jahre dauern, bis das Trainings- und

Stadiongelände auf dem Bieberer Berg zu einem wichtigen Teil meines Lebens wurde.

In der Schule brillierte ich nicht gerade. Ich besuchte die Mathildenschule etwa 15 Gehminuten von uns entfernt. Aber der Unterricht interessierte mich nicht sehr. Statt Hausaufgaben zu machen oder für Mathe und Deutsch zu lernen, spielte ich lieber draußen mit den anderen Kindern. Ich mochte die Schule wirklich nicht und kann mich auch nicht besonders gut an diese Zeit erinnern. Ich weiß nur, dass später, als ich elf oder zwölf Jahre alt war, ein Lehrer namens Koch meine bescheidenen Leistungen mit den Worten kommentierte: „Na, Kaster, wieder mal zu viele Kopfbälle gemacht …?"

Anders als die Schule wurde das Kino zu meiner zweiten großen Leidenschaft. Tante Paula, eigentlich meine Großtante – sie war die Schwester meiner Oma – nahm mich regelmäßig mit. Der Saal bei uns in der Nähe hieß „Atlantik" und gehörte einem gewissen Kurt Schreiner. Er sollte als einer meiner späteren Jugendtrainer bei Kickers Offenbach sehr wichtig für mich werden. Schreiner war nach dem Krieg einer der herausragenden Spieler des OFC gewesen. Er war Teil jener Mannschaft, die 1950 im Endspiel um die Deutsche Meisterschaft dem VfB Stuttgart vor 100 000 Zuschauern in Berlin unterlag. Zwischen 1946 und 1948 spielte er sogar mit meinem Vater in Offenbach zusammen. Das wusste ich damals natürlich nicht, als ich ins Atlantik ging, um Filme wie *Fuzzy, der Revolverheld* oder *Die Brücke am Kwai* zu sehen.

Zu dieser Zeit, Ende der 50er-Jahre, war auch Elvis Presley sehr präsent. Das große Musikidol wohnte zwischen Oktober 1958 und Anfang 1960 in Bad Nauheim, um in Friedberg seinen Wehrdienst abzuleisten. Ich war zwar gerade mal fünf, sechs Jahre alt, aber ich bekam bereits mit, was für eine große Fangemeinde Elvis hatte. Die älteren Jungs aus unserer Straße fuhren zwei Stunden mit dem Fahrrad nach Bad Nauheim, wo er täglich Hof hielt und eine abendliche Autogrammstunde gab. Einmal zeigte uns ein Nachbarsjunge mit stolzer Brust sein Autogramm vom „King of Rock 'n' Roll". Das war Gesprächsthema für Tage! Als das Lied *Muss i denn zum Städtele hinaus* ein Hit wurde und aller Welt auf den Lippen lag, musste ich immer an diesen Jungen denken, der von Elvis persönlich ein Autogramm erhalten hatte. Ich beneidete ihn sehr und nahm mir vor, auch einmal nach Bad Nauheim zu fahren, falls der King noch einmal wiederkommen würde. Das tat er natürlich nicht.

Ein weiteres frühes Highlight, an das ich mich sehr gern zurückerinnere, waren unsere Ausflüge ins Café Wipra. Das war ein Eiscafé in der Frankfurter Innenstadt, das sich „Café der Tierfreunde" nannte. Wenn man hineinging, wusste man, warum. Man war von Affen, Papageien, exotischen Fischen und Schlangen umgeben. Heute angesichts der hygienischen Auflagen und des Tierschutzes unvorstellbar, doch damals interessierte das niemanden und die Familien strömten scharenweise dorthin. Ich liebte es, zusammen mit Oma Else und Annemarie mit der Straßenbahnlinie 16 nach Frankfurt zu fahren, um dort ein Eis oder ein Stück Kuchen zu essen.

Neuer Wohlstand, neues Familienleben und der erste Verein
Mein Leben Anfang der 60er-Jahre spielte sich zwischen Schule, Bolzplatz und Wohnung ab. Bis zu dem Zeitpunkt, als meine Mutter auf ihre große Liebe traf …

Bei einem ihrer Besuche bei uns in Offenbach lernte sie einen gewissen Alfred Müller kennen, einen erfolgreichen, stadtbekannten Bauunternehmer, ein stattlicher und eleganter Typ, immer im schnieken Anzug, meist kariert, und mit Einstecktuch. Er hatte aus den Nachkriegsverhältnissen seinen Profit geschlagen, überall musste ja gebaut werden, und in Offenbach besaß er beste Verbindungen, um an Aufträge zu kommen. Er fuhr einen glänzenden Mercedes 300 SE in Beige, was sich damals nur die wirklich Reichen leisten konnten, und wohnte in einer großen Villa in Königstein-Falkenstein, einem vornehmen

Ort im Taunus. Sein Bauhof lag uns direkt gegenüber. Irgendwie müssen meine Mutter und er sich auf der Straße vor unserem Haus begegnet sein. Sie begannen jedenfalls eine Affäre, denn beide waren zu jenem Zeitpunkt noch verheiratet. Der Reichtum Müllers, der immerhin 24 Jahre älter war, hatte eine große Überzeugungskraft für meine Mutter, die Zeit ihres Lebens von materiellen Dingen angezogen war.

In einer Nacht-und-Nebel-Aktion verließ sie 1962 ihren Anwalt und reichte die Scheidung ein. Nachdem sie Müller geheiratet hatte, durfte keiner erfahren, dass sie den Bund der Ehe glatte dreimal eingegangen war. Die Ehe mit dem Anwalt wurde unter den Teppich gekehrt.

Einmal nahm meine Mutter mich mit in Müllers Büro, das keine 50 Meter von zu Hause entfernt war. Ich war beeindruckt von seiner mächtigen Gestalt und brummigen Stimme. Und das Beste: Er hatte Schokoladenküsse für mich, was mich endgültig für ihn einnahm. Ich machte mich über sie her, als gebe es kein Morgen. Solche Leckereien gab es nicht eben oft.

Das Eheglück meiner Mutter mit Alfred Müller stand unter keinem guten Stern, denn als Müller sich von seiner Frau trennte, erhängte diese sich in ihrem gemeinsamen Haus in Falkenstein. Deshalb beschloss Müller, in Götzenhain, 15 Kilometer südlich von Offenbach, ein neues Haus zu bauen. 1964 war es endlich fertig, meine Mutter zog mit Müller nach Götzenhain – und diesmal nahm sie mich mit! Mein neuer Stiefvater hatte bereits einen Sohn aus erster Ehe, doch der hatte wegen des Selbstmords der Mutter jeglichen Kontakt zu seinem Vater abgebrochen. Müller enterbte ihn kurzerhand und schien froh zu sein, wieder einen Sohn im Haus zu haben.

Nach zehn Jahren erlebte ich also zum ersten Mal so etwas wie Familienleben: Vater, Mutter, Kind. Müller mochte mich und auch ich konnte ihn gut leiden, obwohl er sehr streng, fast brutal werden konnte. Als Zehnjähriger erlebte ich zum ersten Mal, was Alkoholkonsum für Folgen haben kann. Müller trank gern und viel. Ich registrierte sehr genau, wie er sich unter Alkoholeinfluss veränderte. Hatte er ein paar Bier intus, gingen die Emotionen mit ihm durch, dann wurde er sentimental, cholerisch, aggressiv. Einmal stützte ich unbedachtsamerweise meine Ellenbogen bei Tisch auf, da schlug er mir mit einer Bierflasche auf den Ellenbogenknochen, dass ich vor Schmerz nicht mehr wusste, wo oben und unten war. Wenn er getrunken hatte, wurde er unberechenbar.

Für mich begann mit dem Umzug nach Götzenhain 1964 ein völlig neues Leben. Wir waren plötzlich reich und ich kam aus dem Staunen darüber, was es alles in der Welt gab, nicht mehr heraus. Die engen und bescheidenen Verhältnisse in Offenbach waren auf einen Schlag passé. Mussten wir bei meinen Großeltern sparen, wo es nur ging, konnten wir uns nun alles leisten. Das Haus in Götzenhain hatte über 250 Quadratmeter und acht Zimmer, war luxuriös ausgestattet mit allem, was man sich nur wünschen konnte, zum Beispiel einer Badewanne, dreimal so groß wie die in Offenbach. Es gab außerdem einen großen Garten, eine Garage und zu allem Überfluss ein eigenes Schwimmbad. Man muss sich das mal vorstellen: In Offenbach lebten wir zu viert, zeitweise zu fünft in einer 50-Quadratmeter-Wohnung und nun ein eigenes Schwimmbad! Kaum eingezogen, ging es auch schon in den Sommerurlaub. Sommerurlaub? Auch das hatte es für mich noch nie zuvor gegeben. Mein Stiefvater hatte 1964 in Altea, in der Nähe von Alicante, ein großes Ferienhaus gebaut. Im Luxus-Mercedes meines Stiefvaters brausten wir die 1900 Kilometer hinunter an die spanische Küste. Das erste Mal im Süden! Ich konnte es kaum glauben. Es war das erste von unzähligen Malen, dass ich dort meine Sommerferien verbrachte. Das Haus gibt es bis heute.

Die Fahrt im Auto dauerte damals zwei Tage. Eine Weltreise. In Lyon stiegen wir im Grandhotel ab, für meinen Stiefvater nur das Beste. Für mich zehnjährigen Buben, der bis dahin das Café Wipra in Frankfurt für den Nabel der Welt gehalten hatte, war das alles schwer fassbar. Im Hotel standen livrierte Pagen parat, die uns das Gepäck abnahmen; schwere Teppiche schluckten alle Geräusche. Fliesen, Kronleuchter, Sessel: Ich kam mir vor wie im Film. In unserem Zimmer stand das größte und schönste Bett, das ich jemals gesehen hatte. Jauchzend sprang ich in die kuscheligen Bezüge und versank in einer weichen, äußerst wohlriechenden Matratze. Mein Stiefvater kam auf mich zu und verpasste mir eine schallende Ohrfeige. „Benimm dich. Man wirft sich nicht aufs Bett."

Das war ein Schock für mich. Ich war noch nie geschlagen worden, geschweige denn ins Gesicht.

Manchmal sperrte Müller mich als erzieherische Maßnahme ins Zimmer ein. Meine Mutter duldete es stillschweigend. Mit den Jahren lernte ich, damit umzugehen; ich wusste, wann ich in seiner Gegenwart aufpassen musste. Müller hatte zwei Gesichter: Unter Alkoholeinfluss war er manchmal grob und gewalttätig, aber wenn er nicht getrunken hatte, war er ein fürsorglicher Stiefvater und brachte mir seine geballte Aufmerksamkeit entgegen. So meldete er mich 1964, direkt nach unserem Sommerurlaub, bei der SG Götzenhain in der D-Jugend an. Ich vermisste meine Freunde in der Annastraße, aber mein Stiefvater meinte: „Ein Junge, der so kicken kann wie du, gehört in einen Verein." Er kaufte mir richtige Fußballschuhe und fuhr mich zum Sportplatz des ansässigen Klubs draußen an den Schienen, mitten in der Feldmark. Das war ein kleiner Dorfverein, der nur über einen schlechten Rasenplatz verfügte. Es gab eine kleine Baracke, in der man sich umzog. Die Kabinen waren so klein, dass kaum eine Mannschaft reinpasste. Eine Tribüne gab es nicht. Wozu auch? Die erste Mannschaft spielte meist in den Niederungen der Kreisliga.

Ich fand es trotzdem großartig, in einem Trikot mit anderen Jungs auf dem Platz zu stehen. Mein Jugendtrainer wollte mich aufgrund meiner Statur in die Abwehr stecken, aber ich sagte nur: „Am allerbesten kann ich Tore schießen." Ich bekam meinen Willen und traf auch gleich zweimal, in meinem allerersten Spiel und dem ersten der Saison. Es sollte so weitergehen. Ich schlug ein. Von diesem ersten Spiel an traf ich regelmäßig. Nicht unter die Steinbänke wie ehedem in unserem Park in Offenbach, sondern in richtige Tore, für meine Mannschaft! Und das Schönste daran war: Mein Stiefvater war bei fast jedem Spiel dabei. Zu den Auswärtsfahrten, wenn es nach Langen, Egelsbach oder Dreieichenhain ging, fuhr er mich. Es machte ihm offensichtlich Spaß, mir zuzuschauen. Das fand ich großartig. Ich hatte plötzlich einen Vater, der sich für mich interessierte und meine Leidenschaft unterstützte. Ich entwickelte so etwas wie ehrliche Vatergefühle, etwas völlig Neues für mich. Wenn wir von einem Spiel kamen, lobte er mich vor meiner Mutter überschwänglich.

Und sie? Das, was ich machte, interessierte sie einfach nicht. Sie weigerte sich, meine Fußballsachen zu waschen. Das übernahm meine Oma in Offenbach, mein Stiefvater fuhr die Fußballklamotten hin und her. In dieser Zeit wurde meine Mutter auch wieder schwanger. 1966 kam meine Halbschwester Stefanie zur Welt. Ich fand es toll, eine Schwester zu haben, und war kein bisschen eifersüchtig. Meine Mutter kümmerte sich so gut es ging um das Baby. Sie war zwar recht schnell mit ihrer Geduld am Ende, aber ich erinnere mich, dass es auch viele Momente gab, in denen sie als Mama sehr glücklich wirkte, und das mochte ich. Zu Steffi hatte ich von Anfang an ein inniges Verhältnis, auch wenn Ende der 60er-Jahre der Fußball immer mehr in den Vordergrund rückte.

Ich wurde bei der SG Götzenhain besser und besser. Mal traf ich fünfmal, mal dreimal, gegen Langen – mein Rekordspiel – einmal sogar zwölfmal. Mein Torhunger war nicht zu stillen. Es ging nur darum, den Ball im Netz zappeln zu sehen. Wenn ich mal nicht traf, ärgerte ich mich zu Tode.

Bald war ich eine richtige Lokalgröße, die Trainer, die für die Auswahlteams zuständig waren, kannten mich alle. In der

C-Jugend spielte ich meine ersten Spiele für die Offenbacher Kreisauswahl. Und nach einem dieser Spiele stand Uwe Peterson vor mir, der Jugendtrainer der Offenbacher Kickers, und wollte mich zum OFC lotsen. Ich strahlte über beide Ohren. Offenbach, das hieß Bieberer Berg und die Chance, mit den besten Spielern des Kreises in einer Mannschaft zu kicken. Ich schaute meinen Stiefvater an und der nickte stolz.

Der erste wichtige Schritt war getan. Mit 15 Jahren wechselte ich zum OFC und meine Fußballkarriere nahm an Fahrt auf. Das war 1969.

Widmayer und die Reise nach Aschgabad

Das Stadion am Bieberer Berg: Für jeden halbwegs fußballbegeisterten Jungen in Offenbach, und das waren zu meiner Jugendzeit eigentlich alle, übte die Spielstätte des OFC eine besondere Anziehungskraft aus. Wenn die beiden großen Flutlichtmasten an einem Freitagabend oben auf dem Berg über der Stadt erstrahlten, war das ein Festtag. Die Abendspiele in Offenbach waren bei den anderen Teams gefürchtet, so manche bereits verloren geglaubte Partie wurde hier mit der frenetischen Unterstützung der Fans noch gedreht. Die Ränge stiegen direkt vom Spielfeldrand auf. Es gab keinen Auslauf, geschweige denn eine Tartanbahn. Zwischen Tribüne und Spielfeld lagen tatsächlich nur wenige Meter. Das sorgte für diese ganz spezielle Stimmung. Man war so dicht am Geschehen, dass man die verbalen Auseinandersetzungen der Akteure mitbekam. Und wenn man wie ich einmal erlebt hatte, wie das ganze Stadion „Hermann, Hermann" skandierte, vergaß man das nie mehr. Hermann Nuber, der Kickers-Spieler, war in den 60er-Jahren auch mein Idol. Später sollte ich unter ihm hin und wieder bei den Amateuren trainieren. Aber noch war es nicht so weit.

Ich war gerade erst in die B-Jugend des Klubs gewechselt. Direkt hinter der Gegengeraden lagen die Hartplätze, auf denen die Jugendteams trainierten und spielten. Wenn wir gegen die verhasste Mannschaft aus der Nachbarstadt Frankfurt, die Eintracht, antraten, kamen aber auch schon mal 800, 900 Zuschauer. Nach den Jahren in Götzenhain genoss ich diese Kulisse und trug das Wappen des OFC mit Stolz auf der Brust. Ich hatte ein ziemlich gutes Jahr in der B-Jugend. Mein Trainer Uwe Peterson vertraute mir und förderte mich, wo es ging. Er war für mich so etwas wie die erste Vaterfigur im Fußball. Später arbeitete er viele Jahre in meiner Fußballschule. Regelmäßig stand ich unter ihm in der Startelf, und ebenso regelmäßig schoss ich meine Tore. Er empfahl dem Verein, mich als jüngeren A-Jugendlichen direkt in die A1 zu übernehmen, wo Kurt Schreiner, eine Offenbacher Legende, Trainer war.

Im Juni 1970, ich war 16, schloss ich zudem meine Mittlere Reife ab, ab August sollte ich die Handelsschule in Frankfurt besuchen. Die Dinge kamen also voran. Auch für unsere Profi-Mannschaft, die nach dem direkten Abstieg aus der Bundesliga 1969 ein Jahr später wieder die Chance zum Aufstieg hatte.

Am 24. Juni 1970, einem Sonntag, am vorletzten Spieltag in der Aufstiegsrunde zur Fußballbundesliga, spielte Offenbach zu Hause gegen den FK Pirmasens. Eine unglaubliche Spannung lag in der Luft. Schon am Mittag strömten Tausende Kickers-Fans hoch zum Bieberer Berg. Das Stadion war mit 30 000 Zuschauern restlos ausverkauft. Die ganze Stadt fieberte mit, ich natürlich auch. Es war schließlich ein Unterschied, ob man für einen Bundesligisten oder einen Regionalligisten auflief. Die Stimmung war großartig, aber die Bedeutung des Spieles und der Druck schienen die Kickers um die Stützpfeiler Egon Schmitt, „Pille" Gecks, Helmut Kremers, Roland Weida und Walter Bechtold zu lähmen. Ein Sieg musste her. Bei einer Niederlage hätten der VfL Bochum oder Hertha Zehlendorf vorbeiziehen können. Wir führten 1:0, doch dann fiel das 1:1 der Pfälzer, und es wurde still im Rund. Aber da war ja noch der Schiedsrichter. Walter Eschweiler, der die Partie pfiff, meinte es gut mit dem OFC. Kurz vor der Pause gab er uns einen mehr als schmeichelhaften Elfmeter, dann erkannte er einen Einwurf, der über den Torwart hinweg direkt im Pirmasenser Tor landete, trotz heftigster Proteste zum 3:1 an, und zu guter Letzt zeigte er Pirmasens auch noch eine völlig übertriebene Rote Karte. Am Ende gewannen wir 4:1. Trainer Tschik Cajkovski, den ich später beim 1. FC Köln kennenlernen sollte, hüpfte wie wild auf dem Platz herum. In Offenbach wurde bis spät in die Nacht gefeiert.

Mein erstes Jahr in der A-Jugend des OFC

Der OFC war also zurück in der Ersten Liga, ich rückte ins A1-Team, Kurt Schreiner wurde mein Trainer. Schreiner war Teil der Mannschaft gewesen, die 1949 und 1955 zweimal die Oberligameisterschaft gewonnen und danach jeweils knapp die Deutsche Meisterschaft verpasst hatte. In Offenbach trainierte er nach seiner aktiven Laufbahn die Amateure und die Jugendteams. Ihm gehörten in Offenbach mehrere Kinosäle, zum Beispiel auch das Atlantik, das ich gerne besuchte. Er war aber nicht nur ein guter Geschäftsmann, sondern hatte auch als Trainer seine Meriten. Im April 1968 war er für den gefeuerten Kurt Baluses auf der Trainerbank eingesprungen und hatte als Interimstrainer den OFC zum ersten Mal in die Bundesliga geführt. Das begründete seinen Heldenstatus in Offenbach. In erster Linie war Schreiner aber ein hervorragender Jugendtrainer, mit Jugendlichen konnte er sehr gut umgehen. Er nahm sich Zeit, hatte sich viele meiner B-Jugend-Spiele angesehen und mir zahlreiche Tipps gegeben. Er war immer positiv, freundlich und konnte motivieren. Ich mochte seine Art sehr.

Aber im Sommer 1970 brach sich der neue Coach der ersten Mannschaft, Aki Schmidt, Nachfolger von Tschik Cajkovski, das Bein und fiel als Trainer aus. Schreiner musste für acht Wochen einspringen. Da die letzten vier Pokalrunden der Saison 1969/70 aufgrund der WM in Mexiko in den Juli und August verlegt worden waren, durfte Schreiner den OFC in drei Spielen ins Pokalfinale nach Hannover führen. Offenbach gewann mit Schreiner auf der Bank gegen Dortmund, sensationell in Frankfurt und auch gegen Nürnberg im Halbfinale – alles innerhalb weniger Wochen. Am 29. August stieg schließlich das Finale gegen den scheinbar übermächtigen 1. FC Köln in Hannover. Dort saß erstmals der neue Coach Schmidt auf der Bank. Offenbach gewann überraschend 2:1 und holte das erste und bisher einzige Mal in der Geschichte den DFB-Pokal auf die südliche Seite des Mains. Ich sah das Spiel in Götzenhain im

Fernsehen. Unvergessen, wie Torwart Karl-Heinz Volz kurz vor Schluss den Elfmeter von Werner Biskup hielt. Ich hüpfte auf der Couch herum wie ein Irrwisch. Den Triumphzug der Mannschaft um Kapitän Egon Schmitt durch die Offenbacher Innenstadt in Cabrios am nächsten Tag wurde von Zigtausenden gefeiert. Auch mein Stiefvater und ich fuhren in die Stadt, um den Spielern zuzujubeln. Damals ahnte ich nicht, dass ich den Pokal sieben Jahre später selbst in den Händen halten würde.

Das erste Jahr in der A-Jugend war alles in allem nicht einfach. Die körperlichen Anforderungen waren weitaus höher, ich hatte keinen Stammplatz. Zum Team gehörten unter anderem Erich und Heinz Traser, die Zwillinge aus Wixhausen bei Darmstadt, die mich auf dem Weg zu den Spielen öfters abholten, beide spätere Bundesligaprofis, und der talentierte Rainer Blechschmidt. Vorne drin hatte ich mit dem etwas älteren Walter Krause, der in der Jugendnationalmannschaft spielte, einen starken Konkurrenten. Aber die Konkurrenz spornte mich an, ich lernte, mich durchzubeißen, und Schreiner war ein guter Trainer, der mir viel beibrachte. Er legte sehr viel Wert auf die Schusstechnik und korrigierte uns fortwährend. Wir schossen so viel im Training, dass uns die Füße wehtaten. Schon damals hatte ich, obwohl ich nicht ganz so groß war, ein gutes Kopfballspiel. Schreiner war aber nicht zufrieden: „Du kannst das besser", sagte er. Er schickte mich an das Kopfballpendel neben dem Platz. Die jungen Spieler von heute kennen das kaum noch, dabei sollte es eigentlich Standard sein: ein Pfosten, ein Ball und eine Leine. Ich musste fast nach jedem Training nach draußen ans Pendel. Kein Tor, kein Netz, keine Flanke, nur dieses Ballpendel, das immer wieder hin- und herschwang. Anfangs war ich beleidigt, wenn ich draußen Zusatzschichten absolvieren sollte. Mit den Wochen wurde mein Kopfball aber immer fester und präziser. Vor allem bekam ich dadurch ein gutes Timing, was mir in späteren Profijahren unglaublich weiterhalf. Zu ahnen, wo der Ball runterfällt, um ihn dann ins Tor einzunicken, ist ja das Kerngeschäft eines Torjägers, und das lernte ich in Offenbach neben dem Hartplatz.

Unter der Woche fuhr ich meist direkt von der Handelsschule in Frankfurt nach Offenbach, wo mich dann mein Stiefvater abholte, um mich nach Götzenhain zu bringen. Er kam auch schon mal früher, schaute beim Training zu und versuchte, so oft wie möglich bei den Spielen dabei zu sein. Nun ging es ja nicht mehr gegen Langen oder Egelsbach, sondern wir spielten gegen Darmstadt 98, Eintracht Frankfurt oder den FSV Frankfurt. Wir wurden Hessenmeister, mussten uns aber bei der Süddeutschen Meisterschaft dem 1. FC Nürnberg geschlagen geben. Für ein Jahr sollte dies das letzte Spiel sein, das wir mit der A-Jugend verloren. Wir hatten eine richtig starke Mannschaft.

Gleichzeitig erschütterte der Bundesliga-Skandal 1971 die deutsche Fußballwelt. OFC-Präsident Horst-Gregorio Canellas, den man regelmäßig am Bieberer Berg sah, hatte mit heimlich aufgenommenen Tonaufnahmen von Bestechungsversuchen den Skandal losgetreten, der den Fußball zwischen Kiel und München für Jahre belastete. Offenbach war wieder abgestiegen, doch dieses Mal hatte das eine Menge mit bestochenen Spielern und Schmiergeldzahlungen zu tun, wie die langwierigen Ermittlungen ergaben. Außer Offenbach waren Schalke 04, Bielefeld, Hertha BSC, der MSV Duisburg, VfB Stuttgart, der 1. FC Köln, Rot-Weiß Oberhausen und Eintracht Braunschweig in die Schiebereien verwickelt. Am Ende wurden 52 Spieler verurteilt. Canellas trat noch am selben Tag, an dem er die Tonbandaufnahmen publik gemacht hatte, vom Amt des Kickers-Präsidenten zurück. Er wurde außerdem im selben Sommer vom DFB lebenslang gesperrt (weil er zum Schein auf Bestechungsangebote eingegangen war), 1976 aber begnadigt. Hans-Leo Böhm wurde 1971 sein Nachfolger als OFC-Präsident.

Mädels und Mode

Ich wurde allmählich erwachsen und merkte, dass ich bei Frauen einen gewissen Schlag hatte. Meine erste Freundin hieß Angelika und kam aus Götzenhain. Sie konnte ich auch ohne Probleme mit nach Hause nehmen, das war für meine Eltern okay. Wir trafen uns an fußballfreien Nachmittagen, knutschten ein bisschen herum oder fuhren zusammen nach Frankfurt zum Bummeln. Ich begann mich für Kleidung zu interessieren. Mein Stiefvater war auf diesem Gebiet mein absolutes Vorbild: Er ging immer elegant gekleidet aus dem Haus, sein Markenzeichen war ein Einstecktuch, das er zu jedem seiner maßgeschneiderten Anzüge trug. In Frankfurt zeigte er mir die Männerboutique „Henry". Dort kaufte ich mir meinen ersten blauen Blazer, dazu eine graue Flanellhose und ein weißes Hemd. Geld dafür bekam ich von meinem Stiefvater. Ihm gefiel es, dass ich an schöner, eleganter Kleidung Geschmack fand. In meinem neuen Outfit ging ich gerne mal mit meinen Kumpels aus der A-Jugend in Offenbach aus. Ziel war das „Schiffche", eine Gaststätte mit Musik und Tanzfläche in Rumpenheim, direkt am Main. Ich war 17 und machte hier meine ersten Erfahrungen, wie man mit Frauen anbandeln konnte. Auch die (bedeutend ältere) Frau, mit der ich zum ersten Mal Sex hatte, lernte ich in Rumpenheim kennen.

Grundsätzlich waren diese Techtelmechtel keine Gefahr für meine Fußballkarriere. Ich ging gern mit Mädels aus, aber in Sachen Fußball machte ich keine Kompromisse. Vor einem Spiel zu tief ins Glas schauen, lange feiern gehen oder gar ein Training verpassen, das gab es damals nicht bei mir.

Das eine oder andere Mal war bei unseren Abenden auch ein Junge namens Jimmy Hartwig mit dabei. Obwohl ein Jahr jünger, spielte er ebenfalls in der A1. Jimmy musste man einfach mögen. Er war immer gut drauf und hatte unglaubliche Sprüche auf Lager. Er kam aus dem Marioth, einem Gelände mit Eisenbahnwaggons und Bunkern im Osten der Stadt. In

Offenbach wurde der Stadtteil auch „Waggonhausen" genannt. Ärmere Familien, Obdachlose, Stadtstreicher und Arbeitslose lebten auf dem heruntergekommenen Areal. Wer dort groß wurde, durchlebte eine harte Schule. Entsprechend hatte Jimmy ein Selbstbewusstsein, um das ich ihn beneidete. Technisch gehörte er nicht zu den Besten, aber er war sehr robust und körperlich stark. Auf ihn konnte man sich im Spiel verlassen. Jimmy gab immer Vollgas, er hatte eine Pferdelunge.

Mit Widmayer durch die Welt

Mein letztes Spieljahr in der A-Jugend stand im Zeichen großer Reisen. Mit unserer Mannschaft, die jetzt Berti Kraus, 1962 WM-Teilnehmer in Chile unter Sepp Herberger und 1964 Pokalsieger mit 1860, trainierte, ging es im Sommer nach Jamaika und Guadeloupe. Es war meine erste Reise über den Atlantik. Heutzutage fliegt schon jeder Jugendliche für einen Spottpreis durch die Weltgeschichte, aber 1971 war eine Reise in die Karibik etwas kaum Vorstellbares. Es gab kein Internet, keine TV-Sendung, die einen mit Bildern oder Informationen versorgte. Der Fußball ermöglichte mir somit schon in jungen Jahren Erfahrungen, die für den damaligen Normalbürger unerreichbar waren.

Das Spiel in Kingston, der Hauptstadt von Jamaika, vor 20 000 Zuschauern, die Trommler auf den Rängen, die Hitze und der stumpfe Rasen waren ein entsprechend einschneidendes Erlebnis. Außerhalb des Spielfeldes hinterließ die große Armut, die wir in den Slums der Hauptstadt zu Gesicht bekamen, bei uns jungen Spielern einen nachhaltigen Eindruck.

Weitere Reisen schlossen sich an, denn im Herbst 1971 wurde ich in die deutsche U-18-Nationalmannschaft berufen. Trainer war Herbert Widmayer, der Anfang der 60er-Jahre mit dem 1. FC Nürnberg Deutscher Meister und Pokalsieger geworden war. Auch sonst hatte er ein sehr bewegtes Leben hinter sich. Während des Zweiten Weltkrieges wurde er zweimal als Pilot eines Kampfflugzeuges abgeschossen und geriet in britische

Gefangenschaft. Seine Erfahrungen aus dieser Zeit, die er häufiger zum Besten gab, saugten wir begierig auf. Wir erfuhren, dass er seinen Bruder Werner, Spieler von Holstein Kiel und Nationalspieler, im Krieg verloren hatte. Nach seiner Heimkehr erkrankte seine Frau tödlich und wenig später verlor er bei einem Autounfall auch noch seinen Sohn.

Er wurde für mich eine ganz wichtige Bezugsperson, wir ergänzten uns: Widmayer hatte keinen Sohn mehr und ich lechzte nach väterlichen Bezugspersonen. Für meine Fußballkarriere war er auf jeden Fall der wichtigste Mensch, auch in späteren Jahren beriet er mich in sportlichen Fragen. Einmal sagte er zu mir: „Vergiss nie die Freunde auf dem Weg nach oben, denn sie könnten dir auf dem Weg nach unten wieder begegnen" – eine wichtige Lebensweisheit, die ich nie vergaß.

Im Herbst 1971 kristallisierte sich mehr und mehr der Kern der deutschen U-18-Auswahl heraus. Zum Stamm gehörten Helmut Roleder, Ronald Worm, Wolfgang Kraus, Peter Hidien und Kurt Eigl und Charly Körbel, der eigentlich noch jüngerer A-Jugendlicher war. Wir verstanden uns auf Anhieb gut und schätzen uns bis heute sehr, obwohl wir uns in zig Bundesligaspielen gnadenlos bekämpften und uns auf die Socken hauten. Über Silvester und Neujahr 1972 flogen wir für 14 Tage nach Israel. Widmayer war dabei in seiner Rolle als Pädagoge und Wertevermittler für uns sehr prägend. Israel war 25 Jahre nach Kriegsende ja nicht irgendein Land für uns Deutsche und entsprechend sollten wir auch auftreten. Unser Trainer hielt mehrere Ansprachen, in denen er uns mitgab, dass Deutschland Verantwortung für die Gräueltaten an den Juden übernehmen müsse und dass unser Auftreten in Israel Signalwirkung habe. Demut, Bescheidenheit und Menschlichkeit waren die Werte, die er uns mitgab. Das war ein Fundament fürs Leben. Wir besuchten mit der Mannschaft die Klagemauer, Bethlehem, Jerusalem.

Ich registrierte, dass ich mich von den anderen Spielern unterschied. Ich hatte Tischmanieren und zog mich anders an. So trug ich zum Silvesterabend in Jerusalem meinen mitgebrachten Anzug, während die anderen in Trainingsklamotten zum Essen kamen. Sie machten sich über mich lustig und mich zu einem kleinen Sonderling. Trotzdem kam ich gut bei der Mannschaft an, auch weil ich immer meine Tore machte.

Mit der U 18 im Schnee von Aschgabad
In Vorbereitung auf die U-18-Europameisterschaft, die im Mai in Spanien stattfand, machten wir im Februar 1972 auch eine Reise nach Turkmenistan, die zu den speziellsten in meiner Karriere gehörte. Die kommunistische UdSSR hatte Deutschland als erstes westliches Land zu einem Ostmächte-Turnier für U-18-Mannschaften nach Aschgabad, der Hauptstadt der Sowjetrepublik Turkmenistan, eingeladen. Wir trafen uns wie gewohnt im Hotel Wessinger in Neu-Isenburg (wo es bis heute übrigens für mich den besten Kuchen im Rhein-Main-Gebiet gibt) und flogen einen Tag später von Frankfurt aus nach Moskau. Nach einem kurzen Zwischenstopp ging es dann in einer sowjetischen Militärmaschine mit Propellern in vier Stunden ans Kaspische Meer. Direkt an die Sitzreihen schloss sich der Laderaum an, in dem Hühner und auch ein Schwein in Käfigen eingepfercht waren. Das roch man auch. Als wir in Aschgabad landeten, mussten wir erst mal schlucken: Alles war weiß. Die Stadt war komplett eingeschneit und es war elendiglich kalt. Wir wurden in eine Sporthalle gefahren, wo wir auf dem Boden auf Matten schliefen. Und das als deutsche U-18-Nationalmannschaft! Wenn ich mir vorstelle, wie die heutige Spielergeneration groß wird, was ihnen in den Akademien oder bei den Auswahlturnieren alles abgenommen wird, welchen Luxus sie im Alltag wie selbstverständlich genießen, wünschte ich mir, dass die 17-, 18-jährigen Supertalente von heute mal so eine Reise wie wir damals machen würden. Das würde sie erden, auf den Boden der Tatsachen zurückholen.

Auf den Plätzen lag meterhoch der Schnee, der mühsam plattgewalzt wurde. Dass wir in weißen Trikots mit weißen Stutzen spielten, machte das Ganze nicht einfacher. Zuschauer gab es kaum welche. Wer will sich bei Minustemperaturen schon ein Spiel zweier Jugendnationalteams anschauen? Wir gewannen im Turnier gegen die Ukraine 3:1, spielten gegen Jugoslawien 1:1, verloren gegen die UdSSR 1:2 und gewannen im Spiel um Platz drei gegen die DDR im Elfmeterschießen. Das Lustige war, dass es nach jedem Spiel ein Elfmeterschießen gab, dessen Ergebnis für den Fall herangezogen sollte, dass es am Ende Punktgleichheit gab – Elfmeterschießen auf Halde sozusagen. (Die Russen haben ja ein Faible für das Ausschießen. In den 70er-Jahren führten sie in ihrer Liga kurzzeitig ein Elfmeterschießen nach jedem Remis ein, um einen Sieger zu ermitteln.)

Das Turnier war brutal. Wetter, Platzverhältnisse und Gegner verlangten uns alles ab. Aber das focht uns nicht an. Wie wir tickten, zeigt ein Beispiel unseres Kapitäns Wolfgang Kraus, Spieler bei der Eintracht. Nach einem Foul sollte er rausgetragen werden. Wir dachten, er habe sich mindestens das Bein gebrochen. Doch sobald er mitbekam, dass Widmayer Anstalten machte, ihn auszuwechseln, sprang er von der Trage runter und meldete sich zurück: „Es geht schon wieder!"

Wir waren ein verschworener Haufen und genossen die Aufenthalte bei der U-18-Auswahl. Die Ausrüstung, auf der überall das DFB-Emblem prangte, behandelten wir, als wäre es Gold. Für Deutschland zu spielen, machte mich stolz. Es gab auch etwas Geld – Reisekosten – für unsere Tage beim DFB. Unser Mann dafür war Bernd Pfaff, der spätere Organisationsleiter der A-Nationalmannschaft. Für jeden Tag gab es fünf Mark plus Fahrtkosten, gar nicht mal wenig für uns 16- und 17-Jährige. Aber natürlich versuchten wir, so viel wie möglich herauszuholen und ihn bei den Spesen so gut es ging zu bescheißen. Pfaff ließ sich aber nicht so leicht hinters Licht führen: Wenn ich ein Bahnticket aus Hannover vorlegte, dann wurde er sauer, weil ich aus Offenbach schlecht über Hannover nach Frankfurt gefahren sein konnte. Er kämpfte um jede Mark und hatte bei uns den Spitznamen „Mückenpfaff" weg.

Wir waren fußballerisch ein klasse Team, verstanden uns aber vor allem menschlich. Viele Spieler wie Charly Körbel (Dossenheim), Bernd Dürnberger (Freilassing) oder Toni Schumacher (Düren) waren noch bei kleinen Vereinen. Einen Berater hatte keiner von uns. Wir waren einfach nur dankbar, dabei sein zu dürfen.

Im Mai erreichten wir nach Siegen gegen Dänemark und Schweden in der Quali die EM-Endrunde in Spanien, wo wir den zweiten Platz erlangten. Damit sorgten wir in Deutschland für großes Aufsehen. Anfang der 70er wurden internationale Vergleiche selbst im Jugendbereich noch anders wahrgenommen als heute. In allen Bereichen gab es Wettbewerbe zwischen den Nationen und natürlich auch zwischen den politischen Blöcken von West und Ost. Der Fußball war da keine Ausnahme. Man wollte zeigen, dass man anderen Ländern voraus war. Als Beinahe-Europameister waren wir in aller Munde.

Das Endspiel gegen England in Barcelona verloren wir unter den Augen von FIFA-Präsident Stanley Rous und UEFA-Präsident Gustav Wiederkehr zwar, aber das Turnier war ein Sprungbrett für uns alle. Spieler wie Ronny Worm, Helmut Roleder, Charly Körbel, Wolfgang Kraus oder auch ich starteten danach großartige Karrieren in der Bundesliga.

„Dann gehört dir die Zukunft"

Natürlich bekam man auch in Offenbach mit, dass da in der A-Jugend ein gewisser Kaster für Furore sorgt. Mittlerweile war Kuno Klötzer Trainer der Regionalligamannschaft, die nach dem Abstieg kein einziges Spiel verloren hatte und sich im Juni 1972 glanzvoll in der Aufstiegsrunde zur Bundesliga durchsetzte. Klötzer war ein richtig guter Trainer und darüber hinaus große Respektsperson. In der Rückrunde 1971/72 durfte ich häufiger mit der Ersten Mannschaft trainieren und ihn kennenlernen. In dem einen oder anderen Testspiel ließ er mich schon mal mit Niko Semlitsch, Winnie Schäfer oder Erwin Kostedde ran. Er sagte mir: „Ich will dich nicht verheizen. Du wirst langsam an das Team herangeführt, aber wenn du so weitermachst, dann gehört dir die Zukunft."

Wie Gyula Lorant mich aus Offenbach wegekelte

Wenn ein Trainer mit seiner Mannschaft in 44 Meisterschaftsspielen unbesiegt bleibt, dazu die Aufstiegsrunde als Erster abschließt und den Verein zurück in die Bundesliga führt, dann könnte man glauben, dass er fest im Sattel sitze. Nicht so in Offenbach. In einer einzigartigen Posse schaffte es 1972 der Vorstand um Hans-Leo Böhm, Aufstiegstrainer Kuno Klötzer zu vergraulen und Gyula Lorant als neuen Coach zu installieren. Im Verein hielt man Klötzer trotz aller Erfolge für zu weich. Man ließ deshalb verlauten, dass man ihn mit seiner Zustimmung zum Technischen Direktor ernannt habe, während Lorant neuer Trainer werde. Während er in Bayreuth an einer Trainertagung teilnahm, berief die Vereinsführung kurzfristig in Offenbach eine Pressekonferenz ein und stellte Lorant als Trainer des Aufsteigers vor. Damit stellte man Klötzer vor vollendete Tatsachen, ein Affront für ihn, der nach eigener Aussage einer derartigen Abmachung nie zugestimmt hatte. Klötzer zog die Konsequenz und nahm seinen Hut. Einen solchen Zirkus hatte dieser feine Mensch nicht nötig. Er wurde ein Jahr später Trainer des HSV, 1978 führte er den Klub zum Europapokalsieg.

Und so kam es, dass mich zum Start meiner Karriere im Profifußball im Juli 1972 nicht Klötzer in der Kabine begrüßte, sondern Gyula Lorant. Ich bedauerte das, da ich von Klötzer nach unseren gemeinsamen Erfahrungen sehr viel hielt. Er hatte ein Gespür für die Befindlichkeiten seiner Spieler, behielt die jungen Akteure im Auge und förderte sie. Und Lorant? An mir hatte der Ungar von Anfang an kein Interesse, er ignorierte mich. Ich war für ihn nur ein unbedeutender, nicht mal sonderlich talentierter Vertragsamateur. Und das ließ er mich ein ganzes Jahr lang spüren. Sein Training war hart, ja, beinahe unmenschlich. Die Mannschaft führte er mit sehr autoritärer Hand, Widerrede oder Kritik waren ein Kapitalverbrechen. Wenn ein Spieler in der Sitzung etwas kommentieren wollte, sagte er gerne: „Weißt du also alles besser? Kannst du nachdenken darüber auf Bank." Sein Auftreten war das eines Diktators. Außerhalb des Fußballs zeigte er durchaus auch andere Seiten. Lorant war intelligent und gab sich gerne als Genussmensch. Er hatte eine Vorliebe für Zigarren, die er überall, selbst auf der Trainerbank, rauchte. Er mochte gutes Essen, einen guten Wein und hatte eine künstlerische Ader. Doch sobald er auf dem Platz stand, war er ein anderer Mensch. Lorant war Teil der ungarischen Wunderelf mit Ferenc Puskás, Nándor Hidegkuti, Sándor Kocsis & Co. gewesen, die in den 1950er-Jahren die Fußballwelt verzaubert hatte. Im Finale der WM 1954 in Bern hatte er Vorstopper gespielt. Er hatte ohne Zweifel Ahnung vom Fußball und sich auf den Stationen Duisburg, Kaiserslautern, Tasmania Berlin und 1. FC Köln den Ruf eines harten, aber guten Trainers erworben.

Kostedde, Schäfer, Held

Für mich begann im Sommer 1972 ein neues Leben. Ich war plötzlich Teil einer Bundesligamannschaft. Was das bedeutete, merkte ich schon am ersten Trainingstag. Zunächst musste ich mich mit den anderen Neuzugängen Amand Theis, Manfred Ritschel, Josef Hickersberger und Rainer Blechschmidt, meinem Kumpel aus der A-Jugend, im Stadion den vielen Presseleuten und Fotografen für ein erstes Foto stellen. Danach war draußen auf dem Trainingsplatz die Hölle los. 2000 Kickers-Fans waren zum Trainingsauftakt gekommen. Ständig klopften mir irgendwelche Menschen auf die Schultern. Die Stimmung war einmalig. Meine Rolle im Team war klar: OFC-Manager Willy Konrad hatte mir in mehreren Gesprächen versichert, dass der Klub auf mich bauen würde. Ich sollte als fester Teil des Profikaders den Arrivierten Druck machen, Spielpraxis aber zunächst in der Amateurmannschaft sammeln, die in der Hessenliga spielte. So sollte ich langsam herangeführt und aufgebaut werden. Ich widersprach natürlich nicht, ich war ja gerade erst 18 Jahre alt. Aber innerlich konnte ich mich mit dieser Rolle nicht gut anfreunden. Ich hatte ein festes Ziel: Ich wollte spielen und Tore schießen, so wie ich es in den vergangenen Jahren auch getan hatte. Dass die Bundesliga ein anderes Pflaster war, ahnte ich. Meinem Ehrgeiz tat das aber keinen Abbruch, ich traute mir einiges zu. Dabei war mein Selbstbewusstsein deutlich höher als mein Gehalt. Konrad legte mir meinen ersten Amateurvertrag vor, der sich auf 300 Mark monatlich belief – ich unterschrieb. Was hätte ich auch sonst tun sollen? Der OFC war mein Verein und ich wollte hier meinen Durchbruch zum Profispieler schaffen. Ob es andere Klubs gab, die an mir Interesse hatten, wusste ich nicht, einen Berater hatte ich ja nicht.

In der Kabine hielt ich mich zurück. Ich war neu, ich war jung, und es war ohnehin nicht meine Art, mich lautstark zu profilieren. Ich kam in eine erfolgreiche Mannschaft mit gestandenen, großartigen Fußballern. Eine der schillerndsten Figuren war Erwin Kostedde, der es später auch zum Nationalspieler (übrigens der erste dunkelhäutige) bringen sollte. Kostedde hatte mit über 30 Toren den Hauptanteil am Aufstieg gehabt und war erklärter Publikumsliebling auf dem Bieberer Berg. Als Torjäger war er mein Hauptkonkurrent. Keine einfache Aufgabe, dennoch wollte ich mich nicht von vornherein mit der Rolle des Ersatzspielers zufriedengeben. Auf dem Fußballplatz war von meiner sonstigen Zurückhaltung nichts mehr übrig. Sobald ich spielte, ging es nur noch darum, Tore zu erzielen. Egal, wer vor mir stand. Wenn ich daran denke, welche „Mordanschläge" Spieler wie Niko Semlitsch, Amand Theis oder Lothar Skala im Training auf mich verübten, ohne dass ich auch nur einen Mucks machte … Dem Trainer war es sowieso egal, wenn ein junger Spieler was auf die Knochen bekam. Aber ich ließ mich im Training nicht unterkriegen, körperliche Angriffe machten mir nichts aus. Ich war aber verwundbar, wenn es um Zurücksetzungen und Ungerechtigkeiten ging, wenn ich spürte, dass der Trainer nicht hinter mir stand, mich nicht mochte, wenn ich mich ungeliebt fühlte. Fußballerisch hatte ich definitiv einiges in die Waagschale zu legen. Ich war beidfüßig, hatte ordentlich Zug zum Tor, eine klasse Kopfballtechnik, ich brauchte nicht viel Platz und hatte insgesamt ein super Timing beim Positionsspiel.

Kostedde war im Vergleich zu mir nicht so schnell auf Strecke, aber er hatte unglaubliche Finten und Tricks auf Lager. Sein Markenzeichen war der Übersteiger. Er war der erste Spieler, der diesen Trick perfekt beherrschte. Erwin war immer gut drauf und lachte viel. Zwischen uns gab es nie ein böses Wort. Im Gegenteil, er war immer sehr nett und fair. Er kam sogar extra zu mir, um mich zu trösten, wenn Lorant mich mal wieder nicht berücksichtigte. „Du wirst mal ein großer Stürmer, deine Zeit kommt noch", sagte er mir einmal. Das vergaß ich ihm nie, denn es war sicher nicht Erwins Aufgabe, einem 18-jährigen Mut zu machen. Aber so tickte er.

Beeindruckt war ich auch von Winnie Schäfer. Er war der intelligenteste Spieler im Team. Was er tat, sagte und dachte, hatte immer Sinn und Verstand. Er war ein großer Stratege, gleichzeitig aber auch ein großes Schlitzohr. Für mich war er der eigentliche Kopf der Mannschaft, und das mit 23 Jahren. Es verwundert nicht, dass Schäfer später als Trainer Karriere machte. Er besaß eine große Persönlichkeit und konnte auch damals schon Menschen führen.

Ein anderer wichtiger Spieler im Team war Siggi Held. Held war Vizeweltmeister, Nationalspieler, Europapokalsieger, ein echter Star, und nun spielte ich mit ihm in einer Mannschaft. Ihn zeichnete ein trockener Humor aus, den ich sehr mochte. Siggi war eher der Vorbereiter, ein Dribbler vor dem Herrn. Sein Schuss war nicht so hart, deshalb machte er auch nicht so viel Tore. Er war kein Wortführer, in der Kabine hielt er sich zurück, umso mehr konnte man sich auf ihn verlassen.

Alleinherrscher Lorant

Die Vorbereitung fing für mich ganz gut an. Ich merkte, dass ich bei den Fans als Jugendnationalspieler einen guten Stand hatte. Und das sollte sich in den ersten Wochen noch steigern. Schon beim ersten Test in Groß-Gerau traf ich beim 6:2 als einziger Spieler zweimal. Wenige Tage später schoss ich in Dornheim wieder zwei Tore, während Kostedde leer ausging. Er bekam von Lorant an diesem Tag vor versammelter Mannschaft einen gehörigen Rüffel, weil er zu kurze Stollen trug und ständig ausrutschte. Das Schuhthema lag Lorant besonders am Herzen. Nach nur wenigen Tagen befahl er unserem Zeugwart: „Nockenschuh alles raus. Kannst du geben zu Jugend oder Amateure." Also schmiss der alle Nockenschuhe in einen Karton und brachte sie rüber zu den Amateuren. Der Verein musste bei adidas Stollenschuhe nachbestellen. Fürs Training. Dass dadurch das Verletzungsrisiko stieg, brauche ich an dieser Stelle nicht zu betonen. Doch das war noch nicht alles. Eines Tages forderte uns Lorant auf, für das Mannschaftstraining unsere Laufschuhe mit Spike-Besohlung anzuziehen. Wir wollten das zunächst nicht glauben. Aber es half nichts. Wir mussten 90 Minuten in Spikeschuhen trainieren. Neun gegen neun, und dann auch noch eins gegen eins: Lorant warf den Ball und dann ging es darum, wer es mit dem Ball am Fuß zu ihm am schnellsten schaffte. Wir absolvierten auch Schusstraining in diesen Schuhen. Er glaubte, dadurch eine bessere Fußhaltung zu trainieren. Eine unglaubliche Tortur. Wir machten brav alles, was er uns sagte, was blieb uns auch anderes übrig. Bei wem hätten wir uns beschweren sollen? Lorant arbeitete zu der Zeit noch allein, Otto Rehhagel kam erst 1973, ein Jahr später, als Co-Trainer nach Offenbach. Bis dahin war der Trainerjob beim OFC eine One-Man-Show, so wie in vielen anderen Vereinen auch. Das muss man sich mal vorstellen: Wo sich heute ein Dutzend Assistenten um die Mannschaft kümmert, um Standards zu trainieren, auf die richtige Ernährung zu achten, die Gegner in Videosequenzen zu analysieren, da lag Anfang der 70er-Jahre die ganze Verantwortung komplett in einer Hand. Lorants Vorbereitung war knüppelhart. Morgens um neun Uhr hatten wir Lauftraining und am Nachmittag um 16 Uhr trainierten wir mit dem Ball. Der Sommer 1972 war heiß, doch damals hieß es, dass Wasser in Verbindung mit körperlicher Anstrengung nicht gut sei, und so bekamen wir zum Mittagessen zwei, drei Gläser Wasser, während des Trainings aber keinen Tropfen. Ich weiß gar nicht, wie wir das gemacht haben, ohne reihenweise zu kollabieren. Waren wir abgehärtet? Lorant war es egal, ob wir müde waren oder uns vor Durst die Zunge aus dem Hals hing.

Ich traf in beinahe allen Testspielen und jedenfalls häufiger als Kostedde. Von den Fans hörte man immer öfter: „Der Kaster muss spielen!" Im letzten Test zu Hause im Stadion gegen den 1. FC Nürnberg forderten die Fans lautstark meine Einwechslung, Kostedde machte wirklich ein grottenschlechtes Spiel. Schließlich kam er humpelnd an den Spielfeldrand und signalisierte, dass er nicht mehr spielen konnte. Eine Verletzung. Doch was tat Lorant? Er jagte ihn aufs Feld zurück. Er allein entschied, wer und wann vom Spielfeld ging. Und was geschah? Drei Minuten später traf Kostedde, und Lorant lehnte sich genüsslich auf der Trainerbank zurück.

Am ersten Spieltag der Bundesligasaison 1972/73 saß ich im Weserstadion gegen Werder Bremen erstmals bei einem Bundesligaspiel auf der Reservebank. Zur Bremer Mannschaft gehörten damals noch Rudi Assauer, Karl-Heinz Kamp und Horst-Dieter Höttges, der später noch eine größere Rolle in meinem Fußballerleben spielen sollte. Wir erreichten ein 0:0. Ich wurde nicht eingewechselt. Wir flogen zurück nach Frankfurt und ich spielte am Sonntag in der Hessenliga. Dieses Muster sollte sich Woche für Woche wiederholen. Von einem Einsatz in der Bundesliga war ich meilenweit entfernt, auch wenn ich auf der Bank saß. Lieber stellte Lorant um, wenn Kostedde ausgewechselt wurde, auf jeden Fall brachte er andere Spieler. Seine Entscheidungen musste er nicht hinterfragen, denn wir gewannen drei der ersten vier Spiele, standen mit zehn Punkten auf Rang zwei hinter den Bayern. Lorant stolzierte wie ein kleiner König durch Offenbach. Vollends bestätigt wurde er, als wir im Oktober das große Derby zu Hause gegen die Eintracht mit 3:2 gewannen. Wir lagen vor ausverkauftem Haus 1:2 zurück, bis Erwin mit zwei Toren in der 85. und 89. Minute das Spiel entschied. 25 000 Kickers-Fans feierten den Sieg frenetisch. Es war ein großer Tag für den Verein. Ich saß auf der Bank. Natürlich.

Es war bei einem Training kurze Zeit später, als ein Freund meines Stiefvaters am Rande des Trainingsplatzes eine Unterhaltung zwischen Lorant und Manager Konrad mithörte. Konrad, der mich mochte und förderte, erkundigte sich nach dem Training bei Lorant, wie die Aktien des jungen Kaster stünden. Lorant schüttelte den Kopf und entgegnete: „Weißt du, Willi. Hat der Kaster Geld von zu Hause. Kann er sich nicht quälen." Als ich das zu hören bekam, war ich richtig schockiert und auch wütend. Natürlich war der beigefarbene Mercedes meines Stiefvaters ein Hingucker am Bieberer Berg, wenn er mich brachte oder abholte. Uns ging es finanziell gut, aber was wusste Lorant schon von mir? Es war purer Neid von ihm, der selbst einen kleinen weißen Fiat 500 fuhr, und ich als 18-Jähriger wurde im luxuriösen Mercedes vorgefahren. Auch mein Stiefvater war schockiert. Aber was sollte er tun? Lorant war unangreifbar, man musste sich ihm unterordnen.

Beim Training musste man zudem immer auf alles gefasst sein. Manchmal nahm er sich die beiden Torhüter Fred Bockholt und Bernd Helmschroth zur Brust, ging mit ihnen auf den Hartplatz, stellte eine Hürde auf und ließ die beiden auf der anderen Seite der Hürde Stellung beziehen. Dann mussten die zwei armen Kerle über die Hürde springen und Bälle erhechten, die er ihnen zuwarf. Beide waren hinterher regelmäßig grün und blau. Aber das war Lorant egal. Ich weiß noch, wie er Amand Theis zur Seite nahm, der über Knieprobleme klagte und für das Spiel am Wochenende auszufallen drohte. Er fragte ihn: „Was für Problem hast du?" Theis antwortete: „Mein Knie, ich kann nicht laufen." Da schlug Lorant ihm direkt auf das Knie und sagte: „Amand, was ist dein Problem?" Amand verzerrte das Gesicht, antwortete: „Es gibt kein Problem" und spielte am Samstag. Wenn ein Spieler sich über eine Verletzung beklagte, dann meinte Lorant: „Mein Freund, läufst du einmal einen Berg hinauf, kommst du wieder runter, ist die Verletzung weg." Heute wäre das ein Skandal, doch damals konnte sich der Trainer alles erlauben. Die Spieler waren bei Weitem nicht so mündig wie heute. Wenn ein Spieler Lorant nur ansatzweise widersprach, wurde der Ungar fast körperlich. Irgendetwas in Frage zu stellen, galt ihm als Hochverrat. Er war ein Alleinherrscher. In der Halbzeit eines Spiels auf dem Bieberer Berg schloss er in der Halbzeit kurzerhand mal die Kabine zu. Manager Willy Konrad, der immer mit in die Kabine kam, klopfte an die Tür, doch Lorant ließ ihn draußen stehen. Eine klare Machtdemonstration: Ich bin der Chef hier. Wir Spieler registrierten das alles deutlich. Ich musste mich damit abfinden, dass ich unter Lorant nichts zu bestellen hatte. Das setzte mir zu. Auch meine Leistungen in der Hessenliga, wo Hermann Nuber uns betreute, litten darunter, sodass ich teilweise sogar meinen Stammplatz bei den Amateuren verlor. Manche sagten, ich sei zu sensibel, nehme mir vieles zu sehr zu Herzen. Aber so war ich nun mal. Ich brauchte das Vertrauen des Trainers, um gut zu spielen.

Aus Kaster wird Müller

Während ich weiter auf mein Debüt in der Bundesliga wartete, gab es Ende 1972 zu Hause tolle Nachrichten: Mein Stiefvater wollte mich adoptieren. Für mich war das ein großer Liebesbeweis, ich fühlte mich damit als Person voll und ganz akzeptiert. Es bedurfte einiger Gänge zum Notar und zu den Ämtern, doch irgendwann Anfang 1973 stand es Schwarz auf Weiß in meinem Ausweis: Ich hieß ab sofort Dieter Müller, das machte mich stolz und glücklich. Kaster gehörte der Vergangenheit an, mein biologischer Vater verschwand an dem Tag, an dem ich seinen Namen ablegte, völlig aus meinem Leben.

In dieser Zeit machte ich meinen Führerschein. Mein Vater stellte mir einen neuen BMW 2000 in die Garage – sein Einstandsgeschenk für den neuen adoptierten Sohn. Ich konnte es kaum erwarten, mit dem Wagen zu fahren. Als die Führerscheinprüfung im März um zwei Tage verschoben werden musste, hielt ich es nicht mehr aus. Ich wollte nur mal kurz unsere Straße in Götzenhain hoch und runter fahren. Eigentlich sah man da nie eine Polizeistreife weit und breit, doch ausgerechnet an diesem Tag fuhr ein Polizeiauto die Straße entlang. Ich wurde nervös, wollte drehen und setzte den falschen Blinker. Es kam, wie es kommen musste: Die Polizei forderte mich auf, ranzufahren. Natürlich hatte ich keinen Führerschein, also begleiteten mich die Polizisten nach Hause. Ich hatte einen dicken Kloß im Hals, als ich zu Hause klingelte und mein Vater aus dem Haus kam. Er wirkte aber überhaupt nicht irritiert, hörte sich kurz an, was passiert war, und bat die zwei Polizisten hinein. Zu mir sagte er: „Du wartest hier." Als die Polizisten zehn Minuten später herauskamen, war alles geregelt. Ich bekam nie eine Anzeige und mein Vater sagte nur: „Pass in Zukunft auf." Ich bin mir sicher, dass er die zwei bestochen hat. So ein Typ war er.

Der langersehnte erste Bundesliga-Einsatz

Bei den Kickers lief im Frühjahr 1973 eigentlich alles rund: Rang sechs in der Liga, im Pokal stand das Viertelfinale gegen den FC Bayern an. Am 26. Spieltag, im Spiel gegen den MSV Duisburg, erhielt Erwin Kostedde jedoch die Rote Karte. Angeblich wegen einer Tätlichkeit, was aber lächerlich war. Kostedde war brutal von Hannes Linßen gefoult worden, und als er sich von dem auf ihm liegenden Duisburger befreien wollte, interpretierte der Schiedsrichter dies als Handgreiflichkeit.

Kostedde wurde für acht Wochen gesperrt. Meine Zeit schien gekommen, denn außer mir gab es keinen weiteren Mittelstürmer im Kader. In der Woche darauf stand das Spiel beim Hamburger SV an. Im Testspiel gegen die A-Jugend unter der Woche hatte ich vorne drin gespielt, alle gingen davon aus, dass Lorant mich bringen würde. Mein Premierenmoment schien endlich gekommen. Voller Vorfreude und auch ein bisschen nervös stieg ich in das Flugzeug nach Hamburg. Vor Ort dann die erneute bittere Enttäuschung: Nicht ich sollte spielen, sondern mein gleichaltriger Freund Rainer Blechschmidt, der alles war, nur kein Mittelstürmer. Wir verloren 0:1, ich wurde noch nicht einmal eingewechselt und hatte eine unglaubliche Wut im Bauch. Auch meine Kollegen verstanden das nicht. Niko Semlitsch raunte mir zu: „Dem würde ich an die Gurgel gehen." Gemeint war natürlich Lorant.

Aber am 6. April 1973 war es dann endlich so weit: Ich bekam meinen ersten Einsatz in der Bundesliga. Fünf Tage zuvor war ich 19 Jahre alt geworden. Wir empfingen Hannover 96. Es war ein Freitagabendspiel. Kostedde fehlte weiterhin, erneut erhielt zunächst Blechschmidt den Vorzug. Nach 50 Minuten verletzte er sich jedoch. Lorant gab mir das Zeichen zum Warmmachen. Zwei Minuten später wechselte er Blechschmidt aus und beim Stand von 0:0 betrat ich tatsächlich den Rasen des Bieberer Bergs zu meinem ersten Bundesligaspiel. Bereits nach wenigen Minuten hatte ich nach einer Flanke von Siggi Held eine große Torchance. Franz-Josef Pauly, Torhüter von 96, fischte den Ball gerade noch aus dem Toreck. Es gab Applaus von den Rängen. Zwar gerieten wir eine Viertelstunde vor Schluss mit 0:1 in Rückstand, aber wir Spieler ahnten, dass an diesem Abend noch etwas möglich war. Und tatsächlich drehten wir innerhalb von vier Minuten das Spiel. Zunächst verwertete Winnie Schäfer eine Flanke von mir in der 79. Minute zum 1:1 und vier Minuten später erzielte Amand Theis per Kopf das Siegtor. Es war ein unbeschreibliches Gefühl, als ich vom Platz ging. Ich war nun ein echter Bundesligaspieler, dazu hatten wir gewonnen. Zeit zum Feiern blieb aber nicht, denn am Samstagmorgen trainierte ich mit den Profis und am Sonntag musste ich vor 250 Zuschauern gegen den KSV Baunatal in der Hessenliga ran – als Einwechselspieler. Am Montag konnte ich in der Zeitung lesen, dass Lorant über mich gesagt hatte: „Ich war mit Müller zufrieden. Er ist noch sehr jung, ist okay." Für mich persönlich gab es kein Wort der Anerkennung oder des Glückwunsches. Lorant sah meinen Einsatz wohl eher als eine persönliche Niederlage an.

Der Tod meines Adoptivvaters
Zehn Tage später sollte ich zum ersten Mal in meinem Leben erfahren, wie es sich anfühlt, wenn ein geliebter Mensch ohne Vorwarnung aus dem Leben scheidet. Das Unfassbare passierte: Alfred Müller, mein Adoptivvater, dieser Fels von Mann, erlitt einen Gehirnschlag ... Ich war gerade zu Hause in Götzenhain. Das Telefon klingelte, meine Mutter nahm ab, schrie laut auf und fing an zu weinen. Alfred war auf einer Mieterversammlung gewesen, bei der es zu einem Streit über den Zustand des Hauses gekommen war. Er hatte sich aufgeregt, wie es manches Mal so seine Art war, und war dann ganz plötzlich einfach umgekippt. Der Notarztwagen brachte ihn ins Krankenhaus, aber jede Hilfe kam zu spät. Er fiel ins Koma und starb wenige Tage später, ohne noch einmal Bewusstsein erlangt zu haben. Für meine Mutter war das ein Schock. Alfred hatte sich immer um alles gekümmert, von den Geschäften der Baufirma hatte sie keine Ahnung, und mit meiner kleinen Schwester hatte sie ein Kleinkind zu Hause, für das sie jetzt allein die Verantwortung trug. Und dann stellte sich kurze Zeit nach Müllers Tod auch noch heraus, dass Alfred über zwei Millionen Mark an Steuerschulden hatte. Für mich war das finanzielle Fiasko letztlich zweitrangig. Viel schlimmer fand ich, dass mein Adoptivvater, der mich immer unterstützt und angesichts meiner schwierigen

Situation unter Lorant mit mir mitgelitten hatte, nicht mehr miterleben durfte, wie ich mich in Köln als Profi durchsetzte. Noch heute macht mich das unendlich traurig. Er hatte mich zu meinem ersten Verein in Götzenhain gebracht, mir meine ersten Fußballschuhe gekauft, war bei nahezu jedem Spiel dabei und zeigte offen seinen Stolz, wenn ich in der Jugend für Offenbach spielte oder für Deutschland auflaufen durfte. In den Jahren seit 1964 war mir Alfred trotz seiner rauen Art sehr ans Herz gewachsen. Neben meinem Opa war er die wichtigste männliche Bezugsperson in meinem Leben. Plötzlich war er weg und ich fühlte mich mit 19 ganz verloren. Dass ich immerhin seinen Nachnamen trage, tröstet mich bis heute.

Wie fühlt es sich an, wenn ein geliebter Mensch plötzlich nicht mehr da ist? Wie geht man damit um, dass man nicht mehr zum Ausdruck bringen kann, wie sehr man diesen Menschen gemocht hat? Grausam, wenn man seinen Vater am Morgen verabschiedet und ihn dann nicht mehr lebendig zu Gesicht bekommt. Der Verlust erschütterte mich. Aber die Welt drehte sich weiter. Zum Glück hatte ich den Fußball, der mich ablenkte und mir half, mit dem Schmerz klarzukommen. Ich war Bundesligaspieler und wollte den nächsten Schritt machen.

Köln klopft an

Mein Bundesliga-Einstand hatte nichts an meinem Standing bei Lorant geändert. Die Saison neigte sich dem Ende zu, und ich wusste, dass es so für mich nicht weitergehen konnte.

Bei mir zu Hause klingelte das Telefon, am anderen Ende der Leitung war Herbert Widmayer. Ich war sehr überrascht, wir hatten uns schon einige Zeit nicht mehr gesehen. Widmayer kam schnell auf den Punkt: „Dieter, der 1. FC Köln hat Interesse an deiner Verpflichtung. Karl-Heinz Thielen, den ich sehr gut kenne, hat mich angerufen und mich nach dir befragt. Sie suchen einen Mittelstürmer, haben aber nicht so viel Geld. Du bist ihr Topkandidat. Kannst du dir das vorstellen? Ich kann dir nur dazu raten. In dieser Mannschaft würde ein Stürmer wie du glänzen." Ich war perplex. Ich hatte gerade mal zwei Bundesliga-Teileinsätze vorzuweisen und nun wollte mich ein Verein verpflichten, dessen Team mit Stars nur so gespickt war. Wolfgang Overath, Heinz Flohe, Hennes Löhr, Heinz Simmet, Wolfgang Weber, Bernd Cullmann und wie sie alle hießen. Natürlich interessierte mich das! Zumal ich in Offenbach unter Lorant keine Perspektive sah. „Aber ich habe einen Vertrag bis 1974. Wie soll das gehen?"

„Keine Sorge. Thielen hat mir gesteckt, dass Offenbach richtig klamm ist, der Verein braucht jeden Pfennig. Da sollte einiges möglich sein."

Noch in derselben Woche kontaktierte Thielen seinen Offenbacher Kollegen Willy Konrad. Wie ich später erfuhr, signalisierte der Verein ohne zu zögern, man sei gewillt, mich ziehen zu lassen, wenn die Ablöse stimme. In dieser Situation sorgte eine Berufung in die Amateurnationalmannschaft, die von Jupp Derwall trainiert wurde, für eine willkommene Ablenkung. Wir bestritten einen Test gegen die deutsche U-18-Auswahl, wo ich wieder Herbert Widmayer begegnete, und drei Tage später spielten wir 2:2 in Österreich. Danach nahmen die Verhandlungen Fahrt auf. Auch die Presse bekam Wind von dem Kölner Interesse. Öffentlich taten die Kickers so, als gäben sie ihr junges Kronjuwel nur für einen exorbitant hohen Preis her, doch hinter den Kulissen versuchten sie, den Kölnern den Kauf schmackhaft zu machen.

Am 13. Juni 1973 spielten wir mit der Amateurnationalmannschaft in Offenbach gegen Malta. Es ging um die Qualifikation zur Europameisterschaft. Thielen kam höchstpersönlich, um mich noch einmal unter die Lupe zu nehmen. Wir gewannen 4:0, ich schoss zwei Tore und war bester Mann. Danach lud mich Thielen zu sich nach Hause ein. Ich fuhr mit meinem BMW ganz allein nach Köln-Weiß, einem Stadtteil im Süden der Stadt. Vorher hielt ich bei einem Blumenladen. Ich dachte, es wäre unhöflich, Frau Thielen ohne Blumenstrauß gegenüberzutreten. Bis zum Ende seiner Managertätigkeit war ich, wie mir Thielen bis heute versichert, der einzige Spieler, der jemals Blumen für seine Frau mitgebracht hat. Für sie war ich ab da natürlich unantastbar. Thielen und ich wurden uns schnell einig. Er sagte mir, ich müsse mir keine Sorgen machen, der Deal mit Offenbach werde nicht platzen, es könnte sich nur ein wenig in die Länge ziehen. Tatsächlich sollte es noch bis Juli dauern, bis sich beide Klubs geeinigt hatten. Der FC bezahlte viel weniger als die in der Presse kolportierten 150 000 Mark. Am Ende waren es 80 000 D-Mark, die Thielen allerdings am Tag der Vertragsunterzeichnung überweisen musste. Ein Lottogewinn für Köln, wenn man bedenkt, wie viele Tore ich in all den folgenden Jahren für den Klub erzielte. Aber Offenbach hatte Schwierigkeiten, die Gehälter zu bezahlen, verriet mir Thielen später mal, und war froh, mich verkaufen zu können.

Nun war ich also Kölner und durfte am 24. Juni mit in den Flieger steigen, der den 1. FC nach Japan brachte. Von Frankfurt aus flogen wir über Anchorage nach Tokio, und das nur einen Tag nach dem DFB-Pokal-Finale, das Köln gegen Mönchengladbach mit 1:2 nach Verlängerung verloren hatten. Jenem Finale, in dem Günther Netzer sich selbst eingewechselt und mit seinem Tor entschieden hatte. Die Stimmung an Bord war gedrückt, aber mir war es egal. Die nächste große Etappe in meinem Leben hatte begonnen.

Kölner Premierenjahr

Ich war ziemlich aufgeregt, als ich mit dem FC-Tross den Flieger nach Tokio bestieg. Gerade erst in einer neuen Stadt bei meinem neuen Verein angekommen, saß ich auch schon wieder über den Wolken, auf dem Weg auf die andere Seite der Erde. Mir war klar, dass meine ersten Auftritte in Übersee vom Kölner Starensemble genau beobachtet werden würden und für meinen Einstand enorm wichtig waren. Ich bekam mit, dass besonders Wolfgang Overath sehr skeptisch war. Manager Karl-Heinz Thielen raunte er zu: „Was für eine Bahnschiene haste denn da jeholt?" Es galt also, Überzeugungsarbeit zu leisten.

Der FC, der große Ziele verfolgte, brauchte im Sturm einen erfolgreichen „Knipser". Aber statt eines gestandenen Stars verpflichteten sie mich, einen 19-jährigen Jungspund aus Offenbach, zwar Jugendnationalspieler, aber mit gerade mal zwei Bundesliga-Einsätzen. Jupp Kapellmann, der in Japan nicht mit dabei war, fragte mich beim ersten Training in Köln:

„Und wer bist du?"

Ich antwortete: „Dieter Müller."

„Und woher kommst du?"

„Aus Offenbach."

„Aha."

Keiner kannte mich. Woher auch? Aber Köln war damals überschuldet, konnte sich keinen Star leisten. Erst durch den Transfer von Kapellmann zu den Bayern im Sommer 1973 für die damalige Bundesliga-Rekordablösesumme von 800 000 Mark schaffte es Manager Thielen, den Verein schuldenfrei zu machen. Thielen, Deutscher Meister und Nationalspieler, war in der Saison zuvor selbst noch Spieler gewesen, zusammen mit Wolfgang Overath. Gerade mal 32 Jahre hatte er auf dem Buckel und kannte die Mannschaft in- und auswendig. Er sagte mir, sie bräuchte lediglich noch einen Mann, der weiß, wo das Tor steht. „Mach dir keine Sorgen, Flanken und Möglichkeiten wirst du mit diesem Mittelfeld genug bekommen. Du musst die Bälle nur ins Tor machen." Darin hatte er recht, die Mannschaft war in der Offensive tatsächlich grandios bestückt, von Spielern wie Wolfgang Overath, Heinz Flohe oder Hannes Löhr konnte ich als Stürmer nur profitieren – wenn, ja, wenn es gut lief.

In Japan spielten wir dreimal gegen die dortige Nationalelf und gewannen alle Spiele mit einem Gesamttorverhältnis von 13:3. Es war die Saisonabschlussreise, entsprechend locker ging es zu. Die Spiele nahmen wir aber ernst. Ich traf insgesamt dreimal und stellte mich nicht ganz so schlecht an, wie mir auch Thielen erleichtert bestätigte. Die erste Hürde hatte ich genommen. Auf dem Rückflug nahm Overath mich zur Seite und sagte: „Du bist een Juter. Du kannst was. Wir helfen dir." Ohne das Wohlwollen des omnipräsenten FC-Stars wäre nichts gegangen – da hätte ich mich anstellen können, wie ich wollte. Wenn Overath jemanden nicht mochte, dann hatte man es schwer beim FC. Umso wohltuender waren seine Worte. Sie gaben mir zusätzlichen Rückenwind.

Welz, Schlott und Herings

Auch dass ich mit Torhüter Gerhard „Gerd" Welz, der wie ich aus dem Rhein-Main-Gebiet stammte, schnell einen Freund fand, erleichterte den Start in Köln. Er war im ersten Jahr mein Zimmergenosse, wenn wir im Hotel übernachteten. Ich habe in meiner ganzen Karriere nie wieder so einen ehrgeizigen Torhüter erlebt. Als er in den 60er-Jahren beim FC Bayern spielte, sagte er, auf den Konkurrenzkampf mit Sepp Maier angesprochen: „Ich will und werde spielen." Na ja, es kam anders, aber so tickte Gerd. 1973 gehörte er zu den besten Torhütern in Deutschland und machte sich berechtigte Hoffnungen auf die WM im eigenen Land. Doch wenige Monate vor dem Turnier, im März 1974, zog er sich in einem Spiel gegen den HSV bei einem

Zusammenprall mit Peter Krobbach eine Gehirnerschütterung zu, die er nicht behandeln ließ. „Das brauche ich nicht", sagte er. Schmerzen ignorierte er. Als er zehn Tage im Training dummerweise erneut mit dem Kopf gegen den Torpfosten prallte, brach er zusammen. Er wurde in die Kölner Uniklinik gebracht, wollte sich aber für das kommende Spiel gegen Gladbach partout gesundschreiben lassen. Er dachte immer nur ans Spielen. Keiner der Ärzte wollte das Risiko eingehen, aber Gerd ging trotzdem nach Hause. Dort angekommen, brach er abermals zusammen. Zurück im Krankenhaus untersuchte man ihn näher und fand heraus, dass er ein Blutgerinnsel hatte, das auf das Hirn drückte. Welz musste operiert werden und es rückte unsere Nummer zwei nach, ein Mann namens Toni Schumacher. Nicht nur die WM war für Welz dahin, er schaffte in Köln kein Comeback mehr. Erst ein Jahr später war er wieder einhundertprozentig fit und wechselte 1975 zu Preußen Münster. Es tat mir unglaublich leid für ihn.

Mein erster Trainer in Köln war Rudi Schlott. Den Namen kennt heute keiner mehr, der nicht gerade leidenschaftlicher FC-Fan ist. Schlott trainierte Köln 14 Monate, war danach bei der DJK Gütersloh und kehrte dann in seinen alten Beruf des Sportlehrers zurück, was vielleicht auch das Beste für ihn war. Er hatte zwar im Jahr zuvor die Bundesliga-Vizemeisterschaft und das Pokalfinale erreicht, aber der Profifußball war irgendwie nicht das Richtige für ihn. Schlott war ein netter Kerl, dazu hatte er viel Ahnung vom Fußball (wenn er auch mit dem Ball auf Kriegsfuß stand – er hatte nie groß selbst gespielt). Aber in seinem ganzen Habitus wirkte er eher wie ein Professor als wie ein Fußballtrainer. Er besaß schlichtweg nicht die nötige Ausstrahlung, um eine Mannschaft in den Griff zu bekommen.

Aber auch aus anderen Gründen machten wir Spieler uns gerne mal über ihn lustig. Zum Beispiel wurmte es unseren

Trainer, dass die Organisatoren der Japanreise zwar dem Vorstand und Manager Thielen goldene Krawattennadeln und teure Uhren schenkten, nicht aber ihm. „Wo bleibt denn der Trainer, das kann doch nicht sein!", war er sich nicht zu schade, herumzumosern. Das war sehr peinlich und machte ihn zum Gespött der Mannschaft.

Grundsätzlich kam ich gut mit Schlott aus, der mich auf dem Zettel hatte und mich förderte. Nachdem sein Co-Trainer Volker Kottmann Cheftrainer beim damaligen Bundesliga-Rivalen Fortuna Köln geworden war, musste er mit uns allein in die neue Saison starten. Aus Kostengründen wollte der Verein eigentlich auch keinen Co-Trainer mehr einstellen, aber nach einigen Wochen merkte Thielen, dass ein zweiter Mann nicht ganz unwichtig ist, wenn man mit einer Profimannschaft klarkommen will. Er holte Rolf Herings zurück, der ein Jahr lang in Leverkusen gearbeitet hatte. Der einstige deutsche Rekord-Speerwerfer galt als Vorreiter im Bereich Konditionstraining und hatte außerdem ein besonderes Faible für das Torwarttraining. Nicht zufällig formte er später Torhüter wie Toni Schumacher oder Bodo Illgner.

Herings arbeitete hochprofessionell und hatte einen Schuss wie ein Gaul, was die Keeper nicht immer freute. Sein Lauf- und Sprinttraining war knüppelhart, aber es fruchtete. Wir kannten jeden Baum in der Parkanlage rund um das Geißbockheim. Als Spieler unter Herings musstest du dir keine Sorgen um deine Kondition machen. Und auch um das Gewicht der Spieler kümmerte er sich. Wir wurden von Rolf regelmäßig gewogen, was gerade für mich immer eine Herausforderung war. Wenn ich glaubte, mal wieder etwas zu viel auf den Rippen zu haben, schlüpfte ich beim Training in zwei Regenjacken und versuchte die überflüssigen Gramm einfach wegzuschwitzen. Die anderen Spieler machten sich deshalb lustig über mich, aber ich hatte das Gefühl, dass es was brachte.

Die gefürchtete Radrennbahn

Nach einer guten Vorbereitung stand ich beim ersten Bundesligaspiel der Saison gegen Frankfurt (0:0) folgerichtig in der Startelf. Die Namen der Mitspieler kann ich bis heute im Schlaf aufsagen: Welz im Tor, in der Abwehr Konopka, Cullmann, Weber und Hein. Davor agierten Simmet, Overath und Flohe, auf den Flügeln marschierten Glowacz und Löhr, ich stand im Sturmzentrum. Gegen meinen alten Kumpel Charly Körbel traf ich zwar nicht, die Freude über mein erstes Bundesligaspiel, das ich von Anfang an bestritt, war dennoch riesengroß. Es war zudem mein erster Auftritt in der Radrennbahn, wo Köln seit 1971 seine Heimspiele austragen musste, da das Müngersdorfer Stadion neu gebaut wurde. Eigentlich hätte es 1973 schon fertig sein müssen, doch die Arbeiten verzögerten sich, erst Ende 1975 konnten wir dorthin umziehen.

Bis dahin war die Radrennbahn eine deutschlandweit gefürchtete Spielstätte. Vor allem, wenn das Flutlicht anging, steigerten wir uns regelmäßig in einen Rausch. Wir besiegten dort bis 1975 bei unvergessenen Europapokal-Abenden Marseille, Nizza, Partizan Belgrad oder den FC Amsterdam und auch in der Liga und im Pokal waren wir dem engen Stadion nur sehr schwer zu schlagen. Von den 57 Pflichtspielen, die wir in meiner Zeit in der Radrennbahn absolvierten, verloren wir lediglich neun Partien. In der Radrennbahn waren wir eine Macht.

28 000 Zuschauer passten hinein, doch dank des engen Feldes, unmittelbar umgeben von den alten Tribünen, langte die Hälfte, um den Gegner einzuschüchtern. Die Fans waren unser zwölfter Mann. Die alten Holzbänke, die auf die asphaltierte Radbahn gesetzt worden waren, sorgten für einen speziellen Charme. Und wenn die Zuschauer auf den Bänken standen und hüpften, machte das einen Heidenradau. Auch die Kabine war Nostalgie pur.

Im langen, dunklen Gang, der von dort raus aufs Feld führte, schepperte es mehr als einmal zwischen uns und dem Gegner. Vor allem Heinz Simmet konnte mächtig austeilen. Vor „Jimmy", wie wir ihn nannten, hatten etliche Bundesligaspieler regelrecht Schiss – zu Recht, wie ich zugeben muss. Vor keiner Pöbelei schreckte er zurück, niemand war vor ihm sicher. Dem Frankfurter Bernd Nickel raunzte er in Anspielung auf sein markantes Kinn zu: „Bald ist Weihnachten, da kannste wieder Nüsse knacken gehen." Privat war Simmet, der in Köln einen Malerbetrieb leitete, ein Pfundskerl, aber wehe, er wurde auf dem Platz losgelassen. Sich mit seinen langen Stollen auf die Füße seiner Gegenspieler zu stellen, gehörte noch zu seinen harmlosesten Aktionen. Wenn Overath der Meinung war, dass sein Bewacher zu forsch war, rief er kurz zu Jimmy rüber und zwinkerte ihm zu. Danach musste man keine zwei Minuten warten und Simmet hatte sich mit einer Grätsche oder einem derben Foul bei Overaths Gegenspieler in Erinnerung gerufen.

Bei Frau Klein

Die ersten Wochen in Köln vergingen wie im Flug. Ich lebte mich gut ein. Die Atmosphäre und die Offenheit der Kölner lagen mir, man kam schnell mit den Leuten in Kontakt, selbst beim Training.

Ein neuer Freund wurde Toni Wipperfürth. Toni war Bauunternehmer und saß im Aufsichtsrat des Vereins. Mit ihm zog ich um die Häuser und lernte so auch meine erste Freundin kennen, eine blonde Kroatin, die 17 Jahre älter als ich war. Als naiver 19-Jähriger dachte mir nichts dabei, dass sie in einer Kneipe arbeitete, in der sich überdurchschnittlich viele auffällig zurechtgemachte Frauen tummelten. Nach einigen Monaten dämmerte es auch mir, dass sie dort nicht nur Bier ausschenkte. Daraufhin fand ich es doch besser, die Liaison zu beenden.

In meiner ersten Saison in Müngersdorf wohnte ich nicht weit vom Stadion bei Frau Klein. Ich hatte dort ein Zimmer im ersten Stock. Frau Klein wusch und kochte für mich. Schon Hannes Löhr hatte dort gewohnt. Er hatte mich dort empfohlen und ich fühlte mich dort auch sehr wohl, allerdings duldete Frau Klein keinen Damenbesuch. Das fand ich nicht so optimal. Und einen Fernseher hatte ich auch nicht; wenn mir langweilig war, las ich. Das Leben eines 19-jährigen Bundesligaprofis von heute sieht sicher etwas anders aus.

Schlechter Saisonstart
Sportlich lief es leider alles andere als gut. Nach den ersten beiden Auswärtsspielen in Düsseldorf (0:3) und Duisburg (1:5) standen wir auf dem letzten Tabellenplatz – zum ersten Mal in der elfjährigen Kölner Bundesliga-Geschichte. In Duisburg erzielte ich immerhin mein erstes Bundesligator, und das, obwohl auf der anderen Seite Detlef Pirsig stand. Ich begegnete dem Duisburger Raubein an jenem Mittwochabend im Wedaustadion zum ersten Mal. Es gab schönere Begegnungen in meinem Leben. Pirsig war der härteste Gegenspieler, den ich je hatte. Sicher, es gab auch Horst-Dieter Höttges von Bremen oder Gerd Zimmermann, der für Fortuna Köln und Fortuna Düsseldorf auflief. An beide habe ich ebenfalls schmerzhafte Erinnerungen. Aber Pirsig übertraf sie alle. Wie der Duisburger austeilte und zutrat, mit welchen Tricks er arbeitete, das war schon fast kriminell. Spieler wie er würden heute kein Spiel auf dem Platz beenden, da bin ich sicher. Ich war immer froh, wenn die Partien gegen den MSV vorüber waren und ich einigermaßen heil wieder in der Kabine saß.

Ende August gewannen wir immerhin mit 3:1 gegen den 1. FC Kaiserslautern. Kurz danach flogen wir für ein Miniturnier in Gijon über Madrid nach Nordspanien. Dienstags spielten wir gegen die Gastgeber von Sporting Gijon, am nächsten Tag gegen Velez Mostar. Beide Spiele gewannen wir und am Donnerstag sollte es zurück nach Deutschland gehen. Doch der Flughafen in Gijon war wegen Nebels gesperrt und es war nicht klar, wann er wieder öffnen würde. Manager Thielen charterte kurzerhand acht Taxis, um die Mannschaft ins 450 Kilometer entfernte Madrid kutschieren zu lassen, schließlich stand am Samstag ein wichtiges Bundesligaspiel in Stuttgart an. Der Klub ließ sich nicht lumpen, ein Taxi kostete 250 DM, was damals sehr viel Geld war. Die Taxi-Rallye verlief allerdings nur semierfolgreich: Ein Wagen hatte unterwegs eine Panne, Heinz Flohe, Detlev Lauscher und Josef Bläser mussten sich per Anhalter durchschlagen. Sie schafften es aber tatsächlich noch rechtzeitig zum Flughafen – im Gegensatz zum Wagen mit Trainer Schlott und Manager Thielen, der zu spät in Madrid ankam. Während also ein Teil der Mannschaft nach Köln flog, mussten Trainer, Manager und zwei Spieler in der spanischen Hauptstadt übernachten und stießen erst am Freitag zum Rest der Mannschaft um Co-Trainer Herings in Stuttgart. Heute wäre diese Art Vorbereitung undenkbar, und auch in unsrem Fall zahlte sie sich nicht aus: Wir verloren auch in Stuttgart.

Freundschaftsspiele dieser Art waren die Regel. Sie nervten uns Spieler, wobei ein Auslandstrip wenigstens etwas von Abenteuer hatte. Gefühlt mussten wir zusätzlich zu den Pflichtspielen jede Woche irgendwo in Deutschland zu einem Showmatch antreten, die für die Klubs eine lukrative Einnahmequelle waren. Von einer möglichen Überlastung der Spieler war damals nie die Rede. In meiner ersten Saison absolvierten wir sage und schreibe 28 Freundschaftspartien, 14 davon während der laufenden Spielzeit. Nach den Bundesligapartien fuhren wir nach Neuss, Wiesbaden, Wissen oder eben Gijon. Diese Spiele waren für Köln wichtig, wo man wegen des kleinen Stadions zusehen musste, wie man den mit Stars gespickten Kader finanzierte. Vier Jahre lang spielten wir in der Radrennbahn, die nur eine überschaubare Anzahl Zuschauer fasste. Andere Vereine hätte das an den Rand des wirtschaftlichen Ruins gebracht. Doch Spieler wie Overath, Weber oder Löhr verzichteten auf einen Teil ihres Gehalts, für ein Heim-Remis gab es keine Prämie, und die Radrennbahn verfügte über sehr viele Sitzplätze, die deutlich teurer waren, sodass ein Teil der Mindereinnahmen ausgeglichen werden konnte.

„Tschik" Cajkovski

Als wir im September in Hamburg verloren und auf den 16. Platz abstürzten, waren die Tage von Schlott gezählt. Unser Sportlehrer verabschiedete sich und machte Platz für eine Kultfigur – für Zlatko Cajkovski, den alle nur „Tschik" nannten, auch die Spieler. Ich kannte niemanden, der „Herr Cajkovski" zu ihm sagte.

Die erste UEFA-Cup-Runde führte uns nach Eskişehir in der Türkei. Auf dem Weg nach Istanbul hatten wir eine Zwischenlandung in München, dort stieg Tschik zu.

Von Istanbul nach Eskişehir waren es 350 Kilometer, die wir mit dem Bus zurücklegten. Die Fahrt dauerte neun Stunden. In diesen neun Stunden sorgte Tschik für einen Stimmungsumschwung. Bei einer Pause an einem See ging er mit uns Spielern gut gelaunt kurzerhand baden. Er erreichte, dass wir die triste Tabellenrealität vergaßen und in der türkischen Provinz ein passables 0:0 erreichten. Besonders skurril: Weil das eigentlich vorgesehene Schiedsrichter-Trio aus Bulgarien nicht erschien, sprangen kurzerhand türkische Kollegen vor Ort ein; sie pfiffen so gut, dass sie von den Zuschauern mit wütenden Beschimpfungen verabschiedet wurden. Zwei Wochen später in Köln schlugen wir Eskişehir mit 2:0.

Noch davor feierte Tschik seine FC-Heimpremiere in der Bundesliga, ausgerechnet gegen meinen alten Verein, den OFC. Hatte ich in der Türkei noch auf der Bank gesessen, durfte ich gegen meinen Exverein von Anfang an ran. Lediglich 14 000 Zuschauer wollten das Spiel in der Radrennbahn sehen, aber für mich war es ein besonderer Moment, wenige Monate nach dem Weggang aus Offenbach neben Stars wie Overath, Weber, Flohe oder Löhr gegen meine Exmitspieler auflaufen zu dürfen. Es wurde mein Spiel: Ich schoss beide Tore zum 2:0-Sieg. OFC-Coach Gyula Lorant würdigte mich keines Blickes, aber das war mir egal. „Wie habt ihr nur diesen Müller gehen lassen können?", mussten sich die Offenbacher Verantwortlichen fragen lassen. Lorant reagierte angesäuert. „Weil ich ihn nicht brauche", blaffte er die Reporter an. Unser Verhältnis war wirklich nicht mehr zu kitten.

Ich war in der Bundesliga angekommen. Ich genoss das sehr und musste sehr oft an meinen verstorbenen Stiefvater denken. Wie sehr hätte ich mir gewünscht, dass er das hätte miterleben dürfen!

Ich hatte oft Heimweh, meine Mutter, meine Schwester, mein gewohntes Umfeld in Götzenhain und Offenbach fehlten mir mehr, als ich gedacht hätte. Ich litt unter Stimmungsschwankungen und machte daraus auch kein Geheimnis. Ich vertraute mich Spielern wie Gerd Welz, Flohe oder Löhr an und zeigte mich „schwach". Meine Sensibilität wurde mir im Verlauf meiner Karriere, wenn es nicht so gut lief, öfter vorgehalten.

Mit Tschik ging es wieder aufwärts. Er wusste, wie er mit den alten Hasen umzugehen hatte. Löhr, Weber und Overath blühten auf, weil Tschik sie umgarnte und ihnen Freiheiten ließ und sie damit in die Verantwortung nahm. So bekamen Löhr und Glowacz schon mal zwei Tage frei, um auf Korsika auszuspannen. Die Spieler genossen diese Privilegien und waren motiviert, dem Trainer etwas zurückzugeben.

Tschik liebte die Stadt Köln, wo er ein alter Bekannter war. Der einstige Weltklassespieler hatte zum Abschluss seiner Karriere drei Jahre in der Domstadt unter Hennes Weisweiler gespielt (und sich am Ende mit ihm überworfen). 1961 war er als Trainer zurückgekehrt und Deutscher Meister, ein Jahr später Vizemeister geworden. Er hatte also einen Ruf zu verteidigen. Es konnte keinen größeren Kontrast geben als zwischen dem professoralen Auftreten Schlotts und der Extrovertiertheit von Tschik. Er war genau der Richtige für uns. Tschik hatte stets einen lockeren Spruch auf den Lippen und seine Spanferkelessen waren legendär. Er lud alle und jeden dazu ein und langte selbst am tüchtigsten zu. Überhaupt aß er eben leidenschaftlich gern, wie unschwer an seinem kugelrunden Bauch zu erkennen war.

Als wir einmal vor einem Bundesligaspiel in einem Hotel in Königsforst übernachteten, bestellten wir bei einem Jugoslawen in der Nähe ein paar Scampiplatten mit Sauce, Brot und allem, was dazugehörte, und ließen sie auf Bernd Cullmanns Zimmer liefern, wo wir Party machen wollten. Unsere grün-braunen Bundeswehrparkas schmissen wir in eine Ecke des Zimmers und stürzten uns auf die zwei riesigen Platten, als sich der Jackenberg bewegte und Tschik daraus hervorsprang: „Habt ihr Rechnung ohne Tschik gemacht!" Unser Trainer hatte Wind von der Sache bekommen, sich ins Zimmer geschlichen und sich dort versteckt. Jetzt setzte er sich dazu und fraß uns alles weg. Es war saulecker!

Man wusste bei Tschik immer, woran man war. Er war zwar aufbrausend und konnte schimpfen wie ein Rohrspatz, aber danach war es auch gut und alles wieder vergeben und vergessen. Während eines Turniers im spanischen Vigo 1977 geriet er einmal mit Detlev Lauscher aneinander. Der hatte sich darüber beschwert, dass Tschik seinem Sohn Zlatan, der bei den Amateuren spielte, vor Lauscher den Vorzug gegeben hatte. Es kam zu einem Wortgefecht, das zu einer Rangelei führte, bei der sich beide an den Kragen gingen. Heutzutage wäre es unvorstellbar, dass ein Trainer und ein Spieler aufeinander losgehen. Damals hatte das kein Nachspiel. Irgendwann beruhigten sich die Gemüter und die Sache war erledigt.

So schillernd Tschiks Charakter war, so eintönig war sein Training. Der Ablauf war fast immer derselbe: Eckbälle, Trainingsspiel, Torschüsse. Teilweise hatten wir den Eindruck, dass er nicht so recht wusste, was er auf dem Trainingsplatz machen sollte. Wenn Rolf Herings nicht da war, wirkte er manchmal überfordert. Er ließ uns dann zum Warmmachen unter der Barriere am Trainingsplatz durchkrabbeln und anschließend wieder darüber springen, oder er leitete frei erfundene Fitnessübungen an, die keiner verstand. Wenn er uns zum Laufen am Decksteiner Weiher in der Nähe des Geißbockheims verdonnerte, nahm Overath immer einen Ball mit. Dort angekommen, fragte er den

Trainer: „Tschik, bist du Fußballer oder Leichtathlet?" Tschik sagte jedes Mal: „Okay, lass uns spielen."

Tschik konnte Geschichten vom Fußball erzählen, aber Trainingslehre interessierte ihn nicht. Oft spielte er im Training mit und alberte mit uns herum. Seine große Stärke war eben die Motivation. Er konnte eine Mannschaft wie kein anderer bei Laune halten. Gern forderte er uns Spieler zu abstrusen Wettkämpfen heraus. Im Geißbockheim gab es ein Regenerationsbecken. Er ließ extrem heißes Wasser einlaufen, so um die 60 Grad, und wettete, dass es keiner von uns länger als er darin aushalten würde. Es fanden sich immer Spieler, die gegen ihn antraten, aber keiner konnte ihn schlagen. Er gewann immer und stieg puterrot, aber breit grinsend aus dem Wasser. Eine andere Wette bestand darin, eine 0,7-Liter-Flasche Sprudelwasser auf Ex zu trinken. Auch in dieser Disziplin war er unerreicht. Und auch seine Ernährungstipps waren speziell. So empfahl er vor einem Spiel ein Glas Rotwein mit zwei Eigelb: „Müssen Sie trinken, kriegen Sie flachen Schuss." Nicht alle probierten das jugoslawische Wunderrezept aus.

Mein erster Porsche

Ich spielte nun fast immer von Beginn an, so auch gegen Bremen Mitte November. Wir führten zur Pause 1:0 durch ein Tor von Simmet. In der Kabine putzte mich Tschik aber so runter, dass ich nicht mehr wusste, wo oben und unten war. „Hast du Angst vor Höttges? Spielst du wie ein Mädchen. Kann ich nicht so etwas gebrauchen." Der Trainer war wirklich geladen, er wechselte mich aus und ich war den Tränen nah. So eine Standpauke hatte ich bis dahin noch nie erlebt. Am nächsten Tag sprach Overath mit dem Trainer und sagte ihm, dass er mich nicht so fertigmachen dürfe. „Das ist ein junger Kerl, mit dem musst du behutsamer umgehen."

Im darauffolgenden Spiel in Nizza im UEFA-Cup stand ich wieder in der Startelf. Wir verloren 0:1, aber im Rückspiel schlugen wir die Franzosen 4:0 – mit einem Tor von mir. Der Motivationstrick von Tschik hatte funktioniert. Ein Spiel ohne eigenes Tor empfand ich als Niederlage. So ticken echte Torjäger halt. Ich brauchte es, dass mich die anderen Spieler bejubelten. Dafür schoss ich die Tore.

Mit dem Sieg gegen Nizza standen wir im Viertelfinale, nächster Gegner war Tottenham Hotspur. Die Europapokalspiele durften am Abend stattfinden, dagegen hatte der DFB wegen der internationalen Energiekrise verboten, Bundesliga- oder Pokalspiele unter Flutlicht stattfinden zu lassen. Die Spiele mussten im Winter deshalb schon um 14 Uhr angepfiffen werden, damit wir den Ball noch sahen. Als wir an einem Dezemberabend im Pokal gegen Braunschweig antraten (vor sage und schreibe 2800 Fans), ging das nur mit Sondererlaubnis, weil die Kölner Stadtwerke nachweisen konnten, dass der Strom für die Lichtanlage an diesem Tag aus Wasserkraft gewonnen wurde.

Energiekrise hin oder her: Im November erfüllte ich mir meinen Traum und leistete mir einen 911er Porsche Targa mit dem markanten Dachriegel – gebraucht. Er kostete mich 10 000 Mark (kein Vergleich also zu dem Luxus, den die Jadon Sanchos und wie sie alle heißen heute wie selbstverständlich in den sozialen Netzwerken stolz zur Schau stellen). Aber ich gebe es zu, ich war seit je ein Porsche-Fan. Dieser war der erste von 18 Porsches, die ich bisher insgesamt in meinem Leben gefahren habe. Jahrelang hatte in meinem Zimmer in Götzenhain ein Porsche-Poster an der Wand gehangen, nun konnte ich ihn mir endlich kaufen, und ich genoss es sehr, damit durch Köln zu düsen. Ich fuhr damit auch nach Götzenhain, um meine Familie zu besuchen. Das Verhältnis zu meiner Mutter entspannte sich in dieser Zeit. Die Entfernung tat uns beiden gut und wenn ich nach Hause kam, verwöhnte sie mich als angehenden Fußballstar, wo sie konnte – für mich eine völlig ungewohnte Situation. Plötzlich war sie stolz auf mich und rief mich an, wenn ihr Zeitungsartikel in die Hände fielen. Das war bis dahin nie der

Fall gewesen. Aber auch, wenn ich ahnte, dass das hauptsächlich mit meinem Erfolg zu tun hatte, war es mir egal. Ich genoss ihre Anerkennung und Aufmerksamkeit, stand im Mittelpunkt, so wie ich mir das immer gewünscht hatte.

Wenn ich im Rhein-Main-Gebiet war, besuchte ich auch meine geliebten Großeltern in Offenbach und erzählte von meinen Reisen, von Overath und Weber. Mein Opa sammelte minutiös alle Zeitungsartikel und füllte damit einen Ordner nach dem anderen. Ich bewahre sie noch heute in meinem Arbeitszimmer auf. Ich bekam Anerkennung,

Zweifaches Pokal-Aus

Wir beendeten die Bundesliga-Hinrunde als Achter und Tschik belohnte uns, indem er ein Testspiel am zweiten Weihnachtsfeiertag strich. Doch dafür mussten wir an Neujahr in Frechen ran, denn bereits am 5. Januar 1974 stand der 18. Spieltag an. Ich startete wahrhaft furios in die Rückrunde und traf in den ersten sechs Spielen siebenmal. Ich hatte mich an die raue Gangart in der Bundesliga endgültig gewöhnt. Vor allem verstand ich mich immer besser mit Hannes Löhr. Er war ein großartiger Spieler mit einer unglaublichen Raffinesse und tollen Dribblings. Wir harmonierten prächtig, er meist auf außen, ich in der Mitte. Bald freundeten wir uns auch privat an, obwohl Löhr zwölf Jahre älter war als ich. Vielleicht verband uns auch die fehlende Vaterfigur: Löhr war als Vollwaise aufgewachsen.

Wir kletterten weiter in der Tabelle, im Februar 1974 standen wir auf dem fünften Tabellenplatz und hatten dazu die Chance, uns in Frankfurt für das Pokalhalbfinale zu qualifizieren. Selten wurde ich so ausgepfiffen wie an diesem Februarabend im Waldstadion. Ich war für die Frankfurter Fans eben der Ex-Offenbacher. Nach einem 0:2 hatten wir durch Tore von Flohe und Overath ausgleichen können, es ging also in die Verlängerung. Die war erst ein paar Minuten alt, als Frankfurt einen Freistoß aus 18 Metern bekam. Die Eintracht hatte dafür einen

Spezialisten, Bernd Nickel, wir waren vorgewarnt. Schiedsrichter Walter Horstmann stellte noch die Mauer, als Nickel auch schon abzog. Welz parierte geistesgegenwärtig, doch Bernd Hölzenbein staubte den Abpraller zum 3:2 ab. Die Eintracht jubelte und wir schauten verdutzt aus der Wäsche. Welz hätte den Schiedsrichter am liebsten erwürgt, aber alle Proteste halfen nichts, er gab das Tor. Eine Minute später gab es wieder tumultartige Szenen. Eintracht-Verteidiger Uwe Kliemann hatte unseren Harald Konopka mit einem Kopfstoß niedergestreckt. Konopka blutete, war mehrere Minuten bewusstlos und musste auf einer Bahre aus dem Stadion getragen werden. Und Schiedsrichter Horstmann? Er stand direkt daneben, beließ es aber bei Ermahnungen. Wir konnten es nicht glauben, fühlten uns noch mehr angestachelt. Für den verletzten Konopka kam Bläser rein und in der 99. Minute erzielten wir durch Overath tatsächlich das 3:3. Wir waren wieder im Spiel, Horstmann aber weiterhin auf zwei Augen blind: Aus glasklarer Abseitsposition traf Hölzenbein zum 4:3-Endstand. Der Treffer besiegelte unser Pokal-Aus. Man kann sich heute nicht mehr vorstellen, wie unterirdisch die Leistungen mancher Schiedsrichter in den 70er-Jahren waren. Ich weiß auch nicht, wie wir damals die Beherrschung behielten. Wir respektierten aber die Autorität des Unparteiischen grundsätzlich. Kein Vergleich zu heute, wo Schiedsrichter wegen kleinster Fehlentscheidungen auf dem Feld auseinandergenommen werden.

Nach der Pokalpleite standen die beiden UEFA-Pokal-Viertelfinalbegegnungen gegen Tottenham Hotspur an, in denen wir uns rehabilitieren wollten. Die Radrennbahn bebte mit 28 000 Zuschauern, aber wir vergeigten die Partie mit 1:2. Daran hatte vor allem die nordirische Torhüterlegende Pat Jennings großen Anteil, der an diesem Abend unglaubliche Bälle hielt und nur meinen Kopfball zum 1:1 ins Netz ließ. Wir flogen also nicht mit viel Hoffnung auf die Insel. Tschik verzichtete in London auf ein Abschlusstraining an der White Heart Lane. Stattdessen gingen wir in den Hyde Park, wo der wieder mal schlecht vorbereitete Trainer sagte: „Wisst ihr was, jetzt gehen wir ein bisschen fintieren und laufen durch die Bäume." Wir mussten grinsen und Overath meinte: „Tschik, warum lässt du dir nicht mal was Vernünftiges einfallen?" Der Trainer überhörte das geflissentlich und wir trabten wie ferngesteuert eine Weile durch den Park. Am nächsten Tag gingen wir sang- und klanglos mit 0:3 unter. (Tottenham schaffte es bis ins Finale des UEFA-Cups, zog dort aber den Kürzeren gegen Feyenoord Rotterdam.)

Ich erlebte in diesem Jahr auch das erste Mal den Kölner Karneval. Wir hatten an dem Wochenende spielfrei und so kamen wir in den seltenen Genuss, den einen oder anderen Abend auf einer Kappensitzung zu verbringen. In den Jahren danach schauten wir den anderen aber meist beim Feiern zu. Zum einen war das dem dichten Terminkalender geschuldet, zum anderen der Tatsache, dass man als Spieler unter Beobachtung der Fans stand. Wenn du Rosenmontag feiern gingst und dann am Wochenende ein Spiel verlorst, konntest du sicher sein, dass die Fans dich dafür niedermachten.

Zwischen den beiden Spielen im UEFA-Cup gegen die Engländer fand die erste Rückkehr nach Offenbach zu meinem Heimatklub statt – mein erstes Mal als Gast am Bieberer Berg. Ich war unglaublich aufgeregt und konnte die Nacht vor dem Spiel kaum schlafen. Meine Mutter war im Stadion, dazu meine Tante Annemarie und meine kleine Schwester Stefanie. Überall traf ich alte Bekannte. Niko Semlitsch und Erwin Kostedde zogen mich auf, witzelten auf dem Feld, dass Lorant meinem Bewacher Amand Theis eine Sonderprämie versprochen habe, wenn ich ausgewechselt würde. Ich kannte Theis ja aus dem Jahr zuvor. Er war ein Top-Manndecker. Nach einem kurzen Handshake auf dem Feld kannte Amand kein Pardon und bearbeitete mich mit allen Mitteln. Ich spielte schlecht und sah 89 Minuten kein Land. Doch dann traf ich doch noch zum entscheidenden 2:1 kurz vor Schluss. Wie im Hinspiel hatte ich mit meinem Tor den OFC und Lorant besiegt. Was für eine Genugtuung. Nach dem Spiel stand Lorant wie immer in seinen kurzen ledernen Knickerbockers vor der Kabine und diktierte den Journalisten in die Blöcke: „Aus dem Müller wird nie ein Fußballer. Bei uns könnte er höchstens die Koffer tragen. Dieser Mann ist nicht zu gebrauchen. Schlechtes Müller, hatte Angst heute." Offenbachs Manager Willy Konrad bedauerte dagegen, mich für einen Spottpreis verkauft zu haben. Auch Eintracht Frankfurt war auf mich aufmerksam geworden, doch der Kölner Präsident Weiand gab den Hessen eine Absage: „Der Müller ist nicht zu verkaufen."

Am letzten Spieltag hatten wir es in der eigenen Hand, uns für den UEFA-Cup zu qualifizieren. Wer hätte das nach dem schlechten Start in die Saison gedacht? Wir waren mit Schalke Fünfter, dahinter lauerte Kaiserslautern mit einem Punkt Rückstand. Das Gute war, dass der FCK ausgerechnet Schalke zu Gast hatte. Wir dagegen empfingen Hannover 96. Lediglich 8000 Zuschauer kamen in die Radrennbahn, um uns bei diesem wichtigen Spiel anzufeuern. Es wurde eine zähe Partie. Ich traf zum 1:0 und bereitete danach das 2:0 durch Overath vor. Am Ende kam Hannover durch ein Tor von Willi Reimann noch mal heran, sodass die Zuschauer nervös „aufhören, aufhören" riefen. Das muss man sich mal vorstellen: Da spielten wir um den Europacup und die Leute hatten nichts anderes zu tun, als uns beim Stand von 2:1 auszupfeifen. Ich habe den Eindruck, dass die Zuschauer heutzutage geduldiger sind, nachsichtiger. Mit der Geduld unserer Fans war es damals nicht zum Besten bestellt. Da musste man ein dickes Fell haben. Weil wir gewannen und Kaiserslautern mit 4:0 gegen Schalke die Oberhand behielt, wurden wir Tabellenfünfter und hatten die Qualifikation für einen internationalen Wettbewerb mit der Aussicht auf zusätzliche Einnahmen geschafft. Hannes Löhr und ich erzielten in dieser Saison zusammen 43 Pflichtspieltore, 33 davon allein in der Bundesliga. Wir waren das, was man heute als Traumduo bezeichnen würde. Löhr war nicht nur ein feiner Vollstrecker, sondern hatte auch einen wunderbaren Blick für seine Nebenleute und konnte herausragende Flanken schlagen, von denen ich sehr profitierte. Mit 17 Toren in der Eliteliga landete ich auf dem siebten Rang der Torschützenliste. Und ich war erst 20 Jahre alt. Mir standen alle Türen offen. Das Abenteuer Bundesliga ging weiter.

Der Kampf um die Karriere

Köln, 1974–1976

Zu Beginn der neuen Saison standen auch wir in Köln ganz im Bann der gewonnenen Weltmeisterschaft, denn mit Overath, Flohe und Cullmann kehrten drei Weltmeister ins Training zurück. Sie wurden vor dem ersten Bundesligaspiel zu Hause gegen Rot-Weiß Essen mit riesigen Blumensträußen geehrt. Nach dem Spiel wurden sie allerdings, wie alle anderen Spieler auch, mit einem gellenden Pfeifkonzert verabschiedet, denn wir verloren das Auftaktspiel 0:1 durch ein Tor von Manni Burgsmüller.

Overath und Flohe

Overath war mittlerweile fast 31 Jahre alt, aber nach wie vor der entscheidende Mann bei uns. Die Weltmeisterschaft, bei der er in allen sieben Spielen zum Einsatz gekommen war, zementierte seine Position als Führungsfigur. Er war sich seiner Rolle bewusst und nahm sich bestimmte Dinge heraus, die sowohl vom Trainer als auch von uns Spielern als ganz selbstverständlich akzeptiert wurden. Zum Training kam er meist erst fünf Minuten vorher mit seinem Mercedes angerauscht und stand dann eine Minute vor zehn auf dem Platz, wo er sich erst noch die Schuhe band. Der Trainer akzeptierte das, ließ ihm alle Freiheiten – er wollte es sich mit ihm nicht verscherzen. Ich erinnere mich, wie wir im August 1974, wenige Tage nach der WM, ein Testspiel gegen Kickers Offenbach in Neu-Isenburg hatten. Die Mannschaft war ohne Overath im Bus angereist. Von unserem Kapitän war zum Anstoßtermin weit und breit keine Spur, die Verantwortlichen wollten das Spiel aber nicht ohne den Weltmeister anpfeifen lassen. 15 Minuten warteten beide Teams, dann pfiff der Schiedsrichter die Partie notgedrungen an. Weitere 15 Minuten später erschien Overath dann endlich.

Doch bevor er den Platz betrat, lief er erst noch rüber zu Marika Kilius, der bekannten Eiskunstläuferin und Sängerin, die am Spielfeldrand stand, und begrüßte sie mit Küsschen. Und posierte anschließend für Fotos. Er galt ein bisschen als Diva. Im Training durfte man ihm nicht zu sehr auf die Füße treten und wenn einer mit Stollen im Training auflaufen wollte, dann schickte er ihn schon mal zurück in die Kabine. Das mochte er überhaupt nicht.

Aber Wolfgang konnte sich das erlauben, denn er war ein genialer Spieler. Seine Dribblings, sein Auge, die langen Bälle, sein Schuss – Spieler wie ihn gibt es nur alle 20 Jahre. Für mich war es ein Geschenk, vier Jahre mit solch einem Fußballer zusammenzuspielen.

Bei den Fans stand allerdings nicht Overath ganz oben auf der Sympathieskala, sondern Heinz „Flocke" Flohe, der in Köln bis heute besonders verehrt wird. Flocke war ein Virtuose, an Eleganz kaum zu überbieten. Wie er an der Seitenauslinie seine Gegner mit einer einfachen Bewegung austanzte, mit welcher Lässigkeit er auf dem Platz auftrumpfen konnte, das beeindruckte auch uns Spieler. Dazu hatte er eine Schusstechnik, die ich nie wieder bei einem anderen Spieler gesehen habe. Seine Präzision und Schusskraft waren kolossal. Fragen Sie mal Toni Schumacher oder Gerd Welz, denen er im Training regelmäßig die Bude vollhaute. Als Mensch war Flohe eher zurückhaltend und introvertiert. Wahrscheinlich verstanden wir uns deshalb so gut. Journalisten waren ihm ein Gräuel. Er redete eigentlich nie mit der Presse, wollte seine Ruhe haben, was dazu führte, dass er in den Medien nicht so viel Beachtung fand, wie ihm eigentlich gebührte. In Köln wusste man aber, wie wichtig und außergewöhnlich Flohe war. Die Fans liebten ihn, Flocke war einer von ihnen. Er zog auch gern um die Häuser, war immer dabei, wenn Bernd Cullmann, Herbert Zimmermann (der neu vom FC Bayern gekommen war), Herbert Neumann und ich uns ins Vergnügen stürzten. Unser Lieblingsklub hieß

„Piccionaia", dort traf sich alles, was Rang und Namen in der Stadt hatte. Vor allem Flohe bewies Durchhaltevermögen und fühlte sich im Nachtleben pudelwohl, was man gar nicht vermutet hätte, wenn man ihn so sah. Er hatte Freunde aus der Ringer- und Boxszene, der Halbwelt und brachte die auch öfter mit zum Trainingsplatz. Wir staunten häufig nicht schlecht, wer da so alles am Geißbockheim stand: Maler, Zuhälter, Prostituierte, Boxer und Ringer. In der Mannschaft war er aufgrund seiner kameradschaftlichen Art sehr beliebt; es war klar, dass wir ihn 1977, nach dem Abgang von Overath, zum Kapitän wählten. Flocke konnte vorangehen, sowohl fußballerisch als auch von der Einstellung her. Er ließ sich nichts gefallen und setzte auf dem Platz auch mal ein Zeichen, indem er einen Gegenspieler umnietete. Ich weiß noch wie er im Pokalendspiel 1977 gegen Fortuna Düsseldorf den Schweden Flemming Lund im Mittelkreis mit einem Ellbogenschlag niederstreckte und damit deutlich machte, dass mit uns an diesem Tag nicht zu spaßen war. Bei der Nationalelf teilten wir uns oft das Zimmer. Sein Tod 2013 nach jahrelangem Koma traf mich sehr.

Haarscharf am Tod vorbei

In der Saison 1974/75 schaffte ich beim 1. FC Köln den Durchbruch zum Stammspieler. Ich spielte 34-mal von Beginn an in der Bundesliga und traf wettbewerbsübergreifend 36-mal. Bei Frau Klein an der Aachener Straße war ich ausgezogen. Ich hatte nun eine eigene Wohnung in Frechen und genoss die neue Freiheit.

In der Liga lief es gerade zu Saisonbeginn für uns alles andere als rund. In der Tabelle rutschten wir immer weiter ab und Ende September diskutierte der Verein darüber, den geschäftsführenden Vorstand Karl-Heinz Thielen als Spieler zu reaktivieren. Was für eine Schnapsidee! Thielen war 34 Jahre alt und hatte anderthalb Jahre nicht mehr gespielt. Zuletzt hatte er im November 1972 auf dem Platz gestanden. Trotzdem sollte er laut Vorstandsbeschluss nach einem 0:1 gegen Offenbach (Otto Rehhagel hatte dort mittlerweile Lorant ersetzt) mittrainieren. Wir Spieler schüttelten nur mit dem Kopf, aber Tschik sagte: „Thielen muss ran, ob er will oder nicht." Der FC setzte dann – wieder mal – ein Freundschaftsspiel beim belgischen Klub KAS Eupen an. Thielen spielte 90 Minuten, erst als Libero, dann als Stürmer, und schoss sogar ein Tor (wir gewannen mit 5:1). Wir staunten, wie fit unser Manager noch war. Beim UEFA-Cup-Rückspiel der ersten Runde in Finnland gegen Kokkolan PV saß er dann tatsächlich zumindest auf der Bank, doch damit war diese skurrile Episode auch beendet.

Drei Tage nach dem 4:1 in Finnland schlugen wir – ohne Thielen – den VfB Stuttgart in Köln 4:2. Es war unser erster Sieg der Saison – und das am siebten Spieltag. Ich hatte mit meinem Treffer zum 1:0 einen Anteil daran. Die Erleichterung war riesengroß, auch bei Tschik, der uns für den nächsten Tag freigab. Super, dachte ich mir, da kann ich ja mal wieder ins Rhein-Main-Gebiet fahren. Gleich nach dem Spiel ging es auf die A 3 Richtung Frankfurt. Es regnete in Strömen. Kurz vor dem Wiesbadener Kreuz passierte es: Als ich einen anderen Wagen überholen wollte, scherte dieser plötzlich nach links aus, und das bei einem Tempo von etwa 160 Sachen. Ich riss das Lenkrad nach links, der Wagen kam ins Schleudern, prallte gegen die Leitplanke. Ich drehte mich einige Male um die eigene Achse und blieb mit den Wagen mitten auf der Fahrbahn stehen. Was ein Schock! Zunächst saß ich benommen hinter dem Lenkrad, dachte nur: Gleich knallt ein Auto auf mich drauf. Dann berappelte ich mich zum Glück, sprang aus dem Wagen und lief auf den Standstreifen. Kurze Zeit später krachten vier Wagen ineinander. Mein Porsche war komplett zerdeppert – Totalschaden. Aber ich lebte, hatte noch nicht einmal einen Kratzer abbekommen. An diesem 5. Oktober 1974 war wohl mein Schutzengel mit an Bord. Andere hatten nicht so viel Glück: Drei Insassen verletzten sich. Ich wurde zusammen mit den Verletzten ins Krankenhaus nach Wiesbaden gebracht, wo mich meine Mutter abholte und zurück nach Köln fuhr.

Die nächsten Wochen nahm mich Amateurspieler (und Trainersohn) Zlatan Cajkovski mit zum Training – so lange, bis mein neuer Porsche vor der Tür stand. Nach außen ließ ich mir nichts anmerken, aber innerlich war ich ziemlich erschüttert, so haarscharf am Tod vorbeigeschlittert zu sein. Wie schnell konnte es doch zu Ende gehen, welche Kleinigkeiten konnten über Leben und Tod entscheiden.

Angstgegner Mönchengladbach
Ein absolutes Highlight-Spiel fand im Januar 1975 statt. Wir hatten im Pokal in der zweiten Hauptrunde Mönchengladbach gezogen, und das auswärts. Dreimal (!) musste das Spiel wegen schlechten Wetters abgesagt werden, bis es am 29. Januar 1975 ernst wurde. Gladbach mit Hennes Weisweiler als Trainer stand an der Tabellenspitze der Bundesliga und hatte mit Spielern wie Simonsen, Jensen, Heynckes, Bonhof und Vogts ein Spitzenteam. Nach 34 Minuten lagen wir 3:1 zurück, doch dann drehten wir das Spiel dank Toren von Konopka, Flohe, Neumann und mir. Wir gewannen 5:3 und rauschten triumphierend in Richtung Köln ab.

Die Saison 1974/75 war die Saison der Derbys: Nach Gladbach warteten im Pokalachtelfinale die Düsseldorfer Nachbarn, die uns mit 5:2 vermöbelten. Der grandiose Sieg in Mönchengladbach war damit für die Katz. Nach dem Düsseldorf-Fiasko standen zwei weitere Derbys an. Im Halbfinale des UEFA-Cups spielten wir erneut gegen die Gladbacher, mit denen wir uns außerdem in der Meisterschaft ein Kopf-an-Kopf-Rennen lieferten.

Beim rheinischen Duell um die UEFA-Cup-Finalteilnahme verloren wir das Hinspiel in der restlos ausverkauften Radrennbahn mit 1:3. Der Däne Allan Simonsen war der überragende Mann und traf zweimal. Es war eine Schmach. Wir hatten uns so viel vorgenommen und wurden dann regelrecht vorgeführt. Für das Rückspiel rechneten wir uns kaum etwas aus, es fehlten die gesperrten Flohe und Simmet, ich musste wegen einer Zerrung passen. Es kam, wie es kommen musste: Wir verloren sang- und klanglos 0:1 und wieder feierten nur die Gladbacher. Gerade Spielern wie Overath, Cullmann oder Neumann, die 1973 beim verlorenen DFB-Pokalfinale gegen Gladbach dabei gewesen waren, ging das an die Nieren. Immer wieder standen uns die Borussen im Weg, die dann übrigens gegen Twente Enschede auch den Titel holten. Ich behaupte, das hätten wir auch geschafft ...

Mit dem UEFA-Cup-Titel war es also nichts, aber uns blieb ja noch das Rennen um die Meisterschaft. Anfang Mai lagen wir nur zwei Punkte hinter Gladbach. Es folgte die entscheidende Woche. Erst mussten wir nach Bremen und dann kam – na, wer wohl – erneut Mönchengladbach nach Köln.

In der Hansestadt trafen wir auf hochmotivierte Bremer, die gegen den Abstieg kämpften. Tschik hatte vor dem Spiel einen Satz losgelassen, der in Bremen für böses Blut sorgte. „Die spielen wie die Weltmeister und müssen dennoch absteigen", lautete sein Statement, das bei den Bremern nicht so gut ankam. 30 000 Flugblätter bedruckt mit Tschiks unglücklichem Ausspruch wurden vor dem Spiel verteilt – die Stimmung im Weserstadion kochte. Im Kabinengang giftete Werder-Geschäftsführer Hans Wolff unseren Trainer so an, dass der davon abgehalten werden musste, Wolff an den Kragen zu gehen. Leider übertrug sich diese Aggressivität nicht auf unser Spiel. Wir kamen zwar super rein und gingen durch ein Tor von mir in Führung, doch das war es dann auch schon mit unserer Herrlichkeit. Werder kämpfte uns nieder. Rudi Assauer, Horst-Dieter Höttges, Jürgen Röber, Peer Roentved, Karl-Heinz Kamp und Konsorten machten uns die Hölle heiß. Wir verloren 1:4 und lagen damit vier Punkte hinter Gladbach. Danach gab es am folgenden Tag wie immer eine Spielbesprechung mit Tschik. Er hatte wie üblich ein Buch dabei, aus dem er seine Notizen ablas. Meist ging er dabei alle Spieler durch, sagte, was ihm gefallen hatte und was nicht: „Overath, musst du mehr über links spielen, Dieter, musst du mehr laufen" und so weiter. Nach der Sitzung wurde Tschik ins Büro von Manager Thielen gerufen und vergaß, sein Buch mitzunehmen. Wir nutzten die Gelegenheit, um einen kurzen Blick hineinzuwerfen. Darin stand – nichts! Kein Wort. Tschik hatte immer nur so getan, als habe er sich Notizen gemacht. Wir brüllten vor Lachen, ließen ihn aber nie wissen, dass wir sein Geheimnis kannten.

Eine Woche später war Gladbach zum „Endspiel" um den Titel wieder in der Radrennbahn zu Gast. Es war unser fünftes Aufeinandertreffen in dieser Saison, ich konnte Wolfgang Kleff & Co. nicht mehr sehen. Und auch an diesem Samstag zogen wir den Kürzeren: Simonsen und Danner trafen bei einem Gegentor von Löhr zum hoch verdienten 2:1 der Borussen, die uns damit aus dem Titelkampf rauskegelten. Die 25 000 Kölner unter den 28 000 Zuschauern gingen frustriert nach Hause und wir standen mit leeren Händen da.

Neumanns Haare

Im Pokal raus, im UEFA-Cup raus, in der Meisterschaft abgeschlagen – blieb nur die Qualifikation für das internationale Geschäft in der nächsten Saison. Intern brodelte es langsam. Die zum Teil wirren Motivationskünste von Tschik hatten sich abgenutzt. Wir beschwerten uns immer häufiger bei Thielen und Weiand, waren der Meinung, dass wir mit anderen Trainingsmethoden oder einer flexibleren Taktik durchaus die Chance auf einen Titel gehabt hätten. Noch stand der Klub aber hinter dem Trainer. Auf einer Mannschaftssitzung machte Thielen uns klar: Wer nicht spurt, kann seine Papiere holen. Aber der Riss zwischen Tschik und der Mannschaft war nicht mehr zu kitten. Dazu passt auch eine Geschichte, die sich gegen Saisonende zutrug.

Tschik hatte was gegen die langen Haare von Herbert Neumann, meinte, dieser habe bei Regen Probleme mit Kopfbällen, fummele sich ständig an den Haaren herum. Er forderte Thielen auf, mit dem Spieler zu reden. Neumann fand natürlich, dass es seine Sache sei, wie er die Haare trägt. Tschik war richtig wütend: „Verdammt, diese scheiß Haare", hörte man ihn über den Platz fluchen, „Neumann, Ihre Haare gefallen mir nicht!" Herbert rief: „Das kann ich verstehen, aber Ihre Haare gefallen mir auch nicht besonders." Damit hatte er die Lacher auf seiner Seite, denn Tschik hatte eine ziemliche Glatze. Der Trainer verlor langsam, aber sicher an Autorität.

Wie im Jahr zuvor schafften wir die Qualifikation für den UEFA-Cup erst in einem Finalspiel. Der 34. Spieltag, an dem es gegen Duisburg ging, musste es entscheiden. Ich traf zweimal beim 4:2 gegen den MSV. Ein weiteres Tor erzielte Hannes, und zwar ein ziemlich kurioses: Er bugsierte den Ball im Sitzen mit dem Kopf ins Netz.

Mit meiner persönlichen Bilanz konnte ich sehr zufrieden sein. Ich war im Kreis der besten Stürmer in der Bundesliga angekommen. 17 Tore im ersten Jahr, 24 im zweiten, das konnte sich sehen lassen. In der Rangliste des *kicker*-Sportmagazins, auf die jeder Spieler schaute (auch wenn manche es nicht zugaben), stand ich auf Rang drei, in der Kategorie „im Weiteren Kreis". Beim FC war ich binnen zweier Jahre zu einem unverzichtbaren Teil der Mannschaft geworden. Otto Rehhagel wurde im *kicker* mit den Worten zitiert: „Dieter Müller gehört die Zukunft." Das ging runter wie Öl. Mein Vertrag wurde um ein weiteres Jahr bis 1976 verlängert.

Mit Dieter Prestin und Roland Gerber kamen im Sommer 1975 zwei Hochkaräter zu uns. Sehr unkonventionell lief die Verpflichtung Gerbers ab, der zu einer tragenden Säule der Double-Mannschaft werden sollte und es in die deutsche B-Nationalmannschaft schaffte.

Im Sommer stand er plötzlich am Geißbockheim, klopfte an die Bürotür von Thielen und fragte unseren Manager, ob er mittrainieren könne. Thielen war perplex: „Du bist mir aber ein Vogel", staunte er. Doch Tschik fehlten an diesem Tag Spieler für ein 11-gegen-11. „Lass diese Junge mittrainieren", sagte er. Gerber, der für FV Lauda in Baden-Württemberg spielte, hinterließ einen großartigen Eindruck. Der Trainer rief Thielen zu: „Hol Vertrag aus Tasche, lass ihn unterschreiben." So konnten Transfers also auch über die Bühne gehen.

Roland war der beste Libero, den wir je hatten. Er strahlte Ruhe aus, besaß eine überragende Übersicht, machte selten Fehler und hatte in Köln nur damit zu kämpfen, dass er nicht so spektakulär spielte wie manch andere. Er war eben kein Rastelli, aber für die Mannschaft enorm wichtig.

Schwere Krankheit und tiefe Einsichten

Vor dem zweiten Saisonspiel der neuen Saison 1975/76 zu Hause gegen Hannover fühlte ich mich gesundheitlich etwas angeschlagen, als würde mir eine Grippe in den Knochen stecken. Da ich aber durch Herbert Widmayer erfahren hatte, dass sich Bundestrainer Helmut Schön das Spiel anschauen wollte, biss ich auf die Zähne und spielte. Es lohnte sich, denn ich erzielte den 2:1-Siegtreffer und erhielt eine Einladung für das Länderspiel gegen Österreich im September. Doch am nächsten Tag ging es mir noch schlechter. Ich musste mit dem Training aussetzen, bekam Fieber, fühlte mich immer schlapper und müder. Am Sonntagmittag fuhr ich nach Götzenhain zu meiner Familie. Dort verschlechterte sich mein Zustand weiter, das Fieber stieg bis auf 40 Grad. Meine Mutter rief den Notarzt. Er verordnete mir Bettruhe und gab mir fiebersenkende Tabletten. Trotz meines Zustandes fuhr ich am Montag von Götzenhain zurück nach Köln. Dort stand ja Training an, auch wenn ich wusste, dass ich nicht würde mittrainieren können.

Als ich im Geißbockheim ankam, schickte man mich direkt ins St.-Katharinen-Krankenhaus in Frechen bei Köln. Dort stellte sich relativ schnell heraus, dass ich mir eine Pleuritis, eine nasse Rippenfellentzündung zugezogen hatte. Der behandelnde Arzt erklärte mir, dass es ein großes Risiko gewesen sei, gegen Hannover zu spielen, denn bei dieser Erkrankung sammelt sich im Brustkorb Flüssigkeit zwischen dem Lungen- und Rippenfell (mir mussten eineinhalb Liter herauspunktiert werden), die Symptome sind Atemnot, Fieber, Husten. Für mich war die Diagnose ein Schock, ich hatte ja eine Einladung für das Länderspiel gegen Österreich. Doch an Fußball war in den nächsten Monaten nicht zu denken. Vielmehr musste ich darum bangen, überhaupt wieder auf den Fußballplatz zurückkehren zu können. Wenn aufgrund einer solchen Infektion Verwachsungen auftreten, kann es eng mit dem Leistungssport werden. Meine Karriere stand auf der Kippe.

Zunächst blieb ich vier Wochen stationär in Frechen. Danach fuhr ich in den Schwarzwald zur Kur, genauer nach St. Blasien, ins Fürstabt-Gerbert-Haus. Die Therapie bestand aus Liegekuren und Spaziergängen. Es war eine schwere Zeit, aber ich lernte etwas fürs Leben. In dieser Klinik gab es eine Menge schwerkranker Menschen, die mir bewusst machten, dass es nicht selbstverständlich ist, gesund zu sein. Viele Patienten dort waren schon seit Jahren krank, litten an schweren Tuberkulosen, psychischen Erkrankungen, Alkoholsucht. Das Leben hatte sie gezeichnet und doch waren sie alle einmal unschuldig ins Leben gestartet. Warum werden manche Menschen von Schicksalsschlägen getroffen, andere nicht? Ich kam für mich zu der Erkenntnis, dass man sein Schicksal annehmen und das Beste draus machen muss. Im Fürstabt-Gerbert-Haus schwor ich mir, zurückzukommen und mich von der Krankheit nicht unterkriegen zu lassen. Ein Jahr zuvor hatte ich den schweren Unfall gehabt, nun dies. Aber ich sagte mir: Meine Geschichte ist hier noch nicht zu Ende.

Ich war mir sicher, dass ich im Fußball noch einen Weg zu gehen hatte.

Ich arbeitete mit enormem Ehrgeiz auf mein Comeback hin, erlebte, wie viel Kraft in einem steckt, wenn man sich Ziele setzt. Nach zwei Monaten joggte ich das erste Mal wieder. Nach 300 Metern musste ich zwar eine Pause machen – so schwer ging mein Atem –, aber ich steigerte mich täglich ein bisschen und konnte nach einigen Wochen wieder meine normale Strecke laufen.

Das neue Stadion und Tschiks Ende

Während ich mich aus der Krankheit zurückkämpfte, quälte sich das Team durch den Bundesliga-Alltag. Tschik wurde von der Presse und den Fans am Geißbockheim immer öfter infrage gestellt, die Routiniers Löhr, Simmet und Overath distanzierten sich von ihm. Die Eröffnung des neuen Müngersdorfer Stadions, das 60 000 Zuschauern Platz bot, sorgte auf der anderen Seite für Hochstimmung in ganz Köln.

Mit dem Müngersdorfer Stadion stieß der Verein in eine neue finanzielle Dimension vor. Es fasste dreimal so viele Zuschauer wie die Radrennbahn. Der Nachteil: Durch die Tartanbahn waren die Ränge sehr weit weg vom Geschehen – eine Zeitung rechnete aus, dass der abgelegenste Platz 57,25 Meter vom Rasen entfernt war. Die räumliche Nähe zwischen Spielgeschehen und Zuschauern hatte in der Radrennbahn immer für eine besonders intensive Atmosphäre gesorgt, die nun nicht mehr da war.

Im ersten Bundesligaspiel in der Müngersdorfer Arena empfingen wir Eintracht Frankfurt. Ich war derweil noch in der Schweiz in der Reha. 40 000 Zuschauer sorgten für die Kölner Rekordeinnahme von 480 000 Mark. Das Spiel ging 3:3 aus.

Ich telefonierte in diesen Tagen viel mit meinen Kollegen, auch mit „Zimbo" (Herbert Zimmermann). Der flinke Zimbo war ursprünglich mal Mittelstürmer gewesen, doch Tschik hatte ihn zum linken Verteidiger umfunktioniert. Er wurde, auch dank seiner Schnelligkeit, zur Granate auf außen, schaffte es zum Nationalspieler und stand bei der WM 1978 und der EM 1980 im Kader. Zimbo erzählte mir, dass Tschik neuerdings öfters von der Tribüne aus die Spiele verfolgte und per Walkie-Talkie mit Co-Trainer Herings auf der Bank kommunizierte. So auch gegen Frankfurt. Doch das Walkie-Talkie war noch nicht einsatzbereit, als gleich in den ersten Spielminuten unser zweiter Torwart Tapalovic von Bernd Hölzenbein aus nächster Nähe k. o. geschossen wurde und sich eine schwere Kopfverletzung zuzog. Um zu erfahren, was Sache war, rannte unser Trainer wie von der Tarantel gestochen runter zur Bank. Eine echte Tschick-Nummer.

Die Woche drauf sorgte ein 2:1 bei Bayern München für etwas mehr Ruhe. Und danach war es so weit: Am 5. Dezember absolvierte ich nach vier Monaten Pause wieder mein erstes Training in Köln. Kaum einer hatte damit gerechnet, dass ich so früh zurückkehren würde, die Plackerei hatte sich gelohnt. Allerdings musste ich nach nur wenigen Tagen einem neuen Trainer die Hand schütteln. Unser Erzfeind Borussia Mönchengladbach war mal wieder zu Gast in Köln gewesen und hatte uns vor 61 000 Zuschauern, in dem erstmals ausverkauften neuen Stadion, mit 0:4 eine Lehrstunde erteilt. Ich saß auf der Tribüne und war fassungslos, dass wir gegen diese Borussen schon wieder so schlecht spielten. Danach war Tschik nicht mehr zu halten. Da der OFC bereits Interesse an ihm gezeigt hatte, präsentierte der 1. FC Köln die Trennung von Cajkovski den Medien gegenüber als einen Gefallen, den man dem Trainer tat. Er wechselte noch vor Weihnachten nach Offenbach.

Die Ära Weisweiler beginnt

Wir standen mittlerweile auf Rang sieben der Tabelle. Gerhard Stollenwerk übernahm das Team, es war aber von Beginn an klar, dass er uns nur bis zum Saisonende trainieren würde. Der

Verein setzte sich auf die Fährte von Hennes Weisweiler, der in Barcelona nicht glücklich wurde. Ich spielte unter Stollenwerk wieder regelmäßig und traf auch, immerhin 13-mal in der Rückrunde. Als Fünfter qualifizierten wir uns erneut für den UEFA-Cup. Aber mein Verhältnis zu Stollenwerk war gestört. Nachdem ich im März beim 4:0 in Duisburg dreimal und eine Woche später gegen Uerdingen beim 4:0 zweimal getroffen hatte, gab Stollenwerk öffentlich zu Protokoll: „Ich habe mir von Dieter mehr erwartet." Wie bitte? Das musste einer mal verstehen ... Dieses Phänomen durchzog meine Karriere wie ein Muster. Alle Tore reichten nicht, um meine Kritiker mundtot zu machen. In den letzten Jahren meiner FC-Zeit wurde es absurd, doch auch später, in Stuttgart oder Bordeaux, gab es immer wieder Stimmen, die mich trotz aller Tore kritisierten. Ich litt damals enorm darunter und verstehe es bis heute nicht.

Dabei traf ich auch gegen große Teams. So wie im Pokalviertelfinale im April, das wir in Köln gegen die Bayern spielten. Ich traf zweimal, doch auf der Gegenseite spielte ein anderer Müller mit Vornamen Gerd, der auch wusste, wo das Tor stand. Gerd traf dreimal und wir schieden mit einem 2:5 aus.

Zu diesem Zeitpunkt verlängerte ich meinen Vertrag um zwei Jahre und stieg auch gehaltstechnisch in eine neue Liga auf; ich verdiente nun 20 000 Mark monatlich, was ein ordentlicher Batzen war. Aber auch am Ende dieser Saison standen wir ohne Titel da. Acht Jahre lag nun schon der letzte Titel, der DFB-Pokalsieg 1968, zurück. Zu wenig für einen Verein wie Köln.

Doch die Fans schöpften wieder Hoffnung. Als am 22. April 1976 die Verpflichtung des neuen Trainers Weisweiler verkündet wurde, kannte die Euphorie keine Grenzen. Eine richtiggehende Weisweilermania brach aus. Der Kölner kennt ja in der Regel nur extreme Gefühlslagen: himmelhochjauchzend oder zu Tode betrübt. In den Apriltagen des Jahres 1976 hatte man in Köln das Gefühl, dass die Deutsche Meisterschaft der kommenden Saison bereits gewonnen war, so optimistisch schauten die FC-Fans nach vorne.

Für mich ging es nach der Saison zur Nationalelf. Ich wurde Teil des EM-Kaders und kehrte als Vizeeuropameister und EM-Torschützenkönig zurück nach Köln. Die zwei schönsten Jahre meiner Fußballkarriere standen mir aber erst noch bevor.

Die Nationalelf und ich

1975–78

Wenn man mit 18 Jahren viele Male das Nationaltrikot der U-18-Auswahl getragen hat, danach auch für die Amateurnationalmannschaft aufgelaufen ist, träumt man natürlich davon, irgendwann auch mal für die A-Nationalmannschaft zu spielen. Aber als ich 1973 mit 19 Jahren und nur zwei Bundesliga-Einsätzen zum 1. FC Köln wechselte, lagen meine Prioritäten erst mal woanders: Ich musste mich im Kölner Starensemble etablieren, an die Nationalelf verschwendete ich keinen Gedanken, sie war weit weg.

Doch bereits in der Rückrunde der Saison 1973/74 wurde ich in den Medien zum erweiterten Kandidatenkreis für die Weltmeisterschaft im eigenen Land gezählt. Ich hatte im April 1974 14 Tore geschossen – und das in meinem ersten richtigen Bundesliga-Jahr. Am Ende waren es sogar 17, aber für die Weltmeisterschaft langte es noch nicht. Ich denke, dass Bundestrainer Helmut Schön nie ernsthaft in Erwägung gezogen hat, mich zu nominieren, aber es schmeichelte mir natürlich, dass mein Name bei den Journalisten fiel.

Vom großartigen Fußballsommer 1974 bekam ich eigentlich wenig mit. Ich hatte mich in den Urlaub nach Spanien verabschiedet, war mit Wolfgang Weber und Herbert Neumann, meinen beiden Kölner Mitspielern, in unser Ferienhaus nach Spanien gefahren. Dort interessierten uns die Spanierinnen und der Sangria mehr als der WM-Spielplan. Wir ließen es 14 Tage ordentlich krachen. Aber natürlich sahen wir uns das Finale in München vor dem Fernseher an. Ich freute mich vor allem für unsere Kölner Jungs Overath, Flohe und Cullmann, die alle im Aufgebot standen.

„Guten Tag, Herr Beckenbauer"

Nach der WM erklärte Gerd Müller seinen Rücktritt – eine neue Chance für alle Mittelstürmer des Landes. Trainer Schön musste nun einen würdigen Nachfolger für den „Bomber der Nation" finden. Wer hätte diese Rolle ausfüllen können?

Ich war zunächst noch gar kein Thema. Man versuchte es mal mit Bernd Hölzenbein, mal mit Jupp Heynckes oder auch mit meinem ehemaligen Weggefährten Erwin Kostedde. Aber irgendwie spielte sich keiner von ihnen fest. In der Rückrunde der Saison 1974/75 wurden Stimmen lauter, die forderten, mir endlich mal eine Chance im Kreis der Besten zu geben. Warum auch nicht? In der Bundesliga hatte ich bis zum April 1975 18 Treffer erzielt, dazu kamen sieben Tore im UEFA-Cup. Das konnte sich mehr als sehen lassen. Der Einzige, der eine bessere Bilanz aufweisen konnte, war Jupp Heynckes. Er lag mit 21 Toren auf Rang eins der Torschützenliste. Nach einem famosen Spiel gegen Eintracht Braunschweig am 19. April 1975, bei dem ich die ersten beiden Treffer erzielt hatte (das Spiel ging 3 : 0 aus), war es tatsächlich soweit – ich erhielt meine erste Einladung für ein Länderspiel der deutschen A-Nationalmannschaft. Herbert Widmayer, der in Köln lebte, übergab mir im Kölner Geißbockheim die Einladung des Bundestrainers für das EM-Qualifikationsspiel in Bulgarien höchstpersönlich.

Meine Freude war an diesem Tag allerdings ein wenig getrübt, denn im Spiel gegen Braunschweig hatte ich mir eine Oberschenkelverletzung zugezogen. Ausgerechnet. Und nicht nur die Nationalmannschaft wartete, zwei Tage später sollte auch das UEFA-Pokalhalbfinalrückspiel in Mönchengladbach steigen. Bei der Behandlung in Köln kam heraus, dass es sich um eine Zerrung handelte. Nichts Katastrophales, noch war knapp eine Woche Zeit bis zum Länderspiel in Sofia, ich hatte weiter Hoffnung, dass es mit meinem Debüt klappen konnte. Das Spiel in

Gladbach (bei dem wir im Europapokal ausschieden) verpasste ich allerdings.

Am Tag nach dem Spiel in Gladbach fuhr ich zum Treffpunkt der Nationalmannschaft, die sich, wie häufig vor Flügen ins Ausland, südlich von Frankfurt im Hotel Kempinski in Neu-Isenburg versammelte. Ich hatte davor meine Mutter im nur wenige Kilometer entfernten Götzenhain besucht und kam recht früh im Hotel an. Nur ein paar Funktionäre waren schon da. Ich begrüßte sie artig und checkte ein. Da es bis zum Abendessen noch eine Weile dauerte, entschied ich mich, einen Saunagang zu machen. Ich fuhr mit dem Lift in den Wellnessbereich und betrat mit meinem Handtuch bewaffnet die Sauna. Und wen sah ich dort sitzen? Franz Beckenbauer, die Lichtgestalt, den ich für seine Art, Fußball zu spielen, seit Jahren bewunderte. Wir hatten uns in der Bundesliga natürlich schon auf dem Platz gegenübergestanden, aber persönlich war ich ihm bisher noch nie begegnet. Ich reagierte mit einer Übersprungshandlung und reichte dem unbekleideten Weltstar die Hand: „Guten Tag Herr Beckenbauer, ich bin Dieter Müller."

Beckenbauer lachte und antwortete: „Ja mei, kannst scho Franz zu mir sogn, i kenn di jo ah. Machst ordentlich Tore."

Ich wusste in dem Moment nicht, wie ich den Kapitän der deutschen Fußballnationalmannschaft, die im Sommer zuvor Weltmeister geworden war, anreden sollte, der Respekt vor Beckenbauer war riesengroß.

Als wir so nackt zusammensaßen und uns über dies und jenes unterhielten, wurde mir klar, dass ich gerade den nächsten Schritt in meiner Karriere machte: Ich gehörte nun zur Fußballelite Deutschlands und durfte mit Spielern wie Beckenbauer, Maier & Co. zusammenspielen.

Am Abend lernte ich auch Helmut Schön persönlich kennen, einen zurückhaltenden Herrn, dem man auf den ersten Blick gar nicht zutraute, ein Team aus lauter Fußballstars im Zaum halten zu können. Er war ein so ganz anderer Typ als beispielsweise

Weisweiler, der keinem Konflikt aus dem Weg ging. Aber ich merkte schnell, dass der Welt- und Europameister auf seine ruhige Art eine starke Persönlichkeit war und sich nicht alles gefallen ließ.

EM-Vorbereitung 1976 – das lange Warten auf den ersten Länderspieleinsatz

Schön war schon seit 1964 Bundestrainer und hatte die zwei wichtigsten Titel im Fußball gewonnen: die EM 1972 und die WM 1974. Das ist bisher keinem deutschen Trainer vor oder nach ihm gelungen. Nun galt es, den Titel des Europameisters zu verteidigen. Für das Endturnier musste sich aber auch Deutschland als Titelverteidiger erst noch qualifizieren. Die Zeiten nach dem WM-Triumph waren mühsam: Jürgen Grabowski, Wolfgang Overath und Gerd Müller hatten sich verabschiedet, der Umbruch gestaltete sich schwieriger als gedacht. Die Qualifikationsgruppe mit Bulgarien, Griechenland und Malta war eigentlich leicht, doch die Mannschaft erreichte in Griechenland nur ein mühsames 2:2 und erlangte auf Malta mit Ach und Krach ein 1:0. Im dritten Spiel ging es nach Bulgarien. Nur der Erstplatzierte kam weiter. Die acht Gruppensieger spielten dann in einem Viertelfinale die vier Teilnehmer für das Endturnier aus – so war damals der Modus.

Schön war kein autoritärer Trainer. Er setzte auf die Eigeninitiative der Spieler, nahm sie mit in die Verantwortung und suchte mit wichtigen Spielern immer das Gespräch. Das war für die damaligen Verhältnisse recht ungewohnt, viele interpretierten das als Schwäche oder Wankelmütigkeit. Aber die Spieler fühlten sich als Partner, was zu einer lockeren Stimmung beitrug.

Ich war natürlich auf Spieler wie Günther Netzer, Sepp Maier, Paul Breitner oder Rainer Bonhof gespannt, die ich bisher nur aus der Ferne kannte. Das waren echte Persönlichkeiten und ich beobachtete genau, wie sie sich gaben, was sie taten und sagten. Mit meinen 21 Jahren genoss ich noch den Staus des Jungdachses, der nicht so richtig ernst genommen wurde. Mit Charly Körbel, mit dem ich 1972 U-18-Vizeeuropameister geworden war, traf ich in Neu-Isenburg auch auf einen alten Bekannten.

Aufgrund meiner Zerrung konnte ich am kommenden Tag nicht mit der Mannschaft trainieren. Unser Masseur, der legendäre Erich Deuser, verbot einen Einsatz, meine Verletzung sei zu schwerwiegend. Mir passte das nicht, denn ich spürte kaum noch etwas. Aber Deuser blieb bei seiner Meinung. Trotzdem entschied Schön, dass ich mit nach Sofia fliegen sollte. Er wollte sich alle Optionen offenhalten. Beim Abschlusstraining in Sofia vor gut 3000 begeisterten Bulgaren trainierte ich wieder nicht mit, und am Abend war klar, dass ich für das Spiel ausfiel. Ich war sauer und sah das Spiel von der Tribüne aus. Wir schafften bei strömendem Regen ein schmeichelhaftes 1:1. Nach einem 0:1-Rückstand traf glücklicherweise mein ehemaliger Offenbacher Mitspieler Manfred Ritschel per Foulelfmeter zum Ausgleich.

Glücklicherweise gab es vier Wochen später bereits das nächste Länderspiel. Zum 75-jährigen Jubiläum des Deutschen Fußball-Bundes bestritten Deutschland und Holland die Wiederauflage des WM-Finales. Das richtige Spiel, um meine Premiere nachzuholen, dachte ich. Es kam anders. In den Wochen danach war ich nicht wirklich in Form und als ich Mitte Mai im Spitzenspiel zu Hause gegen Mönchengladbach nochmals eine grottenschlechte Partie ablieferte und sogar ausgewechselt wurde (wir verloren 1:2), lud Schön mich nicht ein. Ein Hammerschlag für mich, zumal parallel Jupp Heynckes ausfiel und der Bundestrainer außer Manfred Ritschel keinen echten „Reißer" vorne drin hatte. Aber was sollte ich machen? Ich musste die Entscheidung zähneknirschend akzeptieren.

Mitte August erhielt ich die nächste Einladung – für die Partie am 3. September gegen Österreich. Wenige Tage vor dem Spiel wurde ich dann wegen meiner nassen Rippenfellentzündung ins

Krankenhaus eingeliefert. Es war wie verhext, mit meinem ersten Länderspiel sollte es einfach nicht klappen.

Die nächste Einladung trudelte im Juni des nächsten Jahres ein. Im Januar 1976 hatte ich nach meiner Krankheitspause ein tolles Comeback gefeiert, und nach den drei Länderspielen in der EM-Quali im neuen Jahr gegen Malta (8:0) und Spanien (1:1; 2:0), in denen Schön im Sturm auf Jupp Heynckes, Ronald Worm, Bernd Hölzenbein oder Klaus Toppmöller setzte, hoffte ich auf eine Nominierung. Die Qualifikation für das EM-Endturnier war geglückt, aber gerade Toppmöller hatte mit seinem entscheidenden Tor zum 2:0 gegen Spanien kräftig Punkte gesammelt. Doch der Mann aus Kaiserslautern hatte kurz vor der EM einen schweren Autounfall und fiel damit aus. Und da auch Jupp Heynckes verletzt fehlte, rutschte ich zur Überraschung vieler kurz vor Schluss noch ins 18-köpfige EM-Aufgebot. Und das als Neuling mit null Länderspielen. Wow!

Halbfinale gegen Jugoslawien – mein erstes Länderspiel

Einen Tag nach unserem letzten Bundesligaspiel in Mönchengladbach, wo wir trotz eines Tores von mir 1:2 verloren, flog ich zusammen mit Heinz Flohe von Köln aus nach München, wo sich die Nationalmannschaft in der Sportschule Grünwald versammelte. Wir hatten drei Tage Zeit, uns auf das Halbfinalspiel gegen Jugoslawien vorzubereiten. Sonntag Treffpunkt, Mittwoch Abflug, Donnerstag EM. In heutigen Zeiten undenkbar, aber damals war das normal. In den wenigen Trainingseinheiten in der Sportschule merkte ich, dass Schön mich für die Stammformation außen vorließ. Am Dienstag bestätigte sich der Eindruck. Schön nahm mich zur Seite und erklärte mir, dass ich gegen Jugoslawien nicht spielen werde. Er wolle es mit Hölzenbein und Hoeneß im Angriff versuchen. Ich fand es hochanständig von ihm, dass er mir das erklärte, war aber dennoch richtig sauer. Aus heutiger Sicht verstehe ich meinen Frust von damals überhaupt nicht. Ich hatte noch kein einziges

Länderspiel absolviert, war für den verunglückten Toppmöller nachgerückt, daneben gab es mit Hölzenbein, Hoeneß oder Worm gestandene Top-Offensivleute. Warum mein Ärger, was bildete ich mir ein? Ich war einfach heiß auf mein erstes Länderspiel, nachdem ich so viel Pech in den vorherigen Monaten gehabt hatte.

Am Mittwochvormittag flogen wir von München nach Belgrad und quartierten uns im Hotel Jugoslavija im Zentrum von Belgrad ein, das damals als bestes Hotel des Landes galt – ein viereckiger Riesenbunker mit über 1000 Betten. Auch Politiker wie Richard Nixon, Jimmy Carter oder Willy Brandt stiegen damals dort ab. Nicht nur das Gebäude war riesig, auch der Kronleuchter in der Lobby – damals der größte seiner Art in der Welt, wie uns gesagt wurde, gefertigt von Swarovski, 30 mal neun Meter, bestehend aus über 40 000 Kristallen. Beeindruckend.

Aber an diesem Tag hatten wir natürlich kaum Augen für das Interieur, schließlich stand am nächsten Tag das Spiel gegen die Gastgeber an. Die ganze Stadt schien in Aufruhr zu sein. Am Flughafen, am Hotel, überall waren Menschen. Polizisten versuchten uns so gut es ging abzuschirmen. Wir merkten auf einmal: Das wird ein Gang durch die Hölle. Wer einmal ein Fußballspiel auf dem Balkan erlebt hat, weiß, wie fanatisch die Fans dort sein können. Die Jugoslawen wollten der Fußballwelt zeigen, wozu sie im eigenen Land fähig waren. Auch für die kommunistische Führungskaste um Präsident Tito war das Turnier wichtig: Die sozialistische Idee sollte durch die Erfolge auf dem Fußballfeld an Glanz gewinnen, die letzten großen Siege waren schließlich schon länger her. Vor allem in den 60er-Jahren gehörten die Jugoslawen um die Stürmer Milan Galic und Dragan Dzajic zur Fußballelite der Welt. 1960 gewannen sie in Rom die Olympischen Spiele, 1962 wurden sie in Chile WM-Dritter und sowohl bei der EM 1960 als auch 1968 erreichte Jugoslawien das Finale. Dieses Mal sollte es daheim der Titel sein, das war klar. Dass die Runde der letzten Vier überhaupt in dem Balkanland stattfand, hatte man dem Losglück zu verdanken, denn erst nachdem sich die Niederlande, Deutschland, die ČSSR und Jugoslawien qualifiziert hatten, wurde ausgelost, welches Land das Turnier ausrichten würde. Welche Euphorie das Losglück in Jugoslawien auslöste, erlebten wir nun am eigenen Leib.

Am Abend fuhren wir mit dem Bus zum Abschlusstraining ins Stadion Roter Stern, wo auch die gleichnamige Klubmannschaft ihre Heimspiele austrug. Das Belgrader Stadion hieß im Volksmund „Marakana", in Anlehnung an das Stadion in Rio de Janeiro. Es fasste damals um die 100 000 Zuschauer und gehörte damit zu den größten Arenen der Welt. Schon leer flößten die roten Ränge Respekt ein. Wie sollte das nur am nächsten Tag werden?

Überraschenderweise war das Stadion aber nicht bis auf den letzten Platz gefüllt. Aber genug Krach machten die etwa 85 000 Zuschauer beim Einlauf der Teams dennoch. Der Lärm war ohrenbetäubend. Ich saß auf der Bank – immerhin mit meiner geliebten Nummer 9. Helmut Schön hatte Uli Hoeneß und Bernd Hölzenbein in den Angriff gestellt, Erich Beer dahinter ins Mittelfeld. Die Jugoslawen erwischten uns mit ihrer technisch versierten Art und ihren quirligen Spielern auf dem falschen Fuß. Es war ein Alptraum, von außen zuschauen zu müssen. Nach 32 Minuten lagen wir bereits 0:2 zurück – Franz Beckenbauer hatte einmal in einem Laufduell mit Popivoda gepatzt und dann ließ Sepp Maier eine mehr als harmlose Flanke vor die Füße von Dzajic fallen, der zum 2:0 einnetzte.

In der Halbzeit wechselte Schön aus. Doch nicht ich betrat das Spielfeld, sondern mein Kumpel Heinz Flohe; für ihn musste der Gladbacher Danner weichen. Das Spiel wurde nicht besser. Im Gegenteil: Jerkovic verpasste freistehend das leere Tor. Doch statt des 3:0 fiel plötzlich aus heiterem Himmel das 1:2 – ein abgefälschter Schuss von Flohe landete im Tor der Gastgeber. Es lief die 65. Minute und plötzlich wurden die

Jugoslawen – sowohl die auf dem Feld als auch die auf den Rängen – unruhig, und wir spürten: Da geht wieder was. Ich schaute zu Helmut Schön und Jupp Derwall rüber: Würden sie mich auf den Platz schicken? Derwall redete auf Schön ein, dann kam das Zeichen zum Warmmachen. Endlich! Wie ich später erfuhr, hatte mein Trainer aus der Amateurnationalmannschaft seinen Chef von meiner Einwechslung überzeugt. In der 79. Minute ging ich für den defensiven Mittelfeldmann Herbert „Hacki" Wimmer aufs Feld – mein erstes Länderspiel! Ich ging in die Sturmspitze, Schön setzte alles auf eine Karte. Noch zehn Minuten waren zu spielen. Kaum war ich aufs Feld gelaufen, gab es einen Eckball. Rainer Bonhof ging links raus und schlug den Ball in den Strafraum. Der Ball kam zu mir geflogen, kein Abwehrspieler war in meiner Nähe. Man hatte mich völlig außer Acht gelassen. Aus sechs Metern konnte ich völlig unbedrängt zum 2:2 einköpfen – mein erstes Länderspiel, meine erste Ballberührung nach gerade 56 Sekunden und ein Tor! Bis auf Sepp Maier kam die komplette Mannschaft auf mich zugelaufen. Alle umarmten mich, klopften mir auf die Schulter.

Wir waren wieder im Spiel, hatten aus einem 0:2 ein 2:2 gemacht. Im Stadion war es mucksmäuschenstill. Es ging in die Verlängerung. Die Jugoslawen fingen sich wieder und erspielten sich bald Chance auf Chance. Sepp Maier wuchs über sich hinaus. Schließlich waren nur noch fünf Minuten zu spielen. Flohe setzte sich auf links durch, flankte scharf flach rein, Hölzenbein ließ den Ball direkt in den Rückraum prallen, wo ich stand und aus sechs Metern den Ball unter die Latte drosch: 3:2! Wir führten, dank meiner zwei Tore. Doch das sollte noch nicht alles sein. Kurz vor Schluss dribbelte sich Rainer Bonhof durch die jugoslawische Abwehrreihe und zog aus 17 Metern mit links ab. Er traf nur den Pfosten, aber der Ball landete – natürlich – vor meinen Füßen und ich hatte keine Mühe, in der 119. Minute das 4:2, die Entscheidung, zu erzielen. Kurz danach war Schluss. Mein erstes Länderspiel und ich hatte nicht nur ein Tor, sondern deren drei erzielt, in nur 40 Minuten.

Das EM-Finale

Nach dem Sieg gegen die Jugoslawen herrschte eine gespenstische Stimmung im Stadion. Auf der Tartanbahn zog Militär auf, die Zuschauer verharrten stumm, sahen zu, wie die eigenen Spieler so schnell wie möglich in den Katakomben des Stadions verschwanden, während wir deutschen Spieler unser Glück kaum fassen konnten. Ich genoss es selbstverständlich, im Mittelpunkt zu stehen. Die Trainer, die Spieler und Journalisten, alle standen sie Schlange, um mir zu meinem grandiosen Spiel zu gratulieren. Ich fühlte mich wie im Rausch. Mit diesem einen Spiel wurde ich zum Star, alles sprach vom würdigen Nachfolger Gerd Müllers. Und nicht nur in Deutschland: Das EM-Halbfinale war in alle Erdteile übertragen worden, die ganze Welt kannte mich nun. Ich war 22 Jahre alt und wusste gar nicht so recht, was da auf mich einprasselte.

Nach 1972 und 1974 stand Deutschland wieder im Finale eines großen Turniers. Sollte uns tatsächlich das Triple gelingen? Unser großer Rivale Holland hatte gegen die Tschechoslowaken den Einzug ins Finale verpasst und nun galten wir als der große Favorit. Das Finale fand drei Tage nach dem Halbfinale statt, wieder im „Marakana". Die Tschechoslowaken, unser Finalgegner, waren aus Zagreb, wo sie die Holländer besiegt hatten, angereist und im selben Hotel wie wir abgestiegen. So liefen wir uns ständig in der Lobby und auf den Fluren über den Weg.

Für das Finale hatte Schön eine Aufstellungsänderung vorgesehen: Ich sollte statt Christian Danner spielen; einen Mann, der im Halbfinale drei Tore schoss, ließ man schließlich nicht auf der Bank versauern. Allerdings musste mein Freund Flohe wieder draußen Platz nehmen – trotz seines guten Spiels gegen die Jugoslawen. Er hatte mit seinen Aktionen zwar maßgeblich für den Spielumschwung gesorgt, aber Schön wollte kein zu großes Risiko eingehen und den defensiv ausgerichteten Hacki Wimmer nicht für einen weiteren Offensivspieler opfern. Das war hart für Heinz. Oben auf dem Zimmer ließ er seinem Frust freien Lauf. Ich versuchte, ihn zu trösten, aber Heinz verstand die Entscheidung von Schön nicht – wie viele andere auch. „Der hat doch keine Ahnung", schimpfte er. Ich nickte, kannte diese Gefühlslage von mir selbst ja nur zu gut. Bei allem Mitgefühl für meinen Mannschaftskameraden war ich selbst aber an diesem Tag vor Freude völlig aus dem Häuschen. Ich spielte von Anfang an – und das in einem Finale der Europameisterschaft. Wer hätte das im Winter 1975 noch gedacht?

Als wir ins Stadion kamen, staunten wir. Das Rund, das gegen die Gastgeber drei Tage zuvor noch gebebt hatte, war noch nicht einmal zur Hälfte gefüllt; vielleicht 35 000 Zuschauer verloren sich gerade mal im Stadion. Ernüchternd. Viele Jugoslawen, die sich in Erwartung einer Finalteilnahme ihrer Mannschaft mit Karten eingedeckt hatten, waren (wie viele Holländer im Übrigen auch) dem Spiel ferngeblieben. Die einheimischen Zuschauer, die da waren, unterstützten allerdings nach Kräften die Ostblock-Genossen aus der ČSSR. Als Beckenbauer vor dem Spiel für sein hundertstes Länderspiel geehrt wurde, ertönte ein gellendes Pfeifkonzert. Die Jugoslawen nahmen uns den Sieg gegen ihre Mannschaft übel.

Das Spiel begann wie gegen Jugoslawien: Wir verschliefen die ersten 25 Minuten komplett. Dem rechten Verteidiger Berti Vogts unterlief ein böser Abspielfehler im eigenen Strafraum und Svehlik traf zum 0:1. Kurz danach kam Dobias nach einer Kopfballabwehr von Beckenbauer an den Ball und traf aus 17 Metern flach zum 0:2. Es war wie verhext. Doch wir hatten ja wenige Tage zuvor erlebt, dass ein 0:2 nicht das Ende aller Hoffnungen bedeutete. Wir ließen nicht die Köpfe hängen. Ich persönlich fühlte mich bestens und das Zusammenspiel mit Hölzenbein und Hoeneß klappte gut. Ich spürte: Da geht noch was. Und tatsächlich: In der 28. Minute traf ich zum vierten Mal in Belgrad. Rainer Bonhof flankte von rechts – ich war meinem Bewacher entwischt – und traf mit einem Seitfallzieher zum 1:2. Kurz danach hatte Erich Beer das 2:2 auf dem Fuß: Nach einem Doppelpass mit mir scheiterte er an Torwart Ivo Viktor. Uli Hoeneß traf nach der Pause dann leider nur den Pfosten, es blieb beim 1:2. Die Zeit wurde knapp. Die Tschechoslowaken verteidigten mit Mann und Maus. In der 90. Minute gab es noch mal einen Eckball. Wie schon gegen Jugoslawien ging Bonhof nach links raus. Er schlug den Ball relativ harmlos in den Fünf-Meter-Raum, Viktor kam aus dem Tor, doch Bernd Hölzenbein gewann das Luftduell und köpfte den Ball vor den griffbereiten Händen Viktors ins Tor – 2:2. Wir konnten es kaum fassen – wieder hatten wir das Spiel gedreht. In der Verlängerung passierte dann nicht mehr viel. Beide Teams hatten wenige Tage zuvor bereits eine Verlängerung hinter sich gebracht, der Boden war tief, sodass einige Spieler sich mit Wadenkrämpfen herumplagten. Als der Schiedsrichter abpfiff, dachte ich: Na gut, im Wiederholungsspiel packen wir die. Zur Erklärung: Im Falle eines Unentschiedens nach 120 Minuten sollte es zwei Tage später an gleicher Stelle ein Wiederholungsspiel geben – dachten zumindest wir Spieler. Was wir zu diesem Zeitpunkt nicht wussten, war, dass sich die deutsche Delegation unter Führung von DFB-Präsident Hermann Neuberger mit den UEFA-Organisatoren und dem Gegner über einen neuen Modus verständigt hatte. Angesichts des geringen Zuschauerinteresses und der Aussicht, dass zwei Tage später noch weniger Zuschauer da sein würden, plädierte der DFB plötzlich für ein sofortiges Elfmeterschießen. Den Verantwortlichen ging es auch um eine schnellere Abreise. Drei Tage länger in Jugoslawien hätten die Urlaubspläne der Spieler und Verantwortlichen durcheinandergebracht. Dazu mussten unsere drei HSV-Spieler Rudi Kargus, Manfred Kaltz und Peter Nogly, die allesamt nicht zum Einsatz kamen, sechs Tage später das

Pokalfinale gegen den 1. FC Kaiserslautern bestreiten. Nach kurzer Rücksprache mit dem Gegner erklärten sich die Tschechoslowaken mit dem deutschen Antrag einverstanden.

Als ich auf die Trainerbank zulief, bemerkte ich eine Unruhe, die mich stutzig machte. Jupp Derwall redete auf Bernd Hölzenbein ein, Helmut Schön besprach sich mit Franz Beckenbauer, Karl-Heinz Heddergott mit Berti Vogts und Hacki Wimmer. Dazu kamen zwei Dutzend Fotografen und Journalisten, die sich unter die Aktiven mischten, was damals noch erlaubt war. Was war los? Allmählich bekamen wir von der Neuigkeit Wind, dass es kein zweites Spiel geben, sondern die EM zum ersten Mal im Elfmeterschießen entschieden werden würde. Natürlich hatten wir so etwas nicht eingeübt oder trainiert. Wir wussten bis dahin ja nicht einmal, dass ein Elfmeterschießen vorgesehen war. Allerdings – dem Gegner ging es genauso. Schön suchte sich seine fünf Elfmeterschützen zusammen. Er fragte auch mich, doch ich sagte: „Vielleicht sollte besser ein erfahrenerer Spieler ran ..." So richtig einfach war es nicht für ihn, fünf Freiwillige zu finden. Am Ende erklärte sich Hoeneß bereit. Er sagte später, kein anderer habe schießen wollen, was ich bestätigen kann. Bonhof, Flohe, Bongartz trafen für uns, aber auch die Tschechoslowaken trafen alle. Uli Hoeneß ging also als vierter Schütze an den Elfmeterpunkt, die Stutzen hochgezogen, entschlossen und konzentriert. Unsere Nummer acht legte sich den Ball zurecht, lief einige Meter an – und drosch ihn mit rechts mit einer derartigen Vehemenz übers Tor, wie ich es nur selten erlebt habe. Danach trat Panenka an und es war klar: Trifft er, ist die ČSSR Europameister. Sein Elfmeter ging in die Geschichtsbücher ein. Nach einem energischen Anlauf hob der Tschechoslowake den Ball lässig in die Mitte des Tores und entschied damit das Spiel.

Bei der Siegerehrung herrschte ein heilloses Durcheinander: Wir standen in den nassgeschwitzten roten Trikots des Gegners zwischen Fotografen, einer jugoslawischen Trachtengruppe und den Schiedsrichtern auf der Tartanbahn und mussten zusehen, wie die Sieger aus der ČSSR den Pokal entgegennahmen. Wir waren froh, als wir endlich in der Kabine waren. Uli Hoeneß war untröstlich.

Nach der EM: Neuer Ruhm, finanzielle Fehler und Ärger mit Schön

Für mich war dieses Turnier ein großer Einschnitt. Mein Bekanntheitsgrad war enorm gestiegen, wovon ich auch finanziell profitierte. Eine Kölner Brauerei und eine Krawattenfirma boten mir Werbeverträge an, ich bekam unendlich viele Anfragen für Autogrammstunden, musste Autohäuser und Lokale eröffnen und erhöhte dadurch meine Einnahmen. Von heute auf morgen war ich dank meines furiosen Länderspieldebüts ein Star. Im ersten Länderspiel für Deutschland drei Tore zu erzielen, das gelang bis heute in der langen Geschichte des DFB nur noch einem weiteren Spieler. 2016 traf beim 8:0 im WM-Qualifikationsspiel gegen San Marino Serge Gnabry ebenfalls dreimal. Aber vielleicht ist das nicht ganz vergleichbar mit einem EM-Halbfinale.

Selbst auf Mauritius, wo ich nach der EM Urlaub machte, kannte man mich. Ich lernte dort einen Deutschen namens Patrick kennen. Ich hatte schon immer eine gewisse Neigung zu skurrilen Persönlichkeiten und zahlte für meine Naivität öfter Lehrgeld. Dieser Patrick sah aus wie Gunther Sachs: grau meliertes Haar, braungebrannt, schicke Anzüge. Er gab sich als Selfmade-Millionär aus, der mit Rohstoffen und Aktienpaketen sein Geld verdient hatte, und führte mich in die elitäre Gesellschaft der Insel ein. Ich begegnete dem Staatspräsidenten, Ministern und immer hieß es: „Das ist der Müller, der bei der EM vier Tore erzielt hat." Es schmeichelte mir, dass all diese Menschen wussten, wer ich war. Patrick lud mich ständig ein und wir verbrachten eine tolle gemeinsame Zeit auf der Insel. Um mich zu revanchieren, lud ich ihn nach Köln ein. Dort passierten Dinge, die mein Misstrauen hätten wecken sollen. Zum Beispiel hatte er regelmäßig kein Geld dabei. Als er mich fragte, ob er bei mir übernachten könne, dachte ich mir nichts dabei und beherbergte ihn eine ganze Woche bei mir zu Hause. Ein paar Wochen später kam er wieder nach Köln und erzählte mir von einem interessanten Geschäft mit Reemtsma-Aktien. Für mich klang das verlockend, und da ich wegen einer Steuerrückzahlung gerade 60 000 Mark locker hatte, überwies ich ihm das Geld. Einfach so, ohne Sicherheiten. Ich konnte ganz schön gutgläubig sein. Natürlich habe ich nie wieder von ihm gehört. Um nicht als naiver Idiot dazustehen, erstattete ich keine Anzeige.

In den Monaten nach der EM fiel es mir nicht leicht, auf dem Boden zu bleiben. Alle klopften mir auf die Schulter, jeder sagte mir, wie toll ich sei. Das stieg mir ziemlich zu Kopf, wie ich heute zugeben muss. Ob es meinen Lebenswandel betraf, die Finanzen oder die Fußballkarriere: Mir fehlte eindeutig ein Korrektiv, wie es zum Beispiel ein Vater hätte sein können.

Das erste Länderspiel nach meiner grandiosen EM fand Anfang Oktober 1976 in Cardiff gegen Wales statt. Ich war schon wieder ganz gut in Form, hatte in der Liga bereits siebenmal getroffen. Zunächst musste ich aber auf der Bank Platz nehmen und kam erst in der 74. Minute für Uli Hoeneß. Schön hatte es vorgezogen, den Berliner Erich Beer als hängende Spitze aufzustellen, neben Jupp Heynckes und Karl-Heinz Rummenigge. Der junge Münchner Stürmer feierte damit sein Debüt. Und was für eins: Rummenigge war bester Mann auf dem Platz. Das hob meine Laune natürlich nicht gerade. Da hatte ich in den beiden letzten Länderspielen bei der EM vier Tore erzielt und bei so einem Murmelkick wie in Wales zog ein Rummenigge an mir vorbei. Ich machte den Fehler und fragte den Trainer, warum er nicht mich von Beginn an hatte spielen lassen. Er reagierte bissig. Bei der nächsten Mannschaftssitzung machte er mich vor allen nieder: wie ich mir hatte erlauben können, ihn und Mitspieler infrage zu stellen und mich nicht in den Dienst der Mannschaft zu stellen. Solch ein Verhalten würde er nicht tolerieren.

Das war mir eine Lehre. Schön war in diesem Punkt sehr konsequent. Ich beklagte mich nie mehr bei ihm persönlich.

Mit der Nationalmannschaft auf Südamerika-Reise

Das Jahr 1977 ging für mich gut los. Sowohl gegen Frankreich als auch gegen Nordirland und Jugoslawien stand ich in der Startelf, traf nur im Spiel gegen die Franzosen nicht. In Paris durfte ich zudem das letzte, das 103. Länderspiel von Beckenbauer live als Mitspieler erleben. Franz wusste da ja noch nicht, dass es ein Abschied war, doch wegen seines Wechsels in die USA zu Cosmos New York lief er nie mehr für Deutschland auf; dabei war er erst 31 Jahre alt. So einen Spieler wie ihn hat es nie wieder gegeben. Diese Eleganz und würdevolle Ausstrahlung, wenn er am Ball war, sein Blick für den Mitspieler, seine clevere Zweikampfführung machten ihn zu einen der besten Spieler der Welt. Dazu kam sein charismatisches Auftreten außerhalb des Platzes. Wenn Franz in einen Raum kam, drehte man sich nach ihm um. Von daher passte der Begriff „Lichtgestalt", dem man ihm in der Öffentlichkeit verpasste, gut zu ihm. Er hatte das gewisse Etwas und bis heute bin ich stolz, mit ihm auf dem Platz gestanden zu haben.

Die Wiederauflage des EM-Halbfinales in Belgrad gegen Jugoslawien 1977 genoss ich besonders, denn die Gastgeber hatten richtiggehend Angst vor mir. Ich merkte auf dem Spielfeld, wie sehr ihnen der Trainer eingebläut hatte, mich nicht aus den Augen zu verlieren. Doch nach zwölf Minuten war es so weit – ich traf zum 1:0 und spürte, wie alle Spieler in Blau dachten: Nein, nicht schon wieder dieser Müller. Das war ein toller Augenblick und am Ende gewannen wir 2:1 (Bonhof hatte das zweite Tor erzielt).

Ich fühlte mich gesetzt, als es im Juni 1977 nach Südamerika auf eine 14-tägige Tour ging. Schließlich war ich der aktuelle Torschützenkönig der Bundesliga, hatte mit meinen 34 Toren sowohl Gerd Müller als auch Bernd Hölzenbein in den Schatten gestellt. Der DFB wollte ein Jahr vor der WM in Argentinien die Bedingungen auf dem Kontinent kennenlernen und hatte vier Spiele organisiert: gegen Uruguay, Argentinien, Brasilien und Mexiko. Schon die Anreise war ein Abenteuer für sich. Mit einer Lufthansa-Maschine flogen wir mit kurzen Zwischenstopps in Dakar im Senegal und in Rio de Janeiro Richtung Argentinien. Doch die argentinische Hauptstadt war in einen so dichten Nebel gehüllt, dass jeder Landeversuch selbstmörderisch gewesen wäre. Da auch Montevideo auf der anderen Seite der Mündung des Rio de la Plata eingenebelt war und kein anderer Flughafen in Argentinien eine Landeerlaubnis gab, musste unsere Maschine unvorhergesehen wieder Richtung Norden fliegen. Wir landeten schließlich im 1000 Kilometer entfernten brasilianischen Porto Alegre, wo wir zwei Stunden lang in der prallen Sonne im Flieger saßen – die Getränke waren schon längst ausgegangen –, bis der Nebel in Buenos Aires sich gelichtet hatte und wir zurück nach Argentinien fliegen konnten.

Mit dem Schalker Klaus Fischer stand mittlerweile ein weiterer Top-Mittelstürmer im Aufgebot, der wie ich Anspruch auf einen Stammplatz stellen konnte. Fischer hatte gegen Nordirland sein Debüt gegeben und beim 5:0 gleich zweimal getroffen. Es war eine positive Konkurrenzsituation. Fischer war ein unkomplizierter, sehr herzlicher Charakter, dem man für nichts böse sein konnte. Doch so einfach er sich außerhalb des Platzes gab, so schlitzohrig war er auf dem Feld. Aufgrund seiner Sprungkraft hatte er einen enorm starken Kopfball, schoss platziert, war erfolgshungrig und mutig. In der Bundesliga hatte er für den Vizemeister Schalke 24 Tore erzielt. Trotzdem war es für mich überraschend, dass Schön den Schalker beim ersten Spiel in Argentinien für die Startelf vorsah. Ich saß in Buenos Aires als Torschützenkönig nur auf der Bank und musste zusehen, wie Fischer herausragend spielte und beim 3:1-Sieg zweimal traf. Von diesem Tag an sollte immer wieder die Diskussion aufflammen, ob Fischer und ich, zwei echte Mittelstürmer, zusammen spielen konnten. Ich empfand die Degradierung als schlimm, schließlich hatte ich meinen Toren bei der EM 1976 viele, viele weitere in der Bundesliga folgen lassen. Aus meiner Sicht hätte der Bundestrainer mich aufstellen müssen. Ich meinte einen gewissen Zweifel mir gegenüber zu spüren, was einiges über mein geringes Selbstvertrauen aussagt. Gegen Uruguay, drei Tage später, bekam ich endlich meine Chance. Fischer saß auf der Bank. Es war kein brillantes Match, ich spielte aber durch und erzielte kurz vor Ende das Tor zum 2:0-Endstand. Zwei Spiele, zwei Siege, und das gegen zwei der besten Teams der Welt – wir konnten alle zufrieden sein. Die deutsche Presse feierte uns, der amtierende Weltmeister war auf einem guten Weg.

Wir flogen nach Rio, wo im Maracanã-Stadion die brasilianische Nationalelf wartete. Wieder entschied Schön sich für Fischer, außerdem für Georg Volkert, den er im Lauf des Spiels für Rummenigge auswechselte. 170 000 Zuschauer machten das Spiel zu einem herausragenden Ereignis. Mein Rivale Fischer erzielte das 1:0 und punktete unverdrossen weiter. Leider glich drei Minuten vor Schluss der brasilianische Superstar Rivelino aus, der an dem Tag sein hundertstes Länderspiel absolvierte. Ich saß 90 Minuten auf der Bank.

Nach dem Spiel ging es zurück ins Hotel. Wir waren im Sheraton untergebracht, das am Ende der Ipanema-Bucht lag, toll eingebettet zwischen Meer und Felsen, mit einem fantastischen Blick auf den Strand. Wir kamen spät in der Nacht an, doch mir war nicht nach Schlafen. Ich fragte Flohe, der mit mir das Zimmer teilte, ob er Lust hätte, noch mal auszugehen, und er war sofort Feuer und Flamme. Man war ja nicht alle Tage in einer Stadt wie Rio. Wir zogen uns um, schlichen uns über einen Nebenausgang aus dem Hotel und sprangen in ein Taxi.

Der Fahrer ahnte, was wir suchten, und fuhr uns zu einem bekannten Nachtklub in Rio. Dort war die Hölle los. Wir orderten einen Caipirinha nach dem anderen. Ich lernte eine unglaublich schöne Brasilianerin kennen und hatte eine sehr vergnügliche Nacht – so vergnüglich, dass ich erst um sieben Uhr morgens wieder zurück ins Hotel kam. „Flocke" war irgendwann vorher bereits aus dem Nachtclub abgerauscht. Sein Glück. Es war zwar schon hell, aber ich dachte mir, dass so früh noch keiner in der Lobby sein würde. Irrtum: Als ich das Hotel betrat, sah ich Schön an der Rezeption stehen. Auf die Frage, wo ich denn jetzt herkäme, fiel mir nichts Besseres ein, als zu sagen, dass ich nicht schlafen konnte und einen Spaziergang gemacht hatte. Aber es war klar, dass er mir nicht glaubte. „Na, dann verpassen Sie mal nicht das Frühstück", meinte er nur trocken. Was für eine peinliche Situation. Schön hatte mir natürlich angesehen, dass ich die Nacht durchgefeiert hatte, und diese Episode sorgte nicht gerade dafür, dass sich unser Verhältnis entspannte.

Von Brasilien ging es dann mit Zwischenstation in Guatemala in 15 Stunden nach Mexiko City – eine ziemliche Tortur. Rüdiger Abramczik legte sich im Flieger auf den Boden, um zu schlafen. Wir kamen völlig gerädert in Mexiko an, doch ein Spiel musste noch absolviert werden. Es regnete in Strömen und auf dem Weg ins Aztekenstadion musste die ganze Mannschaft raus auf die Straße, um ein liegengebliebenes Auto aus dem Weg zu räumen. Ich spielte an diesem Abend eine Halbzeit, aber beide Tore unserer Mannschaft (das Spiel ging 2:2 aus) erzielte Klaus Fischer, der es verstand, die Südamerikareise zu einer Werbetour in eigener Sache zu nutzen. Seine Bilanz konnte sich sehen lassen: zwei Tore gegen Argentinien, eines gegen Brasilien und nun zwei gegen Mexiko. Ganz Deutschland redete von dem Schalker. Gut für ihn, schlecht für mich. Ein Jahr zuvor war ich noch als Nachfolger von Gerd Müller gehandelt worden, nun auch Fischer.

Abstieg in die B-Nationalmannschaft und WM-Nominierung
Die Südamerikareise hatte für mich Konsequenzen. In den Monaten danach wurde ich nur noch zur B-Nationalmannschaft eingeladen, wo mein väterlicher Freund Herbert Widmayer das Sagen hatte. Und ich bin sicher, das hatte vor allem mit meiner Eskapade in Rio zu tun. Im Oktober 1977 wurde ich für das B-Länderspiel gegen Italien nominiert. Während das Team von Schön in Berlin vor 75 000 Zuschauern den Klassiker gegen das A-Team Italiens mit 2:1 gewann, durfte ich in Bremen vor ein paar tausend Zuschauern ran. Ich war frustriert und zeigte das leider auch. Die schlecht besuchten Spiele auf B-Niveau konnte man mit den A-Länderspielen überhaupt nicht vergleichen. Die Kölner Gerber, Konopka und Zimmermann waren in Bremen ebenfalls mit von der Partie. Ich wurde relativ schnell erlöst und gegen den Düsseldorfer Rüdiger Wenzel ausgewechselt. Wir gewannen 1:0 durch ein Tor von Reiner Geye. Ich spielte schlecht, aber das war mir egal. Widmayer konnte natürlich überhaupt nicht mit meinem Auftreten zufrieden sein. Er stellte mich zur Rede, warf mir mangelnde Professionalität vor. Zu den Journalisten sagte er: „Ich kenne ihn ja seit der Jugend und muss feststellen, dass ihm der Ruhm ein wenig zu Kopf gestiegen ist." Starker Tobak. Aber er hatte ja recht. Dadurch verbesserte ich meine Chancen für die WM in Argentinien mit Sicherheit nicht.

Einen Monat später ging es wieder zur B-Nationalmannschaft. Dieses Mal spielten wir gegen die zweite Garnitur der Schweiz in Kaiserslautern. 6000 Zuschauer waren vor Ort – trister geht es an einem Novemberabend nicht. Aber die kritischen Worte Widmayers hatten Wirkung gezeigt. Ich wollte mich rehabilitieren, ging extrem motiviert ins Spiel und wurde dafür belohnt: Noch vor der Pause gelang mir ein lupenreiner Hattrick zur 3:0-Führung. Das war mal ein Ausrufezeichen. Trotzdem ging auch das nächste A-Länderspiel gegen Wales ohne mich über die Bühne. Umso überraschter war ich, dass ich

Anfang Januar 1978 zur sportmedizinischen Untersuchung in die Sporthochschule Köln eingeladen wurde. Und nicht nur das: Ich war auch Teil des 25-köpfigen Aufgebots, das mit Udo Jürgens in einem Kölner Tonstudio das WM-Lied einspielte. „Buenas dias, Argentina" trällerten wir. Das Lied stand wochenlang an der Spitze der Verkaufscharts und ich wurde dadurch stolzer Besitzer einer Goldenen Schallplatte.

In den Wochen und Monaten danach blieb ich allerdings wieder außen vor, ob in England, oder zu Hause gegen die UdSSR. Dabei stand ich auf der Bundesliga-Torschützenliste weiterhin ganz vorne und sorgte damit auch dafür, dass mein Verein um den Titel mitspielte. Erst gegen Brasilien im April wurde ich wieder nominiert, saß aber 90 Minuten auf der Bank. Schön vertraute auf Rummenigge, Fischer und Abramczik. Dann der Schock: keine Einladung für das letzte Testspiel vor der WM gegen Schweden. Ich hatte keine Lust mehr auf das Hin und Her, machte deutlich, dass mir das B-Team gestohlen bleiben konnte. Schön musste doch wissen, was ich konnte, was sollte ich da in einem international zweitklassigen Spiel? Beim DFB registrierte man mein Verhalten sehr genau. Mit dem 1. FC Köln wurde ich zehn Tage später in Hamburg Deutscher Meister, nachdem wir 14 Tage vorher auch den Pokal gewonnen hatten. In Köln herrschte der Ausnahmezustand, wir wurden wie Könige gefeiert. Ich war Meister und mit 24 Toren bester Stürmer der Liga, zusammen mit Gerd Müller. Aber was hieß das für die Nationalmannschaft?

Mein Problem (neben meinem angespannten Verhältnis zu Schön und dem DFB) war aber auch, dass ich schon seit Wochen unter Knieproblemen litt. Schön wusste das. Anfang Mai startete das Vorbereitungstrainingslager in Malente – ohne mich. Schön lud 26 Spieler ins Trainingslager ein, aber er ließ mir noch ein Hintertürchen offen, denn der Druck in der Öffentlichkeit war gestiegen: Der Mann, der Köln zu zwei Titeln geschossen hatte, sollte zu Hause bleiben? Der Trainer

oben Mit meiner geliebten Tante Annemarie (links), meiner Oma, meiner Mutter und Dackel Jacky, Anfang der 60er-Jahre; **rechts** Mit meinem Stiefvater Alfred, meiner Mutter und meiner Halbschwester Stefanie, etwa 1968, da war ich 14. Anfang 1973 adoptierte mich Alfred, seitdem heiße ich Dieter Müller. Fotos © privat

links oben Mein Durchbruch: beim EM-Halbfinalspiel gegen Jugoslawien schoss ich drei Tore, Vereinskamerad Heinz »Flocke« Flohe jubelt mit mir. **links unten** EM-Finale 1976 gegen die CSSR: Ich machte das »Tor des Monats« ©Ullstein/Sven Simon **rechts oben** Mein Hechtkopfball zum 1:0 beim ersten Pokalfinale gegen Hertha BSC reichte nicht. Am Ende stand es in Hannover 1:1 und wir mussten ins Wiederholungsspiel. ©Imago images/kicker/Eissner, Liedel **rechts unten** Zwei Tage später – gleicher Ort, gleiche Zeit, fast gleicher Flugkopfball – hielten wir das 1:0 und waren Pokalsieger. ©Ullstein/Horstmüller

oben Heinz Flohe und Roger van Gool nehmen mich in ihre Mitte: 1977 gelangen mir im Spiel gegen Werder Bremen, das wir 7:2 gewannen, sechs Tore – ein Rekord für die Geschichtsbücher, bis heute. **unten** Die drei besten Torschützen Europas 1977: 34 Toren in 34 Spielen sind keine schlechte Bilanz. Bela Varady von Vasas Budapest schoss sogar 36 Tore und Dudu Georgescu von Dinamo Bukarest hatte unfassbare 47 Tore auf dem Konto und gewann den Goldenen Schuh. © Alamy/Keystone Pictures/USA

Torjägerkanone Saison 77/78 – ich erzielte 24 Treffer – genauso viele wie Gerd Müller. ©Imago images/kicker/Eissner

oben Bei der WM 1978 waren wir Titelverteidiger, unser Auftaktspiel gegen Mexiko gewannen wir 6:0 – das erste Tor schoss ich –, aber von Erfolg gekrönt war das Turnier nicht, im Gegenteil, es endete mit der Schmach von Cordoba. Die Aufstellung: Berti Vogts, Sepp Maier, Rolf Rüssmann, Manfred Kaltz, Rainer Bonhof, Bernard Dietz, Karl-Heinz Rummenigge, Klaus Fischer, Dieter Müller, Hansi Müller, Heinz Flohe. ©Ullstein/Horstmüller **rechts** Mein Meister-Team in Bordeaux 1985, gespickt mit klangvollen Namen wie Patrick Battiston, Gernot Rohr, Jean Tigana, Alain Giresse, Bernard Lacombe und Fernando Chalana.
©Getty images/Alain de Martignac/Icon Sport

links oben Vorbild, Förderer, Freund: Der große Wolfgang Overath (1977) **rechts oben** Mit meinem Trauzeugen Tony Woodcock (1979) **rechts unten** Beim Trainingsauftakt am 15. Juli 1976 mit Wolfgang Overath und Hennes Weisweiler. Die Begeisterung war riesig, 5000 Zuschauer wollten uns sehen.
Fotos © Imago images / Horstmüller

oben Müller und Müller. Gerd war mein Idol (14. Januar 1978). © Imago images / Horstmüller
rechts oben und unten Bei meinem Abschiedsspiel 1989 in Offenbach mit meinem Sohn Alexander. © Harder

links oben Gelesen habe ich wirklich immer gern. **links unten** In der Privatkellerei von Mouton-Rotschild – mit Kellermeister-Legende Raoul Blondin, Helen Hasselot (bei ihrem Mann hatte ich Französischunterricht) und Alexander; **rechts** Stolzer Besitzer eines Porsches – mein erster. (1984). Fotos © privat

oben Wir gehen gerne in die Oper: Mit Johannas Kindern und deren Partnern 2017 in Mailand. **links unten** Mit Tante Annemarie … **rechts unten** … und mit meiner Schwester Stefanie in Spanien. Hier war Stefanie immer am glücklichsten.

Mit meinem Neffen Lukas 2019 beim Pokalendspiel in Berlin. Inzwischen habe ich den Sohn meiner Schwester adoptiert. Fotos © privat

Mit Johanna in unserem Lieblingslokal in Paris.
»Je The … Me« … © privat

ließ mich wissen, dass er die ärztlichen Untersuchungen abwarten wollte, bevor er den 22-köpfigen WM-Kader endgültig nominierte. Fischer, Abramczik, Rummenigge und Hölzenbein hatten ihre Plätze sicher. Der letzte verbleibende Platz im Angriff würde zwischen mir und dem Dortmunder Manni Burgsmüller vergeben werden, das war klar. Vier Spieler mussten insgesamt noch gestrichen werden und ich konnte mich wegen des Knies nicht mit Trainingsleistungen empfehlen. Während die Nationalelf in Malente trainierte, fuhr ich von Köln nach Saarlouis zu Professor Hess, der feststellte, dass es sich bei meiner Verletzung nur um eine leichte Meniskuseinklemmung handelte. Für das WM-Turnier gab er mir grünes Licht. Was ein Aufatmen! Ich fuhr zurück nach Köln, um mich dort weiterbehandeln zu lassen. Am 6. Mai klingelte zu Hause das Telefon. Am Apparat war Schön, der noch in Malente weilte. Mein Herz klopfte. Was würde er mir sagen? Es ging schließlich um eine Weltmeisterschaft. Dabei sein oder nicht, das war hier die Frage. Schön sprach langsam: „Herr Müller, Sie sind dabei. Ich freue mich, Sie in unserem Kader für die WM in Argentinien zu begrüßen." Ich machte einen Luftsprung. Die ganze Plackerei, all meine Tore hatten sich schließlich doch gelohnt – ich sollte an einer WM teilnehmen, und das im Aufgebot des Titelverteidigers. Was für eine Ehre! Burgsmüller war natürlich sehr enttäuscht. In Malente gab Schön am nächsten Tag bekannt, dass der Dortmunder genauso wie Jupp Tenhagen, Rudi Seliger und Karl-Heinz Förster nicht im Kader waren. Dafür ich. Mit mir waren auch meine Klubkameraden Harald Konopka, Herbert Zimmermann, Heinz Flohe und Bernd Cullmann im Kader. Schwer wog, dass sich der DFB weigerte, Spieler zu nominieren, die im Ausland ihr Geld verdienten. Es hatte darüber monatelange Diskussionen gegeben, am Ende verzichtete man freiwillig auf Spieler wie Franz Beckenbauer oder Uli Stielike. Was für ein Quatsch.

Nach der Nominierung des Kaders gab Schön allen erst mal eine ganze Woche frei. Ich pflegte in dieser Zeit mein Knie, bevor wir uns am 15. Mai wieder im Neu-Isenburger Hotel Kempinski trafen. Wir wurden eingekleidet und bestritten einen letzten Test gegen Darmstadt 98. Ich konnte schmerzfrei spielen. Wir gewannen zwar 6:1, doch die Zuschauer waren nicht zufrieden, pfiffen und buhten uns aus. Ich fand das übertrieben. Wir spielten recht holprig, okay, aber am Ende sprang ein hoher Sieg raus. Die Reaktion der Zuschauer frustrierte uns alle sehr. In der ersten Halbzeit probierte es Schön mit der Doppelspitze Fischer und mir. Wir machten beide ein Tor und zeigten dem Bundestrainer damit, dass es mit uns beiden gemeinsam klappen konnte. Schlimm war, dass sich der Braunschweiger Torhüter Bernd Franke bei diesem Spiel nach einem Zusammenprall mit Amateurnationalspieler Rudi Weiler den Knöchel brach. Er hatte unglaubliche Schmerzen, die WM war für ihn gelaufen. Durch seine Verletzung sprangen sowohl Rudi Kargus als auch Dieter Burdenski als Vertreter von Sepp Maier auf den WM-Zug (ursprünglich hatte Schön einen von ihnen streichen wollen). Kapitän Berti Vogts hielt beim Abendessen eine kleine Rede und schlug vor, die Prämie durch 23 Spieler zu teilen und somit Franke seinen Teil zu lassen. Alle waren damit einverstanden. Es war eine Geste der Kameradschaft, denn was gibt es Schlimmeres, als sich wenige Tage vor dem Abflug zu so einem Turnier zu verletzen? Danach hatten wir noch mal drei Tage frei, bevor es am 23. Mai nach Argentinien ging. Jeder bekam die Aufgabe, sich fit zu halten. Wir fünf Kölner machten aus, dass wir uns täglich am Geißbockheim treffen, um zusammen ein paar Runden zu drehen. Aus unserer ursprünglichen Kölner Trainingsgruppe wurde am Ende schließlich eine westdeutsche, denn die Gladbacher, Duisburger und Schalker wollten auch mitmachen. Schon am zweiten Tag belagerten 5000 Fans das Geißbockheim, weil es sich herumgesprochen hatte, dass wir dort trainierten.

Buenos dias, Argentina – auf zur WM 1978

Mit einer Sondermaschine der Lufthansa flogen wir über Dakar und Rio de Janeiro ins argentinische Córdoba. In der Passagierhalle bekamen wir Gaucho-Hüte übergestülpt und dann ging es im Bus nach Ascochinga. „Toter Hund", so lautete die Übersetzung des Wortes aus der Sprache der indigenen Bevölkerung, und das war bereits ein deutlicher Hinweis darauf, was uns in Ascochinga erwarten sollte. Der kleine Ort liegt 60 Kilometer nördlich der Provinzhauptstadt Córdoba, die Käffer nebendran tragen ebenfalls sprechende Namen wie La Pampa und Jesus Maria. Mehr braucht man nicht zu sagen. Die Landschaft war zwar wunderschön, und anders als in Córdoba, wo es oft neblig war, schien in Ascochinga meistens die Sonne. Aber wir wurden in einer Kaserne der argentinischen Luftwaffe untergebracht, weit weg von menschlicher Zivilisation.

Die Unterkünfte waren auf mehrere einstöckige Häuser aufgeteilt, die auf einem großen begrünten Areal lagen. Mit dem weißen Anstrich, den roten Dächern und den schattigen Säulengängen, die um die Häuser liefen, erinnerte das Ganze an ein Sanatorium. Tatsächlich war die Kaserne eine Art Erholungsheim für hochrangige Flieger und ihre Familien. Nichts störte einen dort – außer Langeweile. In dem Ort gab es nichts, nicht einmal ein Geschäft. Und hier sollten wir fünf Wochen aufeinanderhocken, falls wir es ins Finale schafften?

Es zeugte zudem von wenig Fingerspitzengefühl seitens des DFB, dass wir ausgerechnet in einer Unterkunft des argentinischen Militärs untergebracht waren, denn seit 1976 war in Argentinien eine Militärjunta an der Macht. Schon damals gab es zahlreiche Hinweise auf Exekutionen, Folter und Menschenrechtsverletzungen gegen Oppositionelle und Andersdenkende. Heute weiß man, dass die Zahl der Opfer zwischen 1976 und 1983 bei etwa 20 000 lag. Terror und Gewalt gehörten Ende der 70er-Jahre zum Alltag in Argentinien. Unmittelbar neben dem WM-Stadion von River Plate in Buenos Aires befand sich das Gefangenenlager ESMA, in das bis zu 5000 politische Gefangene verschleppt wurden. Dass in einem solchen Land ein Ereignis wie die WM stattfinden sollte, war im Grunde ein Skandal. Es war offensichtlich, dass die Militärjunta sich mittels der WM ein positives Image verschaffen, ihren Ruf aufpolieren wollte. Wie sich später herausstellte, war eine renommierte US-amerikanische Werbeagentur beauftragt, für ein sicheres und friedvolles Argentinien zu werben. Dafür war stand ihr ein Millionenetat zur Verfügung. Wir Spieler waren davon nicht unberührt, wurden wir doch von den Journalisten immer wieder mit dem Thema konfrontiert.

Der DFB ließ uns dabei ziemlich im Regen stehen, es gab keinerlei Aufklärung und keine Sprachregelung. Präsident Neuberger sagte lediglich, dass wir das Wort „Diktatur" keinesfalls in Interviews benutzen und uns auf den Fußball konzentrieren sollten; politische Dinge seien nicht unsere Sache. Entsprechend äußerten wir uns dann auch. Rüdiger Abramczik sagte zum Beispiel: „Wenn ich spielen soll, habe ich mit mir selber Probleme. Dann kann ich mich um diese Angelegenheiten nicht kümmern." Und Klaus Fischer noch direkter: „Die politischen Zustände in Argentinien interessieren mich überhaupt nicht."

So dachten wir damals fast alle. Auch ich beschäftigte mich nicht mit Politik. Ich war in erster Linie froh, bei einer WM dabei sein zu dürfen. Erst viel später dämmerte uns, was für ein verbrecherisches Regime in Argentinien an der Macht gewesen war und wie naiv wir damals in das Land gereist waren. Dass der DFB es zuließ, dass kurz nach unserer Ankunft ein Mann wie der frühere Wehrmachtsoberst Hans-Ulrich Rudel Einlass ins Quartier fand, der ein Netzwerk von alten Nazis um sich geschart hatte, war skandalös. Wir Spieler bekamen von diesem Besuch, der seitens des DFB heruntergespielt wurde – der Kommandant der argentinischen Luftwaffe habe ihn eingeladen, so hieß es –, eigentlich nichts mit. Doch für die Medien war die peinliche Episode noch Jahre später ein gefundenes Fressen.

Das Quartier war für uns Spieler auch so eine Belastung. Natürlich, es war sauber, geräumig, die Plätze waren gut, Hans Damker, unser Koch, war mit dabei; es gab Tischtennisplatten, Billardtische, einen Filmprojektor und im Zimmer von Pressechef Gehrhardt hatte man sogar eine kleine Bibliothek eingerichtet. Aber die Abgeschiedenheit, die Eintönigkeit setzte uns wirklich zu. Es gab nur ein einziges Telefon mit Direktleitung nach Deutschland, von dem aus jeder Spieler in der Woche drei Minuten auf Kosten des DFB nach Hause telefonieren durfte. Delegationsleiter Horst R. Schmidt notierte minutiös alle Anrufe – drei Minuten, einmal pro Woche, mehr nicht. Man kam aber nicht immer durch. Manchmal musste man 30-mal wählen und dann war die Leitung trotzdem tot. Wir fühlten uns wie am Ende der Welt.

Dazu waren 25 deutsche Journalisten unmittelbar neben uns untergebracht; auf dem Gelände waren wir durch eine Art Graben von ihnen getrennt. Die räumliche Nähe sorgte für Unruhe, immer wieder wurden Interna publik.

Die Journalisten indes hatten es auch nicht leicht: Sie schrieben in Ascochinga ihre Texte, die dann von einem Boten 70 Kilometer nach Córdoba gefahren wurden. Dort wurden die Texte auf Lochstreifen gestanzt und per Fernschreiber in die deutschen Redaktionen gesendet. Ein kompliziertes, vorsintflutlich anmutendes Prozedere.

Ich teilte mir ein Zimmer mit Harald Konopka. Er war eine der großen Überraschungen der Saison 1977/78 gewesen und wurde ohne ein einziges Länderspiel für die WM nominiert. Konopka war Teil einer Pokerrunde, die sich regelmäßig in unserem Zimmer traf. Auch Sepp Maier war oft mit dabei und brachte Whiskey mit. Anfangs war die Stimmung im Quartier noch gut. Wir sahen uns Filme an, etwa *Der Schakal* oder *Der Clou*, veranstalteten lustige *asados* – Grillabende, an denen wir kiloweise Fleisch in uns hineinschaufelten. Bettruhe war an allen Tagen, wenn wir nicht von einem Spiel kamen, um 22.30 Uhr. In der Woche vor dem WM-Eröffnungsspiel in Buenos Aires gegen Polen kristallisierte sich jedoch immer mehr heraus, dass es in dieser Mannschaft keine klare Hackordnung gab. In Abwesenheit von Stars wie Franz Beckenbauer, Paul Breitner, Jürgen Grabowski oder Uli Stielike gab es niemanden, der der Mannschaft die Richtung weisen konnten. Berti Vogts war zwar der Kapitän, aber noch nicht der Typ, das Team zu führen, wie sich im Laufe des Turniers zeigen sollte. Mit der Zeit ging es nur noch um Einzelinteressen. Jeder dachte an sich. Kurz: Wir waren keine Mannschaft.

Im Training gab es drei Kreise: Der erste bestand aus etablierten Spielern wie Flohe, Vogts, Bonhof, Schwarzenbeck, Beer. Im zweiten Kreis fanden sich mehr jüngere Spieler wie Hansi Müller, Karl-Heinz Rummenigge oder auch Abramczik. Ich war mit Spielern wie Zewe, Konopka und den Torhütern im dritten Kreis. Uns schaute Schön nie beim Training zu, wir trainierten oft dasselbe, die Übungen, die Ansprachen, die Abläufe wiederholten sich. Daran änderten auch die Co-Trainer Erich Ribbeck und Jupp Derwall nichts. Aber manchmal überraschte Schön uns auch mit seinen Ansprachen – wenn er nicht zufrieden war, äußerte er das manchmal recht unverblümt. Zielscheibe seiner Kritik waren aber selten Spieler wie Vogts, Bonhof oder Kaltz, denen er vertraute, sondern eher diejenigen, die sowieso auf der Kippe standen.

Eröffnungsspiel gegen Polen

Kurz vor dem ersten Spiel gegen Polen war ordentlich Zug drin im Training. Jeder wollte in der Startelf stehen. Am 31. Mai fuhren wir mit dem Bus nach Córdoba und flogen dann in einer Militärmaschine nach Buenos Aires. Beim Abschlusstraining auf einem Nebenplatz des WM-Stadions wurde klar, dass Schön nur mit einer Spitze ins Spiel gehen wollte. Für eine Doppelspitze war er nicht mutig genug. Meine Enttäuschung war groß, aber das war ich ja inzwischen gewöhnt. Als am nächsten Tag die Aufstellung verkündet wurde, fiel aber auch Hölzenbein die Klappe runter, weil er nur als Reservist vorgesehen war. Für ihn rutschte der junge Hansi Müller, der erst wenige Wochen zuvor seinen Einstand gehabt hatte, in die Startelf. Vor Maier im Tor spielte Kaltz Libero, dessen eigentliche Position rechter Außenverteidiger war. Aber rechts wollte Schön unbedingt Vogts sehen. Linker Verteidiger war mein Kumpel Herbert Zimmermann aus Köln und als Vorstopper agierte der lange Rolf Rüssmann. Im Mittelfeld stellte Schön Bonhof, Flohe und Beer auf, Hansi Müller kam über links, Abramczik über rechts und Fischer war unsere einzige Spitze im Zentrum. Im River-Plate-Stadion angekommen, schauten wir uns zunächst die Eröffnungsfeier an. Sie war so was von dröge. Fahnenträger in traditionellen Gewändern aus den 16 teilnehmenden Nationen zogen ihre Runden. Deutschland wurde dabei von einem Paar in bayrischer Tracht repräsentiert. Klar, typisch deutsch. Ansonsten gab es Turneinlagen, und ein paar Tauben wurden gen Himmel geschickt. Zu guter Letzt sprach João Havelange, der FIFA-Präsident. Als das offizielle Programm beendet war, schnappte sich General Videla, der Chef der argentinischen Militärjunta, unangekündigt das Mikrofon und eröffnete das Turnier zum Erstaunen der anwesenden Politiker- und Funktionärskaste mit den Worten: „Hoffen wir, dass der Sport seinen Beitrag zum Frieden in der Welt geben wird." Wie heuchlerisch, wenn man bedenkt, dass im Gefängnis gleich neben dem Stadion täglich unschuldige Menschen gefoltert wurden. Später im Turnier marschierte Videla unmittelbar vor dem entscheidenden Spiel zwischen Argentinien gegen Peru (bei dem es um den Finaleinzug ging) in die Kabine der Peruaner. Was er dort verkündete, weiß niemand genau, aber Peru verlor mit 0:6 hoch genug, um Argentinien den Einzug ins Finale zu ermöglichen. Bis heute ranken sich viele Gerüchte um diesen Kabinenbesuch Videlas.

Das Spiel Deutschland – Polen, das Videla am Eröffnungstag in Buenos Aires zu sehen bekam, war eine einzige Katastrophe. Die Zuschauer auf den vollen Rängen fingen schon nach 20 Minuten an zu pfeifen, denn sie sahen ein furchtbares Ballgeschiebe, ohne Zug zum Tor. Und sollte es mal schneller nach vorne gehen, war der Ball gleich wieder weg. Die Polen übernahmen im Laufe des Spiels das Zepter, wirkten etwas gefestigter als wir. So schlecht hatten wir seit Jahren nicht mehr gespielt, und das ausgerechnet beim WM-Auftakt. Schön reagierte nicht, wechselte kein einziges Mal aus, dabei hätte er mit gutem Recht alle elf aus dem Spiel nehmen können. Am Ende hieß es 0:0 und das Stadion pfiff beide Teams gnadenlos aus. Auf der Busfahrt zurück nach Ascochinga herrschte betretenes Schweigen, erst beim Abendessen lockerte sich die Stimmung etwas. Es gab Champagner, denn wir feierten die Geburtstage von Pressechef Dr. Wilfried Gerhardt und DFB-Vize Otto Andres. Franz Lambert, der Teil der DFB-Delegation war, spielte wie jeden Abend auf seiner Orgel Schlager. Es war alles sehr merkwürdig.

Am nächsten Tag erlebten wir einen verärgerten Bundestrainer. „So geht es nicht weiter. Noch so ein Spiel und wir fahren nach Hause", hielt er uns vor. Dabei hatte er selbst eine Menge falsch gemacht. Für mich war Gerd Zewe der beste Libero Deutschlands, doch Schön setzte auf Kaltz. Ihn von seiner angestammten Position von rechts in die Mitte zu verschieben, tat uns nicht gut. Kaltz war der beste Rechtsverteidiger der Welt, aber kein Libero. Irgendwie stieg der Frustpegel bei allen. Die Ersatzspieler hatten Frust, weil sie nicht spielten und nicht verstanden, warum. Und die, die spielten, zerfleischten sich gegenseitig mit Schuldvorwürfen. Schon gegen die Polen beschimpften sich die Spieler auf dem Feld, als ob sie gegeneinander und nicht miteinander spielen würden. Das ging teilweise richtig unter die Gürtellinie. Ab dem ersten Spiel waren wir in einer Spirale aus Unzufriedenheit, Vorwürfen und Missstimmung gefangen, was natürlich von der Presse noch befeuert wurde. Immer wieder sorgten Aussagen von Spielern aus dem Camp, die sie „ihren" Journalisten steckten, für Irritationen. Dazu kamen Kolumnen von meinem Trainer Hennes Weisweiler oder Ex-Nationalspieler Jürgen Grabowski, die das Ganze anheizten. Schön hatte Schwierigkeiten, den 22-Mann-Trupp zu disziplinieren. Alle machten gefühlt, was sie wollten. Sepp Maier zum Beispiel war ein leidenschaftlicher Tennisspieler und da es nicht unweit vom Trainingsplatz einen Tennisplatz gab, hielt sich der Münchner öfters dort auf, als Schön lieb war. Nicht selten kam er zu spät zum Training, weil er zuvor noch eine Runde Tennis gespielt hatte.

Deutschland – Mexiko – mein erstes WM-Spiel

Nach dem 0:0 zum Auftakt standen wir gehörig unter Druck. Mexiko hatte sensationell gegen Tunesien verloren und musste gegen uns alles geben, um nicht schon in der ersten Runde aus dem Turnier zu fliegen. Die Anspannung war auch Schön, Derwall und Ribbeck anzumerken. Im Mittelpunkt der öffentlichen Diskussion stand die Frage, wie wir im Sturm spielen sollten. Schön hatte sich gegen Polen nicht getraut, auf zwei Stürmer zu setzen, doch nach der Nullnummer war er zum Handeln gezwungen. In den Trainingseinheiten zeigte sich, dass der Bundestrainer mich neben Fischer bringen wollte. Endlich. Es fühlte sich gigantisch an, in den Übungen zur Stammformation zu gehören. Im Hotel in Córdoba bei der Spielbesprechung bekam ich die Aufstellung dann schwarz auf weiß zu sehen: Ich durfte von Anfang an ran. Es gab drei Änderungen im Vergleich zum Polen-Spiel. Ich kam für Rüdiger Abramczik, Karl-Heinz Rummenigge für Erich Beer, und der Duisburger Bernard Dietz ersetzte Herbert Zimmermann. Schön redete uns ins Gewissen: „Kämpft füreinander. Unterstützt euch. Ihr müsst als Mannschaft agieren." Er versuchte vor allem, den Teamgeist heraufzubeschwören. Spielerisch sollten wir uns alle mehr

Freiheiten nehmen. Rummenigge wurde zum Beispiel explizit aufgetragen, nicht nur rechts an der Linie zu kleben, sondern auch die Räume in der Mitte zu suchen, um dadurch die gegnerische Abwehr zu irritieren. Ich sollte links starten, aber immer wieder Fischer im Zentrum unterstützen. In der Kabine war die Stimmung konzentriert. Allein unser Zeugwart Heinz Dahn stand kurz vor dem Kollaps, denn Hansi Müller und Heinz Flohe bestanden darauf, in Noppenschuhen zu spielen. Dabei war der Rasen gar nicht so trocken. Ich etwa ließ mir 13-Millimeter-Stollen montieren.

Endlich ging es raus auf den Platz. Die Hymnen wurden gespielt, ich jedenfalls genoss jede Sekunde. Mein erstes WM-Spiel – die ganze Welt schaute zu.

Wir begannen wieder sehr nervös, spielten meist hinten herum, um mit Sicherheitspässen ins Spiel zu kommen. Dabei hatten wir uns in der Kabine geschworen, Vollgas zu geben. Nach 14 Minuten kam Vogts über rechts mit dem Ball in die gegnerische Hälfte. Ich bot mich an, lief ihm entgegen, bekam den Ball, drehte mich mit einer schnellen Bewegung um Gegenspieler Mendizabal und schoss direkt aus 20 Metern aufs Tor. Der Ball schlug flach im linken Eck ein, 1:0. Das erste deutsche Tor bei der WM – ausgerechnet von mir. Der Jubel und die Erleichterung waren riesig. Rainer Bonhof und Karl-Heinz Flohe waren die Ersten, die gratulierten. Danach drehten wir auf. Es war, als sei eine große Last von unseren Schultern gefallen. Einmal Hansi Müller, zweimal Rummenigge und zweimal Flohe trafen zum 6:0. Und alle waren sich einig: Mein Tor war der Türöffner gewesen. Hatte ich Schön nun endlich von mir überzeugen können? Ich hoffte es sehr.

Zwei Tage später berief Vogts eine mannschaftsinterne Sitzung ein. Mir war der Gladbacher, dem die schwere Aufgabe zukam, die Mannschaft als Nachfolger von Beckenbauer zu führen, sympathisch. An diesem Tag hatte er eine gute Idee. Er schlug vor, dass wir uns alle mal aussprechen sollten. Wir setzten uns also nach dem Abendessen zusammen. Das Problem war nur, dass kaum einer etwas sagen wollte. Vielleicht lag es auch daran, dass wir gerade gewonnen hatten, dass keiner etwas Kritisches rausbekam. Immerhin kamen wir überein, dass wir uns auf dem Platz nicht mehr so anschreien wollten. Alle nickten und schon standen die meisten auf, um einen Film zu gucken, Karten zu spielen oder sich anderweitig die Zeit zu vertreiben. So viel zum Thema offene Aussprache. Und neben den mannschaftsinternen Zwistigkeiten und der Disziplinlosigkeit kam langsam auch Lagerkoller auf. Der Tagesablauf war immer gleich und auch im Quartierkino liefen immer dieselben Filme. Wir schlugen schon aus Spaß vor, dass der Film *Der Clou* die DFB-Ehrennadel bekommen sollte – für 25 erfolgreiche Einsätze.

Grottenkick gegen Tunesien

Nun stand das letzte Gruppenspiel gegen Tunesien an. Die Nordafrikaner hatten mit ihrem Sieg gegen Mexiko für Furore gesorgt und hätten auch die Polen schlagen müssen, verloren aber unglücklich mit 0:1. Man musste sie also ernst nehmen, aber das tat natürlich keiner von uns. Ribbeck und Derwall versuchten in vielen Einzelgesprächen immer wieder, auf die Stärken der Tunesier aufmerksam zu machen, doch es half alles nichts – wir unterschätzten die Afrikaner. Vor allem auf ihre Abseitsfalle waren wir überhaupt nicht vorbereitet. Wir liefen bestimmt ein Dutzend Mal hinein und kamen dadurch nicht in einen Spielrhythmus. Ich selbst hatte kurz vor Schluss eine Riesenchance zum 1:0, doch mein Schuss landete am Außennetz. Das Erstaunliche war: Die Tunesier waren auch konditionell top, verlangten uns bis zum Schluss in läuferischer Hinsicht alles ab. Bei ihnen wirkte alles leicht und spielerisch, wir hingegen liefen wie mit Bleiwesten übers Feld. Das Desaster endete 0:0.

Nachträglich betrachtet war es dieses Spiel, das uns das Genick brach. Nicht weil wir uns nicht für die nächste Runde qualifizierten, sondern weil uns in den Tagen danach eine Negativität befiel, die sich in uns alle hineinfraß und den Gruppenzusammenhalt endgültig zerstörte. Selbst DFB-Präsident Hermann Neuberger ließ sich davon anstecken. In einem Interview mit dem Sportinformationsdienst kritisierte er Schön sehr direkt und harsch: Es werde zu wenig trainiert, es fehle an Disziplin, es gebe zudem zwei Quertreiber. Ein starkes Stück. Wir standen vor drei wichtigen Spielen gegen Italien, Holland und Österreich, um unseren Titel zu verteidigen, doch man hätte glauben können, wir seien schon ausgeschieden. Vogts beraumte am Tag nach der Blamage wieder eine Sitzung ein; dieses Mal saßen wir 90 Minuten zusammen und alle hatten Redebedarf. Vogts fing an: „Die Stürmer müssen auch mal aushelfen." Daraufhin entgegnete Fischer: „Keiner rückt nach, um uns vorne zu helfen." Rainer Bonhof wiederum beklagte sich: „Im Mittelfeld stehe ich allein gegen zwei, drei Mann." In dem Modus ging es dann bis zum Schluss weiter. Wir vereinbarten Stillschweigen über den Inhalt der Sitzung – und zwei Tage später stand alles in den Zeitungen. Das sagt eine Menge über den Zustand der Mannschaft aus.

Es war schon so, dass Schön die harte Hand fehlte, um diese Truppe einzuschwören. Zwar bestritt Neuberger später, sich jemals so geäußert zu haben, aber er hatte zum Teil recht: Wir trainierten tatsächlich zu wenig und es fehlte auch am richtigen Zug. Es gab zwar drei Trainer, aber ich hatte immer das Gefühl, dass es keine Ordnung gab. Schön war zu nett, Spieler kamen regelmäßig zu spät zum Training und Sepp Maier kaufte sich während seiner Zeit in Ascochinga für 6000 Mark einen Oldtimer der Marke Hupmobile, den es laut seiner Aussage nur 30-mal auf der Welt gab. Er musste sich um die Papiere und die Frachtverschiffung nach Deutschland kümmern, und das alles, während wir um den WM-Titel kämpften. Auch dass HSV-Manager Günther Netzer mit dem Dortmunder Rolf Rüssmann während eines Spaziergangs im Trainingscamp über einen Wechsel zum HSV sprach, wäre in heutigen Zeiten unvorstellbar.

Hinzu kam: Schöns taktische Marschroute war recht schlicht. Wer einen Trainer wie Weisweiler gewohnt war, der einen ständig mit Neuerungen und Taktikwechseln auf Trab hielt, konnte jetzt schon etwas enttäuscht sein. Auch wenn es hart klingt: Die Zeit von Schön war eigentlich vorbei, vielleicht hätte er 1974 zurücktreten sollen. Nach dem Gewinn der Weltmeisterschaft fand eine Zäsur statt, auch wenn wir 1976 noch mal ins EM-Finale kamen. Und ich sage das nicht, weil er nicht von mir überzeugt war. Schön war ein netter Mensch mit guten Umgangsformen. Er war Weltmeistertrainer, hatte das Höchste im Fußball erreicht, einer der Besten seines Fachs. Doch 1978 merkte man, dass er mit seinem Latein am Ende war.

Gegen Italien, im ersten Gruppenspiel der Zwischenrunde, setzte er zum Erstaunen vieler auf eine verstärkte Abwehr. Nominell hatten wir mit Hölzenbein, Rummenigge, Flohe und Fischer nur vier Offensivleute auf dem Feld. Ich war das erste Opfer dieser Aufstellung und flog wieder aus der Mannschaft.

Zweite Finalrunde: Deutschland – Italien

Das erste Spiel der zweiten Finalrunde fand in Buenos Aires im River-Plate-Stadion statt. Wieder war die argentinische Hauptstadt bei der Landung vom uns bereits bekannten Nebel eingehüllt und auch am Spieltag wurde es nicht besser: Der argentinische Juni zeigte sich von seiner „besten" Seite, mit 12 Grad Celsius und weißen Nebelwänden in den Straßen. Das Spiel stand kurz vor der Absage. Tausende von Schlachtenbummlern konnten nicht anreisen, weil beinahe alle Flüge an diesem Tag ausfielen, und noch während des Spiels kamen an die 20 000 Zuschauer verspätet ins Stadion, weil der Nebel auch den Verkehr teilweise lahmlegte. Wir machten ein ordentliches Spiel und spielten zum vierten Mal in Folge zu null, aber wir trafen auch zum dritten Mal nicht ins Tor. Schön wechselte während der Partie, verzichtete aber auf Änderungen im Sturm. Ich saß 90 Minuten auf der Bank. Immerhin freute ich mich für meinen Zimmergenossen Konopka, der eingewechselt wurde und damit zu seinem ersten Länderspieleinsatz überhaupt kam. Wir konnten mit dem 0:0 eigentlich gut leben, hatten danach noch alle Chancen.

Am Abend mussten wir unseren Aufenthalt ungeplant in Buenos Aires verlängern, weil der dichte Nebel sich nicht verzog und jeden Flug zur Kamikaze-Aktion machte. Am nächsten Tag hatte sich der Nebel zwar gelichtet, aber dafür gab es heftige Unwetter. Man entschied dennoch, dass wir mit unserer Militärmaschine nach Córdoba fliegen sollten. Die Turbulenzen waren heftig, ich hatte schon immer etwas Flugangst, aber was wir während dieser Stunde erlebten, war grenzwertig. Phasenweise dachte ich wirklich, das war's. Der Flieger wackelte wie verrückt, stürzte sekundenlang ins Bodenlose. Ich betete zehn Vaterunser, als ich wieder festen Boden unter den Füßen hatte.

Deutschland – Niederlande

Nach unserem Remis war klar, dass nun ein Sieg gegen die Holländer hermusste – eine Wiederauflage der Finalpaarung von 1974. Doch wir hatten Verletzte zu beklagen. Fischer, Zimmermann und Flohe hatten Blessuren aus dem Italien-Spiel davongetragen. Flohe hatte eine Zerrung am Oberschenkel und flog direkt nach dem Holland-Spiel nach Hause, obwohl noch die Partie gegen Österreich anstand – ein weiteres untrügliches Zeichen dafür, dass es teamintern nicht stimmte. Wegen einer Zerrung verlässt man ja nicht gleich das Quartier, aber Flohe hielt es in Ascochinga nicht mehr aus, wollte nach Hause zur Familie und Schön akzeptierte das.

Beer ersetzte ihn, Abramczik kehrte für Zimmermann in die Startelf zurück und auch ich durfte wieder ran, denn Fischer war angeschlagen. Der Schalker hatte sich am Morgen vor dem Spiel eine Halsmuskelzerrung zugezogen.

Das Spiel war ein echter Höhepunkt der WM. Kurios war, dass wir Schön bei Spielbeginn nicht auf der Bank sahen. Erst später erfuhren wir, dass er es vorgezogen hatte, die erste Halbzeit auf der Tribüne zu sitzen, weil er von dort einen besseren Blick hatte. Für damalige Verhältnisse geradezu revolutionär. Wir machten gegen die Holländer ein richtig gutes Spiel. Schon nach zwei Minuten wurde ich direkt am Strafraum gefoult, sodass es einen Freistoß aus etwa 18 Metern gab. Bonhof trat an, schoss und den vom holländischen Torwart abgewehrten Ball köpfte Abramczik zum 1:0 ins Tor. Wir führten und drängten auf das 2:0. Der Ausgleich stellte das Spiel auf den Kopf. Arie Haan schoss aus 30 Metern einfach mal aufs Tor und Maier reagierte zu spät. – unser erstes Gegentor in diesem Turnier. Damit stand es 1:1. Das Spiel wogte nun hin und her. Wir zeigten eine klasse Leistung, hatten Tempo, Spritzigkeit und kamen immer wieder von außen durch. In der 70. Minute hatte ich meinen Auftritt: Beer war von Hölzenbein auf den linken Flügel geschickt worden, flankte. Ich entwischte meinen Bewachern Krol und Brandts, köpfte und der Ball ging als Aufsetzer unhaltbar ins Tor. Wir führten auf einmal 2:1 – mein zweites WM-Tor im dritten Spiel. Bliebe es dabei, hätten wir das Tor zum Finale sperrangelweit aufgemacht, und das völlig verdient, weil wir die bessere Mannschaft waren. Die Uhr tickte runter und ich hoffte einfach nur, dass wir irgendwie den Schlusspfiff erreichen. Die Holländer reagierten wütend. Rep schoss an die Latte. Aber auch wir blieben gefährlich, Beer traf ebenfalls Aluminium. Es waren nur noch wenige Minuten zu spielen. Krol bekam einen Ball im Mittelfeld und setzte mit einem klugen Pass van de Kerkhof im Strafraum ein, der ganz alleinstand, weil Rüssmann den Raum freigegeben hatte. Libero Kaltz warf sich im Sprint in den angetäuschten Schuss, doch der Holländer zog den Ball mit links herum und schoss dann mit rechts platziert an Maier vorbei. Rüssmann versuchte noch, den Ball mit der Hand abzuwehren, konnte den Ausgleich aber nicht verhindern. Sechs Minuten vor dem Ende hatten wir die große Chance auf den WM-Titel praktisch aus der Hand gegeben. Wir wurden in der ganzen Welt für dieses Spiel gelobt und auch ich konnte zufrieden sein, dass ich in einem solchen Spiel mit einem Tor und vielen guten Szenen geglänzt hatte. Der WM-Titel war aber damit fast schon verloren, denn Holland und Italien mussten sich im letzten Spiel unentschieden trennen und wir mit vier Toren Unterschied gegen Österreich gewinnen, um ins Finale zu kommen. Entsprechend gefrustet fuhren wir vom Stadion in Córdoba in unser Quartier, wo wir immerhin die Geburt von Hölzenbeins Sohn feierten und uns dabei auch das eine oder andere Gläschen genehmigten. Klar war, dass wir die WM auf keinen Fall mit dem Spiel gegen Österreich abschließen wollten, Ziel war mindestens das Spiel um Platz drei. Auch, um dem Bundestrainer einen standesgemäßen Abschied von seinem Amt zu gönnen.

Die Schmach von Córdoba

Wir liefen mit der gleichen Mannschaft wie gegen Holland auf. Es herrschte eine zuversichtliche Stimmung. Bei der Mannschaftsbesprechung meinte Schön, dass die Spieler aus Österreich uns unterlegen seien, wir einfach nur unsere Stärken ausspielen müssten. Nach 18 Minuten schienen wir auf einem guten Weg. Rummenigge spielte mit mir einen sensationellen doppelten Doppelpass und kam so von der Mittellinie bis in den Strafraum, wo er ohne Mühe den österreichischen Keeper Koncilia überwand. Ein Traumtor. Was sollte da noch schiefgehen? Danach schleppte sich das Spiel aber mehr schlecht als recht dahin. Wir waren schon weit in der zweiten Halbzeit, als der Österreicher Krieger – von Kaltz nicht angegriffen – auf links in den Fünfmeterraum flankte, wo Maier danebengriff und Vogts den Ball ins eigene Tor lenkte. Was für ein Missgeschick. Das Remis hätte in dem Moment nicht zum Spiel um Platz drei gereicht, da es im Parallelspiel zwischen Holland und

Italien in Buenos Aires 1:1 stand, beide Teams damit 4:2 Punkte hatten, wir aber nur 3:3. Wir mussten also gewinnen, wenn es in Buenos Aires remis ausgehen sollte. Unmittelbar nach dem 1:1 nahm mich Schön aus dem Team. Fischer kam. Eine Auswechslung, die viele nicht verstanden, schließlich galt es ja in diesem Moment, Tore zu erzielen. Aber Schön fehlte wieder mal der Mut. Was ich nicht wusste, als ich vom Feld ging: In diesem Moment ging meine Karriere als A-Nationalspieler zu Ende. Ich sollte danach nur noch dreimal in Spielen der B-Nationalmannschaft das Deutschland-Trikot tragen.

Ich beobachtete das weitere Geschehen also von der Bank aus und erlebte, wie die Österreicher weiter angriffen. Hans Krankl, der bis dahin überhaupt nicht aufgefallen war und den sein Trainer Senekowitsch eigentlich zur Pause auswechseln wollte, wie er nach dem Spiel zugab, schoss dann ein fantastisches Tor zum 1:2. Er nahm eine weite Flanke im Strafraum mit dem Oberschenkel an und versenkte den Ball volley im Tor. Kaltz hatte zuvor wieder mal auf der Seite nicht energisch genug angegriffen. Das Gute war, dass wir umgehend ausgleichen konnten: Hölzenbein köpfte einen Freistoß von Bonhof in die Maschen. Mittlerweile führten aber die Niederlande gegen Italien. Somit standen wir mit dem 2:2 vor Italien auf Rang zwei und waren immerhin für das Spiel um Platz drei qualifiziert. Wir hätten also einfach hinten dichtmachen müssen, es waren nur noch zwei Minuten zu spielen. Nach einem Fehler von Hansi Müller bekam auf einmal Krankl den Ball auf unserer rechten Seite. Zunächst schüttelte er Rüssmann ab, dann lief er in den Strafraum, wo sich ihm Kaltz entgegenstellte. Doch der Österreicher ließ den Hamburger mit einem einfachen Trick stehen und überwand auch noch Maier. 3:2, die Schmach von Córdoba war besiegelt. Krankl lief quer über die Tartanbahn zur Bank seiner Mannschaft, während wir uns immer kleiner machten. In der Kabine herrschte eine Grabesstimmung. Wir saßen minutenlang schweigend da, versuchten, das Erlebte irgendwie zu verarbeiten. Wir waren raus aus dem Turnier, und das zu Recht, denn wir hatten in sechs Spielen nur einmal gewonnen. Für Schön war es das letzte Spiel als deutscher Nationaltrainer. Er sagte zu uns: „Das ist eine Katastrophe, ihr habt den deutschen Fußball blamiert." Wir wussten, dass er recht hatte.

In Ascochinga betranken wir uns, aber es gab kein allgemeines Gelage, sondern man saß in Grüppchen zusammen. Auch das war bezeichnend, wir waren als Mannschaft nie eine Einheit gewesen. Das sagte auch Bernd Hölzenbein in alle Mikrofone. Der Bundestrainer wechselte ab da kein Wort mehr mit ihm.

Am 23. Juni flogen wir von Córdoba über Buenos Aires, Rio und Dakar zurück nach Frankfurt. Die österreichische Mannschaft saß im gleichen Flieger wie wir – auch das noch. Sie waren zwar so wie wir aus dem Turnier geflogen, aber anders als wir fühlten sie sich als die großen Sieger. Vor dem Empfang in Frankfurt hatten wir ziemlichen Bammel. Draußen in der Passagierhalle erwarteten uns etwa 1000 Schlachtenbummler. Wir bekamen sie allerdings nicht zu sehen, weil wir uns drückten. Einige von uns flogen direkt weiter, andere, so wie ich, verschwanden durch einen Nebenausgang. Die Stimmung unter den Fans war, wie uns später erzählt wurde, gespalten. Die eine Hälfte beschimpfte uns als „Nieten" und „Flaschen", die andere wollte uns für unseren Einsatz danken.

Nach der WM

Für den Einzug in die zweite Runde hatten wir immerhin 30 000 Mark pro Nase verdient, aber das war kein Trost für das Scheitern. Dass ich schon mit meinen relativen jungen 24 Jahren Abschied vom DFB nahm, konnte ich nicht ahnen. Aber Jupp Derwall lud mich nicht mehr ein. Das hatte auch mit meiner schlechten Saison 1978/79 zu tun, in der ich lange Zeit sehr glücklos agierte. Erst in der darauffolgenden Saison traf ich wieder regelmäßig und wurde zum Abschluss der Saison

1979/80 zusammen mit Horst Hrubesch immerhin zweitbester Torschütze der Liga hinter Karl-Heinz Rummenigge. Eine echte Chance, auf den EM-Zug aufzuspringen, hatte ich aber nie. Mein Spielertyp war nicht gefragt, dazu waren Konkurrenten wie Klaus Allofs, Rummenigge, Hrubesch oder Fischer auch sehr stark. Kurioserweise stand ich in der Rückrunde der Saison 1980/81 noch einmal für die A-Mannschaft zur Debatte. Ich wurde von Gero Bisanz und Erich Ribbeck, den beiden Trainern der B-Nationalmannschaft, für Spiele gegen die UdSSR, Portugal und Irland nominiert und nachdem ich gegen Russland den Siegtreffer zum 1:0 erzielt hatte und auch in Portugal beim 2 : 0 beide Treffer auf mein Konto gegangen waren, empfahl Bisanz Jupp Derwall, mich als Hrubesch-Ersatz für das Spiel gegen Brasilien mitzunehmen. Derwall tat das aber nicht und nach einem letzten B-Länderspiel gegen Irland trug ich nie wieder das Nationaltrikot. Auf meine neun Tore in nur zwölf A-Länderspielen sowie die sechs Tore in sechs B-Länderspielen bin ich aber bis heute stolz. Was mich allerdings ärgert, ebenfalls bis heute, ist die Tatsache, dass wir das Spiel gegen Holland 1978 aus der Hand gegeben und damit auch die Chance auf den WM-Titel hergeschenkt haben. Wer weiß, wie es dann für mich unter Jupp Derwall weitergegangen wäre. So stand mein Abschied unter einem schlechten Stern. Aber immerhin hatte ich als Nationalspieler an einer EM und WM teilgenommen und in beiden Turnieren getroffen.

Titel, Titel, Titel

1. FC Köln 1976–78

So etwas hatte ich vorher noch nie am Geißbockheim gesehen. Es war der 11. Juli 1976, das erste Training der Saison. Das Thermometer zeigte knapp 30 Grad an und auf dem Gelände rund um den Trainingsplatz tummelten sich tausende Fans. Sie waren gekommen, um Hennes Weisweiler beim ersten Training zuzuschauen. Außerdem war mit dem Belgier Roger van Gool der teuerste Spieler der Bundesliga verpflichtet worden. Köln hatte für den Angreifer 1,15 Millionen Mark an den FC Brügge gezahlt, der erste Millionentransfer in der Geschichte der Liga.

Für mich war das mittlerweile die dritte Sommervorbereitung in Köln, doch durch meinen EM-Auftritt 76 hatte sich einiges geändert: Nachdem ich in Jugoslawien international für Aufsehen gesorgt hatte, war ich nun so was wie ein Star. Die Konkurrenz im Kölner Sturm war zwar durch van Gool und den Dänen Preben Elkjaer Larsen größer geworden, doch in den nächsten beiden Jahren verpasste ich unter Weisweiler nur ein einziges Bundesligaspiel. Auch weil der junge Preben, der später mit Dänemark bei der EM 1984 für Furore sorgte und in Verona italienischer Meister wurde, in Köln noch nicht so weit war. Legendär ist eine Unterhaltung zwischen ihm und Weisweiler im Büro des Trainers. Weisweiler war in Köln bestens vernetzt und wusste in der Regel, wenn einer seiner Spieler zu später Stunde im Nachtleben unterwegs war. Einmal ließ er Preben in sein Büro kommen und teilte dem Dänen mit, dass er um drei Uhr morgens in einer Bar mit einer Flasche Whiskey und zwei Frauen gesehen worden sei. Preben protestierte: „Das stimmt nicht, Herr Weisweiler." Der Trainer entgegnete: „O doch, Preben, das ist niet- und nagelfest." Preben darauf:

„Nein, Herr Weisweiler, es war keine Flasche Whiskey, sondern eine Flasche Wodka."

Mit solchen Eskapaden machte sich der Däne das Leben unter Weisweiler natürlich nicht leichter. 1978 verkaufte der FC ihn mit nur einem Bundesligator an den SC Lokeren.

Hennes Weisweiler

Weisweiler war eine Erscheinung. Er trat nun schon das dritte Mal als Trainer für den FC an, hatte den Klub bereits von 1948 bis 1952 sowie von 1955 bis 1958 trainiert. In Köln besaß er Legendenstatus, was auch mit seinen großartigen Erfolgen in Mönchengladbach zu tun hatte, wo er mit der Borussia dreimal Meister geworden war. Dass er den Rivalen groß gemacht hatte, fand man in Köln zwar nicht besonders prickelnd, aber man verzieh es ihm, weil Weisweiler ein Kind des Vereins war. Nicht ohne Grund hieß das Kölner Maskottchen, der Geißbock, den der Klub 1950 von einem Zirkus geschenkt bekommen hatte, „Hennes".

Weisweiler setzte sehr auf Disziplin. Die Zeiten, wo „Tschik" sich mit den Spielern herumwälzte oder abends beim Spanferkelessen einen Schnaps mit uns trank, waren endgültig vorbei. Weisweilers Training war sehr anspruchsvoll. Wir arbeiteten fast immer mit dem Ball. Dienstags fand meistens eine Konditionseinheit mit Rolf Herings statt, doch abgesehen davon gab es keine Übung ohne Ball. Weisweiler führte außerdem ein spezifisches Stürmer- und Verteidigertraining ein sowie Übungen wie „Fünf gegen fünf in einer Zone" oder „Fünf gegen zwei". Mal durften wir nur den schwachen Fuß nehmen, mal nur den Spann – alles Dinge, die wir bis dahin nicht kannten. Der Mann war dem Fußball um 20 Jahre voraus. Er dirigierte, unterbrach die Trainingsabläufe, wenn das Detail nicht stimmte, stellte auch während der Spiele um. Man musste sehr flexibel sein. Er war eine echte Autorität und führte uns mit strenger Hand. Ein Beispiel: Wir hatten im Vogelsberg ein Jagdhaus samt Revier. Da keiner in der Familie nach dem Tod meines Stiefvaters über einen Jagdschein verfügte, musste ich ran … 1976 machte ich daher den Jagdschein, wofür ich in Köln zweimal die Woche einen Abendkurs besuchte – und das acht Monate lang. Leider stellte sich heraus, dass sich die Abschlussprüfung mit einem Training überschnitt. Ich ging also zu Weisweiler und teilte ihm mit, dass ich an diesem Tag nicht zum Training kommen könne. Weisweiler schaute mich an und sagte: „Wat, Jung, wat machst du? Jachtschein, wat is dat denn? Nee, dat jeht nicht. Sie sind morgen im Training." Ich gab zu Bedenken, dass diese Prüfung nur einmal im Jahr stattfände, doch Weisweiler ließ nicht mit sich reden. Und da ich so kurzfristig für meine Abwesenheit am nächsten Tag keine glaubhafte Ausrede erfinden konnte, musste ich meine Prüfung um ein ganzes Jahr verschieben.

Wir folgten Weisweiler, der große Mannschaften wie Gladbach und Barcelona trainiert hatte, aber das war nicht immer einfach. Gerade für Spieler mit großem Ego. Denn Weisweiler fiel es schwer, anderen auf Augenhöhe zu begegnen. Das bekam auch Manager Thielen zu spüren, dessen Verhältnis zum Trainer trotz aller Erfolge in all den Jahren angespannt blieb. Thielen war Weisweiler zu jung, zu mächtig und teilweise zu oberschlau. So sagte der Trainer schon mal: „Ich muss bei jedem Schneewetter bei 20 unter null auf den Platz und der Thielen sitzt da oben im Warmen und hält große Reden."

Weisweiler und Overath

Die Kölner Euphorie im Sommer 1976 war riesig, die Fans sehnten den Meistertitel herbei. Und wir starteten auch so, als wäre das ein Klacks. Wir gewannen viermal in Folge, und als am fünften Spieltag der Tabellenzweite Braunschweig vor 57 000 Zuschauern in Müngersdorf mit 3:0 vom Platz gejagt wurde, begannen die FC-Fans wirklich, an den Titel zu glauben. 14:2 Tore, 10:0 Punkte, der Bundesliga-Startrekord eingestellt, was sollte da noch passieren? Doch Köln ist eben Köln und die Launenhaftigkeit verließ uns auch in dieser Saison nicht. Eine Woche später verloren wir beim Abstiegskandidat Tennis Borussia Berlin mit 2:3. Dieses Auf und Ab wurde für den Rest der Saison zu unserem Markenzeichen. Wir hatten alles, nur keine Konstanz. Als uns Gladbach im eigenen Stadion mal wieder vorführte und mit 3:0 besiegte (zweimal Heynckes, einmal Bonhof), da war der Meisterschaftszug bereits im November wieder abgefahren.

In dieser Zeit tauchten die ersten Differenzen zwischen Weisweiler und Overath auf. Weisweiler hatte auch mit Stars wie Günther Netzer in Gladbach oder mit Johan Cruyff in Barcelona große Auseinandersetzungen gehabt; nun fing er an, Overath zu demontieren. Weisweiler wollte dessen Einfluss einschränken, nicht mehr unser gesamtes Spiel auf ihn abstimmen, weil er der Meinung war, dass sich so talentierte Spieler wie Flohe und Neumann sonst nicht richtig entfalten konnten. Und wir sollten nicht mehr so einfach auszurechnen sein. In der Mannschaft waren wir hin- und hergerissen. Wir akzeptierten Wolfgang uneingeschränkt, auch wenn er ein sehr eigenwilliger Charakter war. Persönlich fand ich, dass die Art und Weise, wie Weisweiler Overath abservierte, nicht okay war; ein Spieler seines Formats hatte das nicht verdient. Der Konflikt spaltete auch die Anhängerschaft: Mit Overath oder ohne ihn? Das wurde unter den Fans heiß diskutiert. Weisweiler äußerte sich auch in der Öffentlichkeit zunehmend kritisch, sagte Sachen wie: „Mittelfeldspieler in seinem Alter können das heute verlangte Tempo nicht mehr mitgehen." Eine Ohrfeige für Overath, der dem FC-Präsidium darauf mitteilte, dass er keinen neuen Vertrag mehr unterschreiben, sondern am Ende der Saison aufhören werde. Weisweiler hatte sein Ziel erreicht.

Trotz aller Strenge konnte Weisweiler aber auch locker sein, wie sich nach Heimspielen zeigte. Die Abläufe bei einem Heimspiel waren immer gleich: Wir fuhren entweder nach Bergisch-Gladbach oder Königsforst ins Trainingslager, kamen am

Spieltag zurück zum Geißbockheim, zogen uns um, hielten die Mannschaftssitzung ab und fuhren dann rüber ins Stadion. Nach dem Spiel kamen wir alle wieder zurück, duschten und gingen hoch ins Lokal, um zusammen zu essen und die *Sportschau* anzuschauen. Die Tische war hufeisenförmig gestellt, am Tischende saßen das Präsidium, das Trainerteam und Thielen und drumherum die Mannschaft. Es gab immer eine Suppe vorneweg und Präsident Peter Weiand eröffnete das Abendessen jedes Mal mit den Worten: „Der Löffel geht zum Mund und nicht der Mund zum Löffel, guten Appetit." Außerhalb des Saales war das Lokal ganz normal für die Fans geöffnet und so vermischten sich im Laufe eines Abends Fans und FC-Leute. Wir saßen oft bis spät in die Nacht im Geißbockheim. Auch Weisweiler gesellte sich gern dazu. Er trank immer nur Champagner und vertrug eine Menge. Doch egal, wie viel er intus hatte: Am nächsten Morgen stand er in kurzen Hosen auf dem Platz und war fit wie ein Turnschuh. Wir fragten uns (und ihn), wie er das machte. „Disziplin, meine Herren, das ist nur Disziplin", war seine Antwort.

Mittlerweile hatte ich auch eine feste Freundin. Ich hatte Henny in einem Kölner Klub kennengelernt. Wir tanzten und tauschten Nummern aus. Danach wurden wir ein festes Paar. Henny war ein echtes „Kölsch Mädsche" mit viel Witz. Sie interessierte sich außerdem für Fußball und fand es toll, dass ich beim FC spielte. 1979 zogen wir in ein gemeinsames Haus in Müngersdorf, 1980 heirateten wir.

„Kommen Sie mal bitte rein"

In der Bundesliga schwankten unsere Leistungen stark, aber es gab ja noch den DFB-Pokal, mit dem wir unsere Titelträume erfüllen konnten. Der Triumphzug durch den Wettbewerb begann im August beim Itzehoer SV. Wir gewannen 7:0 und ich steuerte drei Tore zum Erstrundensieg bei. In der zweiten Runde erwischten wir ein knüppelhartes Los: Es ging zur Fortuna nach Düsseldorf. Das Rheinstadion war gut gefüllt, es würde einen heißen Tanz geben. Immer wenn es zum Derby gegen den Nachbarn aus Köln ging, rannten und kämpften die Fortunen, als gebe es kein Morgen. Uns zu besiegen, das war in Düsseldorf noch immer wichtiger als fünf andere Siege zusammen. Es wurde das erwartete schwere Spiel. Wir gingen durch einen Kopfball von mir zwar in Führung, doch Düsseldorf war an diesem Tag eigentlich die bessere Mannschaft. Toni Schumacher erwischte zum Glück einen Weltklasse-Abend, machte alle Chancen der Düsseldorfer zunichte. Nur der Fortuna-Verteidiger Kriegler traf zweimal und damit waren wir gut bedient. Wir retteten uns dank eines Tors von Löhr in die Verlängerung, wo wir einen glücklichen Elfmeter zugesprochen bekamen, den Flohe zum 3:2 verwandelte. Kurze Zeit später traf ich zum 4:2. Das Spiel war entschieden und wir standen in der dritten Runde.

Dort trafen wir an einem Dezemberabend in Köln auf Ligakonkurrent Tennis Borussia Berlin. Deren Trainer Rudi Gutendorf hatte sich etwas Besonderes einfallen lassen und einen gewissen Horst Nußbaum aus der TB-Reserve als Libero nominiert. Nußbaum war in den 60er-Jahren ein erfolgreicher Profi bei Viktoria Köln und PSV Eindhoven gewesen, danach machte er als Musikproduzent unter dem Pseudonym Jack White Karriere. Er produzierte zahlreiche Schlagerhits für Roy Black oder Lena Valaitis und war auch für den WM-Song 1974 „Fußball ist unser Leben" verantwortlich. Fußball spielte Nußbaum nur noch für die Reserve von TB – sozusagen als Ausgleich zum Musikgeschäft. Er war aber auch Sponsor des Vereins und das war wohl auch ein Grund, warum er an diesem Abend in Köln überraschend in der Startelf stand. Nußbaum wusste, wie man Aufmerksamkeit erregte, und lief sich in einem weißen Schal warm. Auf dem Feld hatte er dann aber seine Schwierigkeiten. Erst verlor er ein Duell gegen mich, wodurch ich zum 1:0 traf, dann senste mich der Musikmanager im Strafraum um.

Den fälligen Elfmeter verwandelte Flohe zum 2:0. Damit war das Spiel eigentlich schon entschieden, wir gewannen am Ende mit 5:1. Für Nußbaum war es der Abschied vom bezahlten Fußball. Er konzentrierte sich aufs Musikgeschäft und feierte weltweite Erfolgte mit Künstlern wie David Hasselhoff, Paul Anka oder Tony Christie.

Das Losglück bescherte uns im Achtelfinale ein Heimspiel gegen Zweitligist FC Homburg. Wir überrannten die Saarländer und führten zur Halbzeit mit 7:0. Ich hatte zweimal getroffen, dazu Flohe und Overath je zweimal und van Gool einmal. Nach der Pause nahmen wir den Fuß vom Gas und den Homburgern gelangen noch zwei Tore zum 7:2-Endstand. Trotz des deutlichen Sieges war Weisweiler stinksauer, vor allem auf das Mittelfeld um Overath und Simmet. „So kann man nicht spielen", raunzte er noch in der Kabine. Öffentlich machte er Druck: „Noch so ein Spiel der beiden und das hat Konsequenzen." Für die Woche drauf setzte er ein Straftraining an.

Wenn man schlecht gespielt hatte, ließ Weisweiler einen das deutlich spüren. Weisweilers Büro lag im Gang direkt vor unserer Kabine – man musste daran vorbei, um zum Platz rauszugehen. Wenn die Tür offen stand, wusste man schon Bescheid: O je, nur schnell vorbeihuschen. Irgendeinen erwischte es immer – dann dröhnte Weisweilers Stimme unheilvoll durch den Gang: „Kommen Sie mal bitte rein."

Die Torhüter ließ Weisweiler grundsätzlich gerne darüber im Ungewissen, wer am Samstag spielen würde, was Schumacher in all den Jahren gewaltig fuchste. Anfang 1977 stellte er statt Schumacher unsere Nummer 2, Slobodan Topalovic, ins Tor. Diese Entthronung wollte Toni nicht akzeptieren und äußerte das auch öffentlich – was ihm prompt eine Unterredung in Weisweilers Büro verschaffte.

Mit Topalovic verband mich übrigens eine echte Freundschaft. Er war ein ganz feiner Mensch, hatte einen Sinn für Kunst (vor allem für naive Malerei) und malte selbst. Zwei seiner Bilder hängen immer noch in meinem Haus. „Slobo" wechselte 1978 zu Viktoria Köln. Anfang der 90er-Jahre prallte er in einem Altherren-Spiel mit einem Gegenspieler zusammen und starb 1994 an seinen Schädelverletzungen.

Beim FC knisterte es Anfang 1977 gehörig im Gebälk, dafür hatte Weisweiler wirklich ein Händchen. Er provozierte die Spieler bewusst, um sie zu noch mehr Leistungsbereitschaft anzustacheln. Schon in Gladbach hatte er so agiert. Zu Nationalspieler Hacki Wimmer soll er einmal gesagt haben: „Du bist ein feiner Kerl, aber mit feinen Kerlen wird man niemals Deutscher Meister. Deshalb wirst du nicht spielen." Das war seine Art, einen Stachel zu setzen. Das Ergebnis war, dass Wimmer abging wie verrückt und zu einem seiner wichtigsten Spieler wurde.

Anfang Februar 1977 stand das DFB-Pokal-Viertelfinalspiel zu Hause gegen den 1. FC Nürnberg an. Der Verein lobte gegen den Zweitligisten 4000 Mark Siegprämie aus, dreimal so viel wie in der Bundesliga. Immerhin kamen 16 000 Zuschauer ins Stadion. Ich erwischte einen Sahnetag und schoss die Franken fast im Alleingang ab: Ich traf dreimal, am Ende gewannen wir mit 4:2.

Bei der Auslosung für das Halbfinale zogen wir Rot-Weiß Essen.. Wir hatten durchaus Respekt vor diesem Gegner, der im Januar noch ein 2:2 in Müngersdorf erreicht hatte; der Kader war mit namhaften Spielern wie Dieter Bast, Werner Lorant, Horst Hrubesch, Frank Mill und Hans-Günther Neues bestückt. 30 000 Zuschauer waren gekommen, um uns anzufeuern, und sie wurden belohnt: Wir schlugen Essen – dieses Mal wieder mit Schumacher – ohne jede Mühe mit 4:0. Ich machte ein Tor, außer mir trafen Zimmermann, Simmet und Prestin.

Wir standen im Finale. Mal wieder. Drei Endspiele hatte Köln seit 1968 verloren – noch einmal durften wir das Finale nicht in den Sand setzen. Wir fieberten dem Endspiel entgegen, doch die Vorfreude wurde von den Querelen zwischen Weisweiler und Overath überlagert. Als wir Anfang Mai in der Liga gegen Bochum spielten, setzte Weisweiler ihn überraschend auf die Bank. Wolfgang war stinksauer und sagte, dann würde er sich auch nicht umziehen. Der Machtkampf war also offen ausgebrochen. Weisweiler ließ Wolfgang ins Leere laufen, aber er reagierte auch clever. Weil unser Kapitän immer auf den letzten Drücker auf dem Trainingsplatz erschien, was unserem Trainer gegen den Strich ging, änderte er einfach den Trainingsbeginn: „Ab sofort 9.30 Uhr in der Kabine", hieß es, und Overath war von da an immer pünktlich.

Wir gewannen gegen Bochum mit 6:1 – ohne Wolfgang. Ich machte vier Tore. Jupp Tenhagen sollte gegen mich spielen, doch schon zur Halbzeit stellte Bochum um und Hermann Gerland wurde auf mich angesetzt. Aber auch gegen den „Tiger" netzte ich zweimal ein. Es waren meine Tore 31 bis 34 in der Liga; damit gewann ich die Torjägerkanone mit großem Abstand und war nach Hannes Löhr der zweite FC-Spieler, dem das gelang. Seitdem hat kein Stürmer mehr so viele Tore in einer Saison geschossen. Allein Gerd Müller hat meine Marke von 34 getoppt, das zugegebenermaßen allerdings dreimal.

Overaths Abschied und Pokalfinale

Weisweiler fuhr nach dem 6:1 mit erhobenem Haupt zurück ins Geißbockheim. Das Ende der Ära Overath war eingeläutet. Es war mittlerweile offiziell: Am 17. Mai wollte Overath in Köln bei einem Spiel gegen die Nationalelf seinen Abschied feiern. Während wir also um den so wichtigen UEFA-Cup-Platz kämpften und am 28. Mai das DFB-Pokal-Endspiel gegen Hertha BSC stattfinden sollte, organisierte Wolfgang sein spektakuläres Abschiedsspiel gegen die WM-Elf von 1974 – kurz vor Ende der Saison. Er war in diesen Tagen mehr damit beschäftigt, bei der Stadt einen Rabatt für die Stadionmiete herauszuholen, als sich aufs nächste Pflichtspiel gegen Bremen zu konzentrieren. Weisweiler passte es überhaupt nicht, dass der Abschiedskick in Köln für so große Aufmerksamkeit sorgte. Prominenz aus Politik, Sport und Showgeschäft saß auf der Tribüne. Wolfgang spielte eine Halbzeit für Deutschland, eine Halbzeit für uns. Besonders Sepp Maiers Einlagen gefielen den Zuschauern. Der führte Geißbock „Hennes" ins Tor und zeigte Flohe eine selbst mitgebrachte Rote Karte. 60 000 Zuschauer nahmen gerührt Abschied.

Danach fragten sich alle, ob Overath zehn Tage später im Pokalfinale für den FC auflaufen würde. Am letzten Bundesliga-Spieltag gegen Bremen hatte er gespielt und ein Tor zum 3:0 beigetragen. Wir erreichten mit diesem Sieg zum dritten Mal hintereinander den fünften Rang.

Fünf Tage vor dem Pokalendspiel gegen Hertha BSC, das in Hannover stattfinden sollte, fuhren wir zur Vorbereitung nach Hellendorf. An einem Tag verließen Weisweiler und ich zufällig gemeinsam den Trainingsplatz. Da fragte er mich: „Jung, wat denkste? Können wir den Overath im Endspiel bringen?" Ich antwortete diplomatisch: „Sie sind der Trainer. Sie müssen das wissen." Ansonsten waren die Tage vor dem Spiel gegen Berlin vor allem von dem Wechseltheater um Hertha-Keeper Norbert Nigbur bestimmt, dem der FC ein Angebot gemacht hatte. Sowohl Toni Schumacher als auch die Herthaner fanden das natürlich nicht so toll und so gab es im Vorfeld heftige Auseinandersetzungen über diese Personalie.

Am Morgen vor der Partie gab Weisweiler bekannt, dass Overath auflaufen würde. Wie schon im Spiel zuvor gegen Bremen musste Herbert Neumann auf die Bank. Es war mein erstes Finale mit Köln und die Anspannung war groß – ganz Deutschland schaute nach Hannover. Hertha BSC war nicht zu unterschätzen, hatte hervorragende Spieler wie Erich Beer, Wolfgang Sidka, Lorenz Horr, Uwe Kliemann, Hans Weiner und Bernd Gersdorff in ihren Reihen. Und mit Nigbur den zu dieser Zeit wahrscheinlich besten Torwart Deutschlands. Das Stadion war mit 54 000 Zuschauern ausverkauft, darunter etwa 20 000 Kölner Fans. Es war heiß und schwül, doch das Spiel nahm direkt

Fahrt auf. Tore fielen keine, weil die beiden Keeper Nigbur und Schumacher sich mit Glanzparaden überboten – jeder wollte im direkten Duell zeigen, wer der bessere ist. Nach der Pause gelang mir nach einer Flanke von Konopka mit einem Hechtkopfball das 1:0, doch Horr glich nur wenige Minuten später aus. Wir gingen mit einem 1:1 in die Verlängerung und als in dieser auch keine Tore fielen, war klar, dass es ein Entscheidungsspiel geben würde, zum ersten Mal in der Pokalgeschichte. Ein Elfmeterschießen sahen die Regularien des DFB damals noch nicht vor.

Zwei Tage später, selber Ort, selber Gegner, selbe Uhrzeit. Die Mannschaftsbesprechung vor dem Spiel werde ich nie vergessen. Wir saßen nach dem Frühstück im Besprechungsraum und waren alle auf die Aufstellung gespannt. Weisweiler kam sogleich auf die Personalie Overath zu sprechen: „Sie spielen heute nicht, ich habe mir eine andere Taktik überlegt. Wenn Sie wollen, können Sie aber auf die Bank." Wolfgang, der ganz hinten im Raum saß und die Beine auf den Tisch gelegt hatte, schüttelte den Kopf und sagte: „Dann spiele ich überhaupt nicht mehr. Das hat keinen Sinn." Er verließ kurzerhand den Raum. Statt unseres Kapitäns kam Neumann zum Einsatz. Bei seinem letzten Pflichtspiel nach 14 Jahren beim 1. FC Köln, einem Pokalendspiel, das zugleich die wichtigste Partie der letzten acht Jahre war, sollte er zuschauen? Für Overath war das eine Schmach. Er packte seine Sachen und ließ sich abholen. Das Pokalfinale schaute er sich immerhin von der Tribüne aus an, aber auf allen Siegerfotos fehlte er später, weil er sich – trotz zahlreicher Aufforderungen von uns Spielern und Manager Thielen – geweigert hatte, sich dazuzustellen.

Immerhin knapp 10 000 Fans aus Köln fanden noch einmal den Weg nach Hannover. Das Spiel war, wie schon beim ersten Durchgang, heiß umkämpft, diesmal waren wir aber einen Tick besser. Zur Pause stand es 0:0. Kurz nach dem Wiederanpfiff hatten wir großes Glück, dass Schiedsrichter Klaus Ohmsen ein Tor von Beer wegen angeblicher Abseitsstellung annullierte. In der

70. Minute schlug Konopka eine Flanke, ich entwischte Bewacher Kliemann und erzielte per Flugkopfball die Führung – eine Doublette des Tores vom Pfingstsamstag. Wir verteidigten das 1:0 bis zum Ende und als der Schlusspfiff ertönte, konnten wir es kaum glauben: Wir waren Pokalsieger. Hertha-Torwart Nigbur tickte völlig aus und wollte Schiri Ohmsen an den Kragen, was ihm beinahe auch gelungen wäre. Löhr, der in Vertretung von Overath die Kapitänsbinde trug, nahm den Pokal von DFB-Ehrenpräsident Hermann Gösmann entgegen. Ausgerechnet Löhr, der 1975 eigentlich hatte aufhören wollen und nur wegen meiner Rippenfellentzündung reaktiviert wurde. Es war ein rührendes Bild, wie Hannes den Pokal in den Himmel stemmte. Dem Festbankett danach in einem Hannoveraner Hotel blieben die Spieler von Hertha BSC, weil sie sich vom Schiedsrichter benachteiligt fühlten, aus Protest fern.

Mit meiner Saisonbilanz konnte ich mehr als zufrieden sein. Ich hatte im DFB-Pokal 14-mal getroffen, eine Marke, die bis heute unerreicht ist, und insgesamt 48 Tore in Pokal und Liga erzielt, dazu fünf im UEFA-Cup. Eine solche Bilanz weisen heute Spieler wie Cristiano Ronaldo oder Robert Lewandowski auf. Damals wurde dies medial aber gar nicht so ausgeschlachtet. Doch das sollte noch nicht alles gewesen sein.

Mein legendäres Sechs-Tore-Spiel

Was niemand für möglich hielt: Der inzwischen 35-jährige Hannes Löhr tauchte auch im Sommer 1977 erneut in unserer Kabine auf. Weisweiler hatte Löhr darum gebeten. Sein Vertrag war monatlich kündbar, danach war ihm sein Platz in der Trainerriege des FC sicher. Es war das Jahr eins nach Overath. Flohe wurde von uns zum neuen Kapitän gewählt, was auch Weisweiler für gut befand. Wir respektierten Flocke, der zu jedem Spieler in der Mannschaft einen guten persönlichen Draht hatte. Ich saß erstmals im Spielerrat, dabei war ich erst 23 Jahre alt. Spektakuläre Neuzugänge gab es keine. Gerry Ehrmann kam als junger Nachwuchskeeper vom TSV Tauberbischofsheim und aus der Jugend vom VfB Lübeck wurde Holger Willmer, ein flinker Außenstürmer, verpflichtet.

Als Pokalsieger mussten wir noch vor dem Bundesliga-Auftakt eine erste schwere Pokal-Hürde in Offenbach nehmen, gewannen dort aber sehr souverän mit 4:0. Wie fast immer, wenn es gegen meinen Heimatklub ging, traf ich, und das sogar zweimal. Wir waren also für den ersten Spieltag bei Fortuna Düsseldorf gerüstet. Dachten wir zumindest, zumal wir dort durch Willmer nach nur 70 Sekunden das 1 : 0 erzielten. Danach erlebten wir aber einen Einbruch und gingen mit 1:5 unter. Heinz Flohe und Herbert Neumann harmonierten noch nicht so, wie sich Trainer Weisweiler das vorstellte; Overath hatte offensichtlich doch eine Lücke hinterlassen. Der Druck stieg und wir konnten nicht gut damit umgehen. Eine Woche später gegen den VfL Bochum gaben wir erneut eine katastrophale Vorstellung ab. Allein Toni Schumacher und van Gool, der zweimal traf, retteten uns den Sieg. Die Fans pfiffen uns trotz des Sieges gnadenlos aus.

Die Stimmung war im Keller, als wir vier Tage später, am 17. August 1977, in einem Heimspiel den SV Werder Bremen empfingen. Die Hanseaten hatten am zweiten Spieltag Düsseldorf mit 2:1 besiegt und kamen mit Rückenwind nach Köln. Horst-Dieter Höttges, mein spezieller Freund, tönte schon im Vorfeld: „Der Müller macht keine Bude gegen mich." Ich hatte in den ersten beiden Spielen noch kein Tor in der Bundesliga erzielt und wollte es wissen. Als wir ins mit 19 000 Zuschauern besetzte Stadion einliefen und ich meinen Gegenspieler Höttges sah, fiel ich beinahe aus den Latschen: Der Kerl hatte rote Schuhe an! Man trug eigentlich immer Schwarz, die großen Sportartikelhersteller hatten kaum farbige Schuhe im Sortiment. Ein solche modische Extravaganz passte gar nicht zu dem bodenständigen hanseatischen Abwehrspieler. Wollte er mich damit etwa irritieren?

Das Spiel fing an und als 32 Minuten rum waren, hatte ich bereits dreimal getroffen. Die ersten beiden Tore erzielte ich nach Ecken, zweimal hatte Neumann den Ball in den Strafraum geschlenzt. Einmal traf ich nach einer Kopfballablage von Gerd Strack, das zweite Mal direkt per Kopf. Beim dritten Tor war es wieder Löhr, der eine Flanke in den Strafraum brachte, wo ich zum zweiten Mal per Kopf erfolgreich war. Ich hatte bereits häufiger drei oder sogar vier Tore in einem Spiel erzielt und dachte: Na ja, heute läuft es ja wieder mal ganz gut.

Die zweite Halbzeit fing so an: Freistoß Konopka, ich sprang höher als die Bremer und traf erneut per Kopf zum 4:1. Dieter Burdenski im Tor der Bremer verzweifelte langsam. Nach einem weiteren Eckball von Flohe traf ich mit einem Kopfball zum 5:1. Doch damit nicht genug: Nachdem Flohe in der 85. Minute das 6:2 erzielt hatte, eroberten wir direkt nach dem Anstoß der Bremer den Ball, kombinierten uns mit Neumann und van Gool nach vorne, und aus wenigen Metern konnte ich den Ball an Burdenski vorbei zum 7 : 2-Endstand einschieben. Der Kommentar von Höttges nach dem Spiel: „Dieter hat zwar sechs Tore gemacht, aber bei den Standards war er nicht mein Mann …"

Fünf meiner Tore hatte ich nach Standardsituationen erzielt – das wurde in dieser Saison zu unserer großen Stärke. Es zahlte sich aus, dass Weisweiler mit uns bis zum Erbrechen Ecken und Freistöße trainierte. Vor allem die Ecken hatten es in sich: Weisweiler wollte nicht, dass wir die Ecken hoch und weit vom Tor wegschlugen, sondern er wollte sie zum Tor geschlagen haben, was eine absolute Neuerung war. Dafür positionierte er zwei große Spieler am Fünf-Meter-Eck, um beim Gegner für Verwirrung zu sorgen. Flohe schlug die Ecken mit seinem linken Fuß von rechts auf den kurzen Pfosten, und von der anderen Seite war es Neumann mit dem rechten Fuß. Mit dieser Variante waren wir in der Saison 77/78 extrem erfolgreich.

Ich schwebte auf Wolke sieben, als ich vom Platz ging. Sechs Tore, das war mir noch nie gelungen. Als ich nach dem Spiel ins Geißbockheim kam, wurde ich mit Jubel empfangen und trank ein, zwei Kölsch mehr als sonst nach einem Spiel. Da war mir aber eigentlich noch gar nicht klar, was soeben passiert war. Erst am nächsten Tag realisierte ich, dass meine sechs Tore ein absoluter Rekord waren. Leider waren an diesem Tag keine TV-Kameras im Stadion, sodass es keine Bewegtbilder davon gibt. Damals schickte das Fernsehen nicht zu jeder Partie ein Kamerateam, Dass ein Spieler in einer Partie fünf Tore schießt, hatte es bis dahin bereits mehr als ein Dutzend Mal gegeben. Jetzt war zum ersten Mal die Sechs-Tore-Marke geknackt worden – bis heute ist das keinem Stürmer mehr gelungen.

Natürlich bin ich stolz auf diesen Rekord und hoffe, dass der noch eine Weile hält. Als 2018 Luka Jovic für Eintracht Frankfurt gegen Fortuna Düsseldorf fünf Tore erzielte, saß ich zufällig im Stadion und wartete darauf, dass dem Serben noch ein sechster Treffer gelang. Es sollte nicht sein, aber ehrlich gesagt war ich darüber ziemlich erleichtert. Wenn man so einen Rekord 41 Jahre lang hält, dann hat man sich daran gewöhnt und gibt ihn nicht gerne her. Das konnte auch Manager Thielen nachempfinden, der zur Riege der Fünf-Tore-Spieler gehörte, die bis zu jenem Abend den Rekord gehalten hatten. Nach dem Spiel ging er zu Weisweiler und scherzte: „Mensch, den Dieter hättest du doch nach dem fünften Tor rausnehmen müssen!"

Ein Sieg nach dem anderen – und Belmondo

Der Kantersieg gab uns einen Schub. Im nächsten Spiel überrollten wir die Bayern im Olympiastadion. Beim 3:0 hatten Uli Hoeneß, Karl-Heinz Rummenigge, Gerd Müller & Co. keine Chance. Es schien, als hätten wir endgültig die Kurve gekriegt, als wir in Köln vor 55 000 Zuschauern Braunschweig mit 6:0 abfertigten. Doch es folgte der Monat September, wir verloren drei Bundesligaspiele in Folge und flogen gegen den FC Porto aus dem Europacup. Der Verein erwog zeitweise ernsthaft, sich von Weisweiler zu trennen. Die kritischen Fans hatten selbst beim 6:0 gegen Braunschweig gepfiffen, weil wir vier von sechs Toren nach Standards erzielt und fußballerisch kaum geglänzt hatten. Von Weisweiler erwarteten sie Angriffsfußball, wie er ihn in seiner Gladbacher Zeit gezeigt hatte. Weisweiler argumentierte gegenüber Thielen, für einen solchen Stil habe er nicht die richtigen Spieler. Er baue auf die Kopfballstärke von Cullmann, Strack, Neumann, van Gool, Zimmermann, Gerber und mir.

Am Ende war es der richtige Weg, auch wenn er nicht immer allen gefiel, denn es waren letztlich die Standards, die uns zum Deutschen Meister machten.

Ein Meilenstein auf dem Weg zum Titelgewinn war das Spiel am 1. Oktober bei Borussia Mönchengladbach, wo Köln in zwölf Jahren nur ein einziges Mal gewonnen hatte. In der Woche zuvor rief unser Trainer den Spielerrat zusammen, bestehend aus Kapitän Flohe, Cullmann, Zimmermann und mir. Das hatte er noch nie getan, aber an diesem Tag fragte er uns, ob wir etwas anders machen würden. Wir sprachen uns für den Einsatz von Dieter Prestin aus, der im Training immer Topleistungen brachte, aber noch nie in der Startelf gestanden hatte. Wir glaubten, dass er uns mit seiner Geschwindigkeit guttun würde. Weisweiler befolgte unseren Rat, wenn auch nur dieses eine Mal.

An seiner alten Wirkungsstätte wurde Weisweiler mit „Udo Lattek"-Sprechchören empfangen und der amtierende Meister brannte darauf, uns, wie so oft, zu demütigen. Dieter Prestin begann auf der rechten Angriffsseite. Er lief die 100 Meter unter elf Sekunden. Sein Gegenspieler Hans Klinkhammer konnte da nicht mithalten. Gladbachs Trainer Lattek stellte um, positionierte Vogts gegen Prestin, doch Dieter war an diesem Tag einfach nicht zu stoppen und schoss zwei Tore. Wie gut, dass wir darüber gesprochen hatten … Wir trafen auch am Bökelberg zweimal nach Standards und gewannen 5:2, ich erzielte das fünfte Tor mit einem abgefälschten Schuss. Dieses Spiel bedeutete die Wende für uns. Wir waren wieder Vierter, drei Punkte hinter Spitzenreiter Schalke.

Drei Tage später fuhr ich auf Einladung der französischen Fachzeitung *France Football* nach Paris. Im Namen der UEFA wurden im Prinzenparkstadion die besten Torjäger der vorherigen Saison geehrt. Mit meinen 34 Bundesligatoren belegte ich den dritten Rang und erhielt den Bronzenen Schuh, überreicht von Jean-Paul Belmondo, einem meiner großen Filmidole. Zweiter mit 36 Toren wurde ein gewisser Bela Varady, der bei Vasas Budapest spielte. Der erfolgreichste Angreifer der Saison hieß Dudu Georgescu, er hatte sage und schreibe 47 Tore für Dinamo Bukarest erzielt.

An meiner Seite war damals nicht Henny, meine Freundin, sondern ein Mann namens Fischermanns. Hans war ein Großindustrieller und leidenschaftlicher Fan des FC. Wir hatten uns schnell sehr eng angefreundet und Fischermanns wurde zu einem der wichtigsten Menschen in meiner Kölner Zeit. Er hatte die größte Fettschmelze Europas in Duisburg und gehörte zu den einflussreichsten Gönnern und Sponsoren des FC. Er unterstützte mich – mit seinem Rat und seinem Geld. Er mochte mich sehr und steckte mir immer mal wieder Geld zu. Mal waren das 20 000 Mark, mal 10 000, in bar, ohne Umschlag. Ich besuchte ihn oft in Nettetal, wo er ein größeres Anwesen besaß. Hans war immer da, um mir zu helfen. Es war das Mindeste, dass ich ihn damals mit nach Paris einlud.

Unterdessen hatte der FC einen neuen Spieler verpflichtet. Yasuhiko Okudera war der erste Japaner in der Bundesliga. „Oku" war eine echte Bereicherung für die Mannschaft, wenn auch sein Debüt in Duisburg beinahe in die Hose ging. Bereits nach 30 Sekunden foulte er seinen Gegenspieler im Strafraum und verursachte einen Elfmeter, den Schumacher zum Glück hielt. Wir gewannen 2:1 durch Tore von Zimmermann und mir, standen in der Tabelle auf Platz zwei. Am 29. Oktober kam es noch besser: Nach einem 6:2 gegen 1860 München und einem 2:2 von Tabellenführer Schalke gegen den HSV kletterten wir auf Rang eins. So allmählich brach in Köln eine riesige Euphorie aus. Und auch wir hatten immer mehr Spaß. Vor dem Spiel gegen den Tabellenzweiten Kaiserslautern zeigte Weisweiler mir zur Motivation TV-Bilder meiner Tore im Pokalfinale gegen Hertha – für mich eine ganz neue Erfahrung. Am Freitagabend saßen wir im Bus, um in unser Hotel in Bergisch-Gladbach zu fahren, wo wir vor Heimspielen übernachteten, als Bernd Cullmann vor versammelter Mannschaft anfing, Weisweiler zu parodieren. „Culli" machte das so treffend, dass einem vor Lachen die Tränen kamen. Er fasste an einer imaginären Brille, hinkte ein wenig und verstellte seine Stimme. Auf einmal wurde es schlagartig still. Culli hatte nicht bemerkt, dass Weisweiler mittlerweile eingestiegen war. „Herr Cullmann, heute Abend sehen wir uns in meinem Zimmer." Cullmann durfte nicht spielen. Weisweiler hatte da keinen Humor.

Auch ohne Cullmann zerlegten wir die Pfälzer mit 4:1.

Titelkampf und Pokalfinale

Im Pokal standen wir mittlerweile nach ungefährdeten Siegen gegen Bad Kreuznach, den FSV Frankfurt und den Karlsruher SC im Viertelfinale und trafen am 20. Dezember auf Zweitligist Schwarz-Weiß Essen. Lediglich 3000 Zuschauer verloren sich im Müngersdorfer Stadion, ein trauriges Bild. Aber wir gaben Vollgas und gewannen 9:0, auch weil ich viermal traf. Wir standen im Halbfinale und überwinterten in der Bundesliga auf Rang eins – es lief fantastisch. Auch ich persönlich konnte mit dem Jahr 1977 erneut sehr zufrieden sein. Bei der Wahl zum „Kölner Sportler des Jahres" durch den Kölner *Express* landete ich auf Rang zwei hinter Heinz Flohe und vor Eishockeystar Erich Kühnhackl, dem Kapitän der Kölner „Haie"; dazu setzte mich der *kicker* in seiner Rangliste ebenfalls auf Rang zwei, hinter Klaus Fischer, aber vor Gerd Müller. Damit konnte ich sehr gut leben.

Im neuen Jahr fanden Vertragsgespräche zwischen mir und Karl-Heinz Thielen statt, denn mein Vertrag lief ja im Sommer aus. Juventus hatte ein Jahr vorher angefragt, doch in Italien herrschte eine Ausländersperre – man spekulierte allerdings darauf, dass sie nach der WM 1978 fallen würde. Thielen riet mir ab: „Dieter, was willst du in Italien? Dort müsstest du eine neue Sprache lernen, dich in ein völlig neues Umfeld einfinden." Auch Eintracht Frankfurt und der Hamburger SV hatten sich gemeldet. Aber mir ging es ja gut in Köln. Ich spielte immer und machte meine Tore. Knackpunkt war wie immer die Vergütung. Der Verein wollte mein bisheriges Jahresgehalt von 250 000 Mark nicht aufstocken, trotz meiner zwei herausragenden Jahre. Ich verlangte 400 000 Mark. Angesichts dieser Diskrepanz nahm Thielen Horst Hrubesch als meinen potenziellen Nachfolger ins Visier. Am Ende einigten wir uns. Ich unterschrieb im Februar einen Drei-Jahres-Vertrag bis 1981 über 350 000 Mark jährlich, 100 000 davon zahlte mein Freund Fischermanns, der mich unbedingt im Verein sehen wollte. So waren am Ende alle zufrieden.

Im DFB-Pokal stieg unterdessen das Halbfinale gegen Werder Bremen zu Hause in Köln. Fünf Monate zuvor hatte ich die Bremer noch aus dem Müngersdorfer Stadion geschossen, aber diesmal war alles zäher. Nur 16 000 Zuschauer wollten uns beim Kampf um den Finaleinzug unterstützen. Gerd Strack köpfte das einzige Tor des Abends, natürlich nach einem Eckball. Es war ein gruseliges Spiel, aber am Ende hatten wir erneut den Finaleinzug geschafft.

In der Bundesliga waren wir weiter Erster und mussten am 28. Spieltag zum Vierten Hertha BSC. Die Berliner, trainiert von Kuno Klötzer, lagen vier Punkte zurück und hätten mit einem Sieg noch mal in den Titelkampf eingreifen können.

80 000 Zuschauer füllten das Olympiastadion. Die Berliner hatten die Schlappe im Pokal nicht vergessen und machten richtig Alarm. Wir erreichten ein 1:1 (Tor durch Cullmann). Gladbach war auf einen Punkt an uns herangekommen. Am 31. Spieltag passierte es dann: Wir verloren zu Hause 0:1 gegen Frankfurt, weil mal wieder Bernd Hölzenbein gegen uns getroffen hatte. Wir waren nun punktgleich mit Mönchengladbach. Und spielten als Nächstes ausgerechnet auf dem Betzenberg gegen den 1. FC Kaiserslautern, wo Köln seit Gründung der Bundesliga nur einmal gewonnen hatte. Wir mussten aber gewinnen. Für mich als Stürmer gab es dankbarere Aufgaben, als gegen zwei so beinharte Abwehrspezialisten wie Hans-Peter Briegel und Hans-Günter Neues anzutreten. Aber ich traf zum 1:0, dann erhöhte Okudera auf 2:0. Gerade im letzten Drittel der Meisterschaft wurde der japanische Angreifer immer wichtiger für uns. Er konzentrierte sich nicht nur auf seine Offensivaufgaben, sondern half immer wieder hinten aus. Da Gladbach parallel 2:1 gegen Schalke gewonnen hatte, blieben wir punktgleich an der Spitze. Von unseren Verfolgern trennte uns nur noch eine Differenz von 13 Toren, bei zwei offenen Spielen.

Zunächst stand am 15. April in Gelsenkirchen das Pokalfinale gegen den Lokalrivalen aus Düsseldorf an – für einen Sieg gab es 10 000 DM Prämie. Das Schalker Parkstadion platzte aus allen Nähten. Die beiden rot-weißen Fanlager hielten sich die Waage, aus beiden Städten waren etwa 25 000 Fans da. Wir hatten vor der Pause die etwas besseren Chancen, ich scheiterte zweimal. Doch nach der Pause wurde die Fortuna, angetrieben von Klaus Allofs, Flemming Lund und Egon Köhnen, immer stärker. Wolfgang Seel stand zweimal völlig frei vor dem Tor, scheiterte aber an Schumacher. Wir kamen kaum noch ins Spiel. Da musste mal wieder ein ruhender Ball her. Konopka schlug einen Freistoß in den Strafraum und Cullmann beförderte den Ball per Kopf zum 1:0 in die Maschen. Düsseldorf war konsterniert, hatte zwar durch Dieter Brei die große Chance zum Ausgleich, doch dieser drosch den Ball aus fünf Metern meilenweit über das Tor. Danach wollte Schumacher Okudera fast erwürgen, weil der Brei aus den Augen verloren hatte. Toni konnte schon mal übers Ziel hinausschießen, er war halt extrem ehrgeizig. In der 90. Minute fiel die Entscheidung: Ich leitete einen Konter ein, den van Gool erfolgreich abschloss. Wir hatten mit einem 2:0 den Pokal verteidigt.

Die letzten zwei Spieltage
Der Pokalsieg gab uns Auftrieb für den Countdown im Titelrennen. Zwei Spiele waren noch zu absolvieren: Wir mussten zu Hause gegen Stuttgart ran und danach auswärts bei St. Pauli. Gladbach war beim HSV zu Gast und trat am letzten Spieltag zu Hause gegen Dortmund an. 60 000 Zuschauer füllten am vorletzten Spieltag gegen Stuttgart das Müngersdorfer Stadion bis auf den letzten Platz. Es herrschte Gänsehautatmosphäre. Die ganze Stadt wollte diesen Titel. In den ersten 15 Minuten versiebten wir drei dicke Chancen. Dann traf Flocke zum 1:0. So stand es auch noch nach einer Stunde. Da Gladbach gleichzeitig 1:2 in Hamburg zurücklag, hatten wir die Meisterschaft zu diesem Zeitpunkt so gut wie in der Tasche. Allerdings wusste das keiner auf der Bank, denn Weisweiler hatte sich entschieden, keine Zwischenergebnisse rauszulassen. Aber die Fans auf den Rängen bekamen natürlich mit, was sich in Hamburg abspielte. Dort drehten die Borussen die Partie tatsächlich noch und gewannen am Ende sogar mit 6:2. Gladbach war damit weiterhin punktgleich mit uns. Da traf aus dem Nichts ein gewisser Ottmar Hitzfeld für Stuttgart zum 1:1 – und es herrschte Totenstille im Stadion. Noch knapp 14 Minuten blieben uns jetzt, um das Spiel zu gewinnen. Stuttgart igelte sich hinten ein, da fasste Okudera sich ein Herz und traf mit einem herrlichen Fernschuss zum 2:1. Das Stadion bebte und wir begruben Oku unter uns. In Hamburg hatten die Gladbacher bereits ihren Ein-Punkte-Vorsprung gefeiert.

Das Titelfinale stieg am 29. April. Wir hatten das bessere Torverhältnis und standen vorne. Wenn wir gegen St. Pauli gewannen, war uns der Titel nicht mehr zu nehmen. Doch auch wenn die Hamburger Tabellenletzter und bereits abgestiegen waren – am Millerntor zu spielen, war nie einfach. Manager Thielen rief beim FC St. Pauli an und informierte den Verein, dass Massen von Kölner Fans planten, nach Hamburg zu reisen. Was man da machen könne, das Millerntor-Stadion sei ja nur begrenzt groß und schließlich gehe es auch um Einnahmen für die Hamburger.

„Wie viele Karten würdet ihr denn kaufen?", kam die Frage.

„25 000", antwortete Thielen.

Die Spielverlegung ins große Volksparkstadion war damit besiegelt. Thielen hatte allerdings gebluftt, am Spieltag fand sich lediglich die Hälfte der Kölner Fans im Volksparkstadion ein. Thielen blieb auf den übrigen Karten sitzen, aber Hauptsache, wir spielten nicht am Millerntor.

Auch die Gladbacher zogen wegen Bauarbeiten am Bökelberg um und spielten im Düsseldorfer Rheinstadion. Als Flohe und ich vor dem Spiel in Hamburg raus auf den Platz wollten, um den verregneten Platz zu inspizieren, sahen wir Walter Frosch, Spieler bei St. Pauli. Er stand in der Nähe des Ausgangs und rauchte eine Zigarette. Da sagte ich zu Flocke: „Also, wenn wir das nicht gewinnen, dann hänge ich meine Schuhe an den Nagel." Die Hamburger standen abgeschlagen auf dem letzten Tabellenplatz und waren schon längst abgestiegen. Was sollte da noch passieren? Wir zeigten an diesem Tag wahrlich keinen meisterlichen Fußball, ganz im Gegensatz zu den Gladbachern, die zur Halbzeit mit 6:0 führten. Bei uns stand es dagegen glücklich 1:0 durch Flohe. Weisweiler ging uns hart an: „So wird es nicht langen, ihr müsst alle eine Schippe drauflegen, sonst sind wir die Deppen der Nation." Wir gingen raus auf den Platz und erzählten den Hamburgern, wie sich die Dortmunder abschlachten ließen. Die St. Paulianer regten sich auf:

„Wir sind abgestiegen und geben alles und die lassen sich hängen, ja leckt uns doch am Arsch." Danach ließ ihr Widerstand spürbar nach. Auch wir erzielten nun ein Tor nach dem anderen und gewannen am Ende 5:0 – Okudera traf zweimal, Cullmann einmal und ein weiteres Mal Flohe. Ein Tor Okuderas wurde zum Tor des Monats April gewählt: Ich hatte mit der Hacke auf Flohe abgelegt, der flankte, und Oku kam wie ein Torpedo durch die Luft herangerauscht und knallte den Ball mit dem Kopf ins Netz.

Nach dem Schlusspfiff lagen wir uns in den Armen. Gladbach hatte gegen Dortmund mit sage und schreibe 12:0 gewonnen. Allein Jupp Heynckes hatte fünfmal getroffen (und an meinem persönlichen Torrekord gekratzt). Uns wurde ganz anders – mit einem 1:0-Sieg wäre unser Zehn-Tore-Vorsprung nämlich dahin gewesen und wir hätten in die Röhre geschaut. Unfassbar, was da in Düsseldorf abgegangen sein musste. Zum ersten Mal in der Geschichte der Bundesliga wurde ein Meister aufgrund des Torverhältnisses gekürt. Wir hatten am Schluss lediglich drei Tore mehr als Gladbach auf dem Konto. Aber es hatte gereicht, und das war das Wichtigste.

Mit der Schale im Gepäck ging es nach dem Spiel zurück ins Hotel Crest, wo wir zu Abend aßen und dann an die Hotelbar gingen. Danach fuhr die komplette Mannschaft in einen Nachtklub nach Hamburg-Pöseldorf. Die roten Krawatten hatten wir da schon um unsere Stirn gebunden. Der Champagner floss in Strömen, ein Teil der Mannschaft fuhr noch nach St. Pauli in die „Ritze", die bekannteste Kneipe Hamburgs. Dort traf man alles, was in der Halbwelt Hamburgs Rang und Namen hatte. „Hanne" Kleine, der Besitzer, empfing den neuen Deutschen Meister standesgemäß. Ich lernte eine wunderbare, rassige, vollbusige Frau kennen. Ihr Name war Domenica. Ich erfuhr, dass sie in Köln geboren und aufgewachsen war. Ihr Exmann hatte sich nach einer Insolvenz das Leben genommen, für sie der Startpunkt des neuen Lebens im Rotlichtmilieu. Die

Begegnung war der Beginn einer kleinen Liebelei. Ich bezahlte ihr später den einen oder anderen Flug nach Köln. Sie war ein Hingucker, wenn sie aus dem Taxi stieg, nur mit einem weißen Nerz bekleidet. Eine umwerfende Frau.

Müde, verkatert, aber glücklich stiegen wir nach zwei Stunden Schlaf am nächsten Morgen in den Flieger nach Köln. Der Empfang am Flughafen und dann in der Innenstadt war gigantisch. Hunderttausende säumten die Straßen. Wir waren nach Schalke und Bayern München der dritte Verein, dem das Double gelungen war. 1978 stand der 1. FC Köln ganz oben in Deutschland. Und ich war, zusammen mit Gerd Müller, zum zweiten Mal hintereinander Torschützenkönig geworden. Ich war Meister, Pokalsieger und durfte bei der WM dabei sein. Mit 25 Jahren hatte ich den Höhepunkt meiner Karriere erreicht.

Abschied aus Köln

In Köln waren die Ansprüche der Fans schon immer hoch gewesen, doch nach unserem Double wuchsen sie in den Himmel. Wenn man es im Sport einmal bis ganz nach oben geschafft hat, ist es extrem schwierig, das Niveau zu halten. Der Ruhm, die Anerkennung und die Bewunderung, die einem entgegenschlägt, sind Gift für den Kopf und damit auch für den Körper. Wir wurden überall als „der Meister" angekündigt, waren die Gejagten; jeder wollte uns schlagen. Wenn du dann nur ein paar Prozent weniger Einsatzbereitschaft und Leidenschaft zeigst, geht der Schuss nach hinten los.

Wir kamen mit unserer neuen Ausgangsposition nicht klar und starteten sehr holprig in die Bundesligasaison. Weisweiler tat, was er konnte, doch er hatte auch Pech, da immer wieder Spieler verletzungs- und krankheitsbedingt ausfielen. Auch ich schleppte einen hartnäckigen Infekt mit mir rum und kam zum Saisonanfang nicht richtig in die Gänge, spielte schlecht und traf keinen Lkw. Am dritten Spieltag in Kaiserslautern brachte Weisweiler an meiner Stelle einen 18-jährigen Jugendnationalspieler, den der Verein für 30 000 Mark von Hertha Zehlendorf gekauft hatte. Er hatte die krummsten Säbelbeine, war aber ein Dribbler vor dem Herrn. Pierre Littbarski war ein wunderbarer Spieler, aber die Degradierung traf mich. Weisweiler versuchte, mich aufzurichten, mir Mut zu machen, aber es half alles nichts: Ich suchte weiter meine Form und traf kaum. In den ersten 16 Pflichtspielen erzielte ich nur zwei Tore, einmal in der Liga gegen den HSV und einmal im Pokal gegen Rot-Weiß Lüdenscheid. Daran hatte ich ganz schön zu knabbern und fiel mental in ein Loch. Ich verstand die Welt nicht mehr: Bälle, die früher ins Tor gingen, wurden von der Linie gekratzt oder gehalten, die gegnerischen Abwehrspieler zerrissen sich gegen mich. Ich fing an zu grübeln, was mich auf dem Platz hemmte und dazu führte, dass ich mir noch mehr Sorgen machte. Ein Teufelskreis. Irgendwann bat ich Weisweiler sogar selbst darum, mich nicht mehr aufzustellen – so weit war es mit mir gekommen. Aus heutiger Sicht wäre ein Sportpsychologe der richtige Ansprechpartner gewesen, um meine Blockade zu lösen. Es lagen ja nur drei Monate zwischen dem Müller, der triumphierte, und dem, der versagte. So schnell kann es im Sport gehen.

Es dauerte nicht lange, da fing auch die Presse an, sich auf mich einzuschießen. Ich hatte seit 1973 in fünf Spielzeiten 113 Bundesligatore erzielt, doch was gestern war, interessiert heute keinen mehr.

Interessante Neuzugänge und Europapokal-Drama

Auch wenn es auf dem Platz gerade nicht lief bei mir – zumindest konnte ich die jungen Spieler etwas unter meine Fittiche nehmen. Ich wusste, wie gut es tat, als Neuling von einem der Arrivierten unterstützt zu werden. Einer unserer Neuzugänge war Bernd Schuster, sehr zurückhaltend, fußballerisch aber ein kleines Genie. Er konnte aus dem Stand unglaubliche Bälle schlagen. Zwar war er nicht der Schnellste, hatte dafür aber eine Technik, die ihn in den Rang eines Spielers wie Flohe hob. Weisweiler setzte Schuster zunächst in der Defensive ein, entweder als Libero oder im defensiven Mittelfeld, wo er große kämpferische Qualitäten zeigte. Bernd verschaffte sich Respekt, aber mit der Zeit wurde klar, wie viel spielerisches Potenzial in ihm steckte – nach und nach wurde er für uns immer wichtiger. Der Klub hatte ihn nach einem zähen Ringen vom FC Augsburg verpflichten können, auch Gladbach hatte um ihn gekämpft. Nach einer der ersten Trainingseinheiten nahm ich Bernd mit ins Haus Töller, eine alteingesessene Kölner Gaststätte. Dort bestellte ich ihm einen Halven Hahn, dieses dunkle Brötchen mit Käse und Zwiebelringen, und wir tranken

Kölsch. Er schaute kurz irritiert, dann trank er in den nächsten zwei Stunden ein Kölsch nach dem anderen. Dabei sprach er vielleicht drei Sätze. Kaum zu glauben, wie introvertiert der Junge damals war.

Die neuen jungen Wilden wie Littbarski, Schuster oder Stephan Engels machten Spaß, wir anderen hatten viel mit uns selbst zu kämpfen. Zum Ende der Hinrunde standen wir auf einem enttäuschenden neunten Platz und es war klar, dass es nichts mit der Titelverteidigung werden würde. Deshalb konzentrierten wir uns auf den Europapokal, wo es uns zumindest punktuell gelang, herausragende Leistungen zu bringen. Nachdem wir den isländischen Klub IA Akranes in der ersten Runde mit einem 4:1 zu Hause und einem 1:1 auswärts aus dem Wettbewerb geworfen hatten, ging es gegen den Bulgarischen Meister Lokomotive Sofia. Nach einem 1:0-Erfolg im Hinspiel schlugen wir die Bulgaren zu Hause klar mit 4:0. Es war eines unserer besten Spiele in der Saison und für mich besonders wichtig, denn ich traf zweimal und legte ein Tor auf. Nach vielen Monaten waren in Müngersdorf von den 17 000 Zuschauern mal wieder „Dieter, Dieter"-Sprechchöre zu hören. Das war Balsam für meine Seele und gab mir Auftrieb. Doch die Rückrunde sollte schwierig bleiben.

Zu Beginn des Jahres 1979 trug ich das erste Mal ein Trikot, das mit dem Namen eines Sponsors bedruckt war. Das Unternehmen hieß Pioneer, kam aus Japan und baute Lautsprecher und Autoradios. In Deutschland hatte Wormatia Worms 1967 als erster Verein in Deutschland für drei Spiele einen Sponsor auf der Brust (den Baumaschinenhersteller Caterpillar). Der DFB verbot das nach drei Partien. Als aber Eintracht Braunschweig 1973 mit „Jägermeister" wieder mit einem Sponsorenlogo auflief, war die Entwicklung nicht mehr aufzuhalten. Es folgten Stuttgart (mit „Frottesana"), der HSV („Campari"), Eintracht Frankfurt („Remington"), der MSV Duisburg („Brian Scott") und Fortuna Düsseldorf („Allkauf"). Die Japaner zahlten dem FC eine Million Mark pro Saison – so viel Kohle hatte bis dahin noch kein Verein für die Brustwerbung bekommen.

Im Europapokalviertelfinale trafen wir auf die Glasgow Rangers. Das Hinspiel fand in Köln statt und ich konnte meinen „Lauf" im Europapokal fortsetzen. In einem großartigen Spiel dominierten wir die Schotten klar, ich traf zum 1:0-Endstand. Die Schotten waren einer der großen Favoriten auf den Titel, hatten zuvor Juventus Turin und den PSV Eindhoven ausgeschaltet. Wir wussten, dass der Ibrox Park in Glasgow brennen würde. Doch zunächst einmal brannte gar nichts, denn ein Schnee-Unwetter sorgte dafür, dass die Partie um einen Tag verlegt werden musste. Als Weisweiler davon erfuhr, setzte er sofort ein Training an. Aber es ging in kein Stadion oder auf einen Fußballplatz, sondern wir trafen uns auf der Wiese vor dem Hotel, um Lockerungsübungen auf Schneeboden zu absolvieren.

Eine solche Härte wie bei der Partie am nächsten Tag hatte ich bis dahin noch nicht erlebt. Die Schotten traten auf alles, was sich bewegte. Strack musste schon nach 20 Minuten ausgewechselt werden. Auch Cullmann, Prestin und Flohe waren angeschlagen. Die Kabine sah nach dem Spiel wie ein Lazarett aus. Die Stimmung unter den 45 000 schottischen Fans war dabei gigantisch, sie feuerten ihre Mannschaft wie besessen an. Von unseren Anhängern waren keine mehr da, die hatte ja alle wieder nach Hause gemusst. Wir wehrten uns trotzdem nach Kräften und konnten mit einem 0:0 in die Pause gehen. Kurz nach der Halbzeit traf ich zum 1:0 und sorgte damit für einen Schock bei den Gastgebern. Kurz vor Schluss verwandelte MacLean noch einen Freistoß direkt, aber es war geschafft: Wir standen im Halbfinale des Europapokals der Landesmeister.

Im Lostopf waren nun noch Malmö FF, Austria Wien und Nottingham Forest. Es kam, wie es kommen musste: Wir erwischten das schwerste Los, den englischen Meister. Nottingham hatte seit dem Aufstieg in die erste Liga 1977 kein Heimspiel mehr verloren. Sie waren als Aufsteiger unter Trainer Brian

Clough Meister geworden, hatten in 21 Heimspielen nur acht Gegentreffer kassiert und waren 42-mal am Stück in der Liga ungeschlagen geblieben. Das Team um Peter Shilton, Tony Woodcock und Martin O'Neill war ein richtig dicker Brocken. Wie schon beim Spiel in Glasgow sollte das Wetter beim Hinspiel am 11. April 1979 im City-Ground-Stadion eine große Rolle spielen. Anders als in Schottland schneite es zwar nicht, aber dafür regnete es ununterbrochen, sodass das Spiel kurz vor der Absage stand. Es fand statt, aber auf einem Feld, das mehr einem Schlammbad ähnelte als einem Rasenplatz. Weisweiler gab uns am Morgen Instruktionen, ja nicht zu defensiv zu spielen, sondern immer den Weg nach vorne zu suchen. Wir sollten überfallartig mit Kontern erfolgreich sein. Bei uns fiel Heinz Flohe wegen einer Verletzung aus, doch wir fanden schnell in die Partie und gingen durch van Gool mit einem Flachschuss aus 17 Metern in der 6. Minute in Führung. John Robertson, Gary Birtles & Co. griffen umso wütender an. Wir reagierten clever. Herbert Neumann fing einen Ball am eigenen Strafraum ab, trieb ihn bis zur Mittellinie, spielte dann auf links auf van Gool, der auf Shilton losrannte, als ginge es um sein Leben; ein Pass nach innen und ich stand allein vor dem leeren Tor und grätschte den Ball hinein: 2:0. Mein fünftes Tor in dieser Europapokalsaison. Waren wir damit durch? Denkste, das hier war England. Nottingham gab sich nicht auf, drückte und kam durch einen Kopfball von Birtles zum 1:2. Der Druck blieb immens hoch, doch wir spielten uns immer wieder frei und hatten durch Konopka, mich und van Gool beste Chancen zum 3:1. Nach der Pause mussten wir den Ausgleich hinnehmen. Der starke Birtles hatte abgelegt und Ian Bowyer traf zum 2:2. Das Stadion explodierte. Nottingham war am Drücker, uns gelang kaum noch etwas. Birtles versetzte Schuster im Strafraum, flankte und Robertson, der Konopka entwischt war, köpfte zum 2:3. Das konnte doch nicht sein. Jetzt drehten wir wieder auf. Zunächst verschoss ich, nach einem feinen Pass von Cullmann, freistehend vor Shilton, der geschickt den Winkel verkürzt hatte, doch dann traf der eingewechselte Okudera mit seinem allerersten Ballkontakt in der 80. Minute mit einem platzierten Schuss aus 18 Metern. Und was passierte, als der Schiedsrichter abpfiff? Das ganze Stadion stand auf und applaudierte uns. Es war spektakulär, das einzige Mal in meiner Karriere, dass ich so etwas erlebt habe. Mit diesem Spiel setzten wir ein internationales Zeichen, das Kölns Ruf in Europa noch lange prägen sollte. Der *kicker* nannte es „die größte und beste Schlacht der Vereinsgeschichte". Die Presse war sich einig: Mit diesem Auswärtsresultat standen wir so gut wie im Finale in München.

Ganz Köln fieberte dem Rückspiel entgegen. Der Verein hätte 80 000 oder 90 000 Karten verkaufen können, das Müngersdorfer Stadion war mit 60 000 Zuschauern bis auf den letzten Platz gefüllt. Flohe war immer noch nicht fit, auch Libero Gerber musste ersetzt werden. Wir hatten beste Chancen zur Führung, doch trafen wir das Tor nicht. Ich hatte eine große Möglichkeit, als ich Gegenspieler Clark mit einer Drehung entwischte und aus acht Metern nur um Zentimeter das Tor von Shilton verfehlte. Kurze Zeit später musste ich wegen eines Muskelfaserrisses ausgewechselt werden. Flohe kam für mich, was keiner so richtig verstand, denn mit Littbarski saß ein echter Stürmer auf der Bank. Mir schwante Böses. Doch noch waren wir mit diesem 0:0 im Finale. Dann hatte Nottingham in der 65. Minute eine Ecke. Der Ball kam auf den kurzen Pfosten, wurde verlängert und in der Mitte traf Ian Bowyer zum 0:1. Ironie des Schicksals: Die Engländer schlugen uns mit unseren eigenen Waffen. Wir waren ja Meister dieser Eckballvariante und hatten uns ausgerechnet im wichtigsten Spiel der Klubgeschichte überrumpeln lassen. Danach stürmten wir wie wild. Okudera wurde eingewechselt, wir belagerten den englischen Strafraum. Am Ende holte Shilton noch einen 30-Meter-Knaller von Konopka aus dem Winkel. Es sollte aber nicht sein: Wir verloren 0:1 und waren draußen. Es war einer meiner größten Tiefpunkte. Wären wir ins Finale gekommen, hätte der deutsche Fußball das Triple feiern können, denn sowohl Düsseldorf (Europapokal der Pokalsieger) als auch Mönchengladbach (UEFA-Cup) schafften es in die beiden anderen europäischen Finals. Deutschland hatte zudem neben Gladbach mit Hertha BSC und Duisburg im Halbfinale des UEFA-Cups zwei weitere Teams gestellt. Der deutsche Fußball dominierte damals in Europa, sollte ein Jahr später ja auch Europameister werden. Aber wir gingen leer aus.

Drei Tage später flogen wir sang- und klanglos gegen Hertha BSC aus dem DFB-Pokal. Ich bestritt in dieser Saison aufgrund meiner Zerrung nur noch eine Partie (am 34. Spieltag). Was ich von der Tribüne aus mitansehen musste, war unterirdisch. Der Tiefpunkt fand beim HSV statt: Wir gingen mit 0:6 unter, vor allem weil Flohe und Neumann vom Platz flogen. Der Klub reagierte harsch und suspendierte beide vom Training. Das Spiel in Hamburg sollte das letzte für Flocke in Köln sein. Er überwarf sich mit Weisweiler und wechselte zur neuen Saison zu 1860 München. Ein Drama, dass wir unseren Kapitän auf diese Weise verloren; auch die Fan-Seele kochte. Ersatz wurde nicht geholt, Schuster und Neumann sollten die entstandene Lücke schließen. Und es war klar, dass sich auch die Wege von Verein und Trainer Weisweiler in absehbarer Zeit trennen würden. Schon im Mai wollte Weisweiler wegen eines Angebotes aus Barcelona seinen Vertrag auflösen, aber der Verein hatte ihn nicht gehen lassen.

Saison 79/80 – Tony Woodcock kommt

In der neuen Saison fand ich einigermaßen zu meiner Form zurück. Nach acht Toren in der Liga in der Saison 1978/79 wollte ich wieder auf über 20 kommen. Das gelang mir: Am Ende hatte ich 21 Tore erzielt und kam auf Rang zwei hinter Karl-Heinz Rummenigge. So schlecht war diese Saison für mich also nicht.

An ein Spiel erinnere ich mich besonders gut. Es ging zu Hause mal wieder gegen Borussia Mönchengladbach. Gladbach war für uns damals ja das echte Derby. Heute gehört das Derby gegen Leverkusen sicher zu den emotionsgeladensten Spielen des FC, aber Ende der 70er war Bayer ein kleines Licht, 1979 gerade erst zum ersten Mal aufgestiegen. Gladbach dagegen hatte uns in all den Jahren schmerzliche Niederlagen zugefügt. Kein Jahr, in dem wir in der Bundesliga von denen nicht eins auf die Mütze bekamen. Von Niederlagen im UEFA-Cup-Halbfinale 1975 oder dem verlorenen Pokalendspiel ganz zu schweigen. Es war zum Gruseln. In meinen sechs Heimspielen gegen die Borussia in der Liga, seit ich 1973 nach Köln gewechselt war, hatte ich nicht ein einziges Mal gewonnen. Und in Gladbach hatten wir nur in der Meistersaison jenes grandiose 5:2 erreicht. In zwölf Spielen gab es also nur einen Sieg, dafür vier Remis und sieben Niederlagen! Doch an diesem 20. Oktober 1979 dachte ich zur Pause wirklich: Jetzt haben wir den Bann gebrochen. Wir führten dank der Tore von Schuster, Willmer und Strack mit 3:0. Auf dem Weg in die Kabine konnten wir es uns nicht verkneifen, Ewald Lienen und Christian Kulik ein paar Sprüche reinzudrücken. Doch das Lachen sollte uns vergehen – innerhalb von 13 Minuten zerlegten uns die Borussen nach der Pause und führten auf einmal 4:3. Das hatte ich noch nie erlebt. Zu unserem Glück ließ Wolfgang Kneib einen harmlosen Schuss abprallen und ich konnte noch zum 4:4 abstauben. Wieder war es nichts mit einem Heimsieg gegen die Gladbacher. Erst am 26. September 1981 sollte dem FC wieder ein Erfolg in Müngersdorf gelingen, nach acht Jahren. Ich spielte da schon in Stuttgart.

In der Liga spielten wir gut und mit Tony Woodcock, der im November für 2,5 Millionen Mark von Nottingham Forest gekommen war, hatten wir ein neues Stürmer-Ass – seine Verpflichtung war sicher auch eine Reaktion auf meine durchwachsenen Saison 1978/79. Die kritischen Stimmen waren lauter geworden, sowohl in der Presse als auch bei den Fans hieß es immer öfter: „Der Müller bringt es nicht mehr". Dabei stand ich, als der Engländer im November kam, immerhin mit elf Toren auf Rang eins der Torjägerliste. Trotzdem wurde ich niedergemacht. Und zunehmend wurden auch Dinge behauptet, die gar nicht zutrafen: dass ich wegwolle, dass ich nicht fit sei, dass Weisweiler mich nicht mehr wolle. Die Kölner hätten es gerne gesehen, dass ich den Verein verlasse, um den Woodcock-Transfer zu finanzieren. Ein Angebot von Braunschweig schlug ich jedoch aus.

Der englische Nationalspieler sorgte für einen riesigen Wirbel. 5000 Schaulustige kamen zum ersten Training, 25 englische Journalisten zum ersten Spiel. Wer nun dachte, dass wir beide Probleme miteinander haben würden, der sah sich getäuscht – wir verstanden uns super. Von wegen Neid oder Konkurrenzverhalten. Ich bemühte mich stets, den Neuzugängen den Start zu erleichtern, vor allem wenn sie aus einem anderen Land kamen wie Topalovic, Okudera oder van Gool. Und so kümmerte ich mich auch um Tony. Er war nicht nur ein athletischer, trickreicher und abschlusssicherer Stürmer, sondern auch ein sehr netter, lustiger und liebenswerter Mensch. Ich lud ihn relativ schnell in mein neues Haus ein, das ich inzwischen in Müngersdorf gebaut hatte. Wir freundeten uns an und er war ein Jahr später auch mein Trauzeuge, als ich Henny heiratete. Tony tat uns mit seiner Schnelligkeit, seinem Humor und seiner guten Laune gut.

Weisweiler geht, Heddergott kommt

Was sich bereits abgezeichnet hatte, trat im Februar 1980 ein: Weisweiler gab seinen Abschied zum Saisonende bekannt und unterschrieb einen Vertrag bei Cosmos New York. Als Nachfolger wurde der DFB-Ausbildungsleiter Karl-Heinz Heddergott verpflichtet, ein Mann, der noch nie in der Bundesliga gearbeitet hatte. Trotz des drohenden Abschiedes von Hennes spielten wir vorne mit. Erst nach einem 2:4 zu Hause gegen Spitzenreiter Bayern München waren alle Hoffnungen auf die Meisterschaft dahin. Die im Hintergrund schwelenden Querelen zwischen Präsident Weiand und Manager Thielen auf der einen Seite und Weisweiler auf der anderen nahmen zu. Der Klub zog schließlich die Reißleine und bot Weisweiler an, seinen Vertrag vorzeitig aufzulösen. Dadurch stieg Heddergott drei Monate vor seinem eigentlich geplanten Amtsantritt ein.

Das erste Training unter dem neuen Trainer werde ich nie vergessen. Heddergott war ein Top-Theoretiker, seine Übungen hatten wirklich Hand und Fuß, aber seine Ansprache wirkte immer ein wenig hölzern. Das erste Trainingsspiel unterbrach er ungefähr 35-mal, um uns auf dieses oder jenes hinzuweisen. Das nervte kolossal. Als das Training zu Ende war, bat er uns einen Kreis zu bilden: „Danke für das Training, wir sehen uns morgen wieder, darauf ein dreifaches Hipphipphurra …" Cullmann schaute mich grinsend an und sagte: „Wenn der drei Monate bleibt, dann fresse ich einen Besen." Mit seiner Art konnte Heddergott vielleicht Schüler oder Studenten trainieren, aber keine gestandenen Profis. Wir verloren das erste Spiel unter ihm gegen den Tabellensechzehnten Duisburg. Als Heddergott danach meinte, das habe daran gelegen, dass es einigen Spielern an Kraft fehle, war vor allem Rolf Herings bedient, wir Spieler sowieso. Wir verloren zwei der drei nächsten Spiele und die Stimmung im Team war im Keller.

Ich blieb fünf Spiele ohne Tor und die Kritik in Köln an mir nahm groteske Züge an – als ob ich allein schuld an der Misere war. Beim Pokalhalbfinale auf Schalke, das wir 2:0 gewannen, nahm mich Heddergott zur Pause vom Feld und kritisierte mich öffentlich. Gegen Bochum eine Woche später saß ich von Beginn an auf der Bank, doch nach dem blamablen 0:2 redeten die Journalisten trotzdem nur über mich.

Bei anderen Bundesligaklubs war ich dennoch ein Thema: Der 1. FC Nürnberg meldete Interesse an und auch Bayern München erkundigte sich, ob ein Wechsel vorstellbar wäre.

Zunächst spielten wir aber erneut im Pokalfinale gegen Fortuna Düsseldorf. So wie schon 1978 fand die Partie in Gelsenkirchen statt. Das Spiel war höchst intensiv. Fortuna hatte mit den Allofs-Brüdern, Rüdiger Wenzel, Rudi Bommer, Wolfgang Seel und Gerd Zewe eine Topmannschaft. Ich spielte von Beginn an, zusammen mit Woodcock und Littbarski im Sturm. Wir gingen durch Cullmann in Führung, doch nach der Pause drehten Wenzel und Thomas Allofs innerhalb von sechs Minuten das Spiel. Die Düsseldorfer nahmen Revanche für das verlorene Pokalfinale vor zwei Jahren und verteidigten den Cup, den sie schon 1979 gegen Hertha BSC gewonnen hatten. Wir standen mit leeren Händen da. Immerhin qualifizierten wir uns wieder für den UEFA-Cup.

Saison 1980/81 – Heddergott geht, Rinus Michels kommt
Zur neuen Saison bekamen wir mit Rainer Bonhof und René Botteron großartige Spieler dazu. Der Schweizer, ein feiner Fußballer, wurde für die linke Seite geholt, hatte aber keinen linken Fuß. Seine Spezialität waren Flanken per rechten Außenrist. Weiß der Geier, wie er das hinkriegte. Damit verblüffte er einen immer wieder. Wir hatten eine richtig starke Mannschaft, denn gerade die jungen Spieler wie Willmer, Schuster, Littbarski oder Engels hatten weiter an Erfahrung gewonnen. Von der Qualität her mussten wir uns also vor niemandem verstecken. Heddergott hatte aber kein Händchen und verscherzte es sich mit allen und jedem. Erst servierte er Neumann ab, dann brachte er Konopka gegen sich auf, indem er ihn öfters auf die Bank setzte. Seine Sitzungen konnten gefühlt Stunden dauern. Spieler steckten der Presse, das Training sei insgesamt zu lasch, die viele Theorie sei nicht zielführend und gehe auf die Nerven. Einmal nahm ich einen Kassettenrecorder mit in die Sitzung,

um sie aufzunehmen. Ich dachte mir dabei gar nichts, aber wehe, einem Journalisten oder Vereinsvertreter wäre das Tondokument in die Hände gefallen.

Am dritten Spieltag warf Heddergott nach einem 0:3 in Stuttgart Littbarski aus dem Team. Im folgenden Heimspiel gegen den HSV rief das ganze Stadion den Namen des Stürmers, doch Heddergott brachte Nachwuchsmann Kerscher statt des Publikumslieblings. Auch mit Schuster überwarf er sich. „Der Rotzlöffel ist für mich gestorben", wurde Heddergott zitiert. Schuster hatte den Trainer als „Flasche" bezeichnet. Er wurde suspendiert und wechselte kurze Zeit später nach Barcelona, Neumann unterschrieb in Udine. Ein herber Schlag für uns. Wenige Wochen später hatte der Verein ein Einsehen und beurlaubte Heddergott nach sechs Monaten – endlich.

Sein Nachfolger Rinus Michels war kein Unbekannter im Weltfußball. Der Holländer hatte mit Barcelona die spanische Meisterschaft gewonnen und war während der WM 1974 der Nationaltrainer der Niederlande gewesen. Michels Spitzname war „General". Er brachte eine Härte ins Training, die für uns alle gewöhnungsbedürftig war. Es war manchmal schon brutal, wie wir rennen mussten. Vor allem nach Auftritten, die ihm nicht passten, ließ er uns leiden. Spieler wie Littbarski oder Bonhof hatten große Probleme mit seiner Art. Michels dachte sehr defensiv, wollte immer aus einer starken Defensive nach vorne spielen. Für mich als Stürmer hieß das, enorm viele Laufwege zu absolvieren, was mir nicht unbedingt großen Spaß machte. Trotzdem mochte ich Michels. Den Hass, den manche meiner Mitspieler auf ihn entwickelten, konnte ich zwar nachvollziehen, aber ich fand ihn trotz aller Härte menschlich in Ordnung. Das sahen fast alle anderen nicht so.

Unsere erste große Herausforderung mit dem neuen Trainer stand im UEFA-Cup an, wo wir auf den großen FC Barcelona trafen. Wir verloren das Hinspiel in Köln mit 0:1 und schafften 14 Tage später in Spanien eine kleine Sensation: Im

Nou Camp gewannen wir 4:0. Strack, Engels, Littbarski und ich schossen die Spanier um Hans Krankl, Allan Simonsen und Quini ab. Nach weiteren Siegen gegen Stuttgart und Standard Lüttich standen wir im Halbfinale gegen Ipswich Town, damals die beste Mannschaft Englands. Wir schafften beim englischen Tabellenführer ein 0:1, verloren dann aber zu Hause ebenfalls mit 0:1 unglücklich, und wie schon Tottenham 1974, Queens Park Rangers 1977 und Nottingham 1979 bedeutete erneut ein englisches Team die Endstation für uns.

In Liga und Pokal verlief die Saison weniger gut. Beim Zweitligisten Freiburg flogen wir aus dem Pokal und in der Liga landeten wir am Ende auf Rang neun. Für mich begann eine neue Leidenszeit, denn zwischen dem 10. Oktober 1980 und dem 31. Januar 1981 traf ich nicht einmal ins Tor. Die Kritik war heftig. Eine Lokalzeitung titulierte mich als „Bierfass". Das war hart. Ich hatte wegen des einen oder anderen Kilos zu viel öfter mal eine Strafe zahlen müssen, aber das hatte mich in all den Jahren nicht davon abgehalten, Tore zu erzielen. Jetzt, wo die Tore ausblieben, wurde es schwierig für mich, zumal auch aus der Mannschaft zunehmend kritische Stimmen zu hören waren. Schumacher rüffelte mich zum Beispiel öffentlich, ich würde zu wenig laufen.

Mein Ende in Köln

Im Frühjahr nahm mich Michels zur Seite. Er hatte mitbekommen, dass mein Vertrag auslief, und sagte: „Dieter, suchen Sie sich eine neue Herausforderung. Sie brauchen neue Impulse. Sie haben so viele Tore erzielt, die Erwartungen der Fans können Sie gar nicht mehr erfüllen." Er hatte recht. Als mich Ende Februar der Stuttgarter Trainer Jürgen Sundermann anrief und mir sagte, er brauche mich, weil der VfB Deutscher Meister werden wolle, dachte ich sofort: „Das passt." Der VfB wollte mich und das tat mir gut. Sie hatten ein klasse Team mit Spielern wie den Förster-Brüdern, Hansi Müller, Karl Allgöwer, Hermann

Ohlicher oder Walter Kelsch. Dazu sollte noch Frankreichs Didier Six verpflichtet werden. Die Gespräche mit Sundermann und Präsident Gerhard Mayer-Vorfelder überzeugten mich. Wir einigten uns auf einen Wechsel unter der Voraussetzung, dass Köln bereit wäre, mich für 1,5 Millionen Mark zu verkaufen. Mein Gehalt belief sich auf 350 000 Mark jährlich plus Prämien. Der FC willigte ein.,

Dank der Vermittlung von Präsident Weiand fand schließlich vor meinem Abschied noch eine Versöhnung mit Schumacher statt. Im Geißbockheim gaben wir uns die Hand und versprachen, uns gegenseitig Respekt entgegenzubringen. Toni konnte schon mal aufbrausend sein und hatte eine sehr direkte Art. Damit hatte ich meine Probleme. Deshalb hatte es in unserer gemeinsamen Zeit immer wieder mal zwischen uns gehakt.

Am 13. Juni 1981, war es so weit, ich absolvierte mein letztes Spiel für den FC. Es war der 34. Spieltag und wir spielten bei Schalke 04, die bereits als Absteiger feststanden. Wir gewannen 2:1 und ich erzielte das Siegtor – ein versöhnlicher Abschied. Was man für den Schalker Klaus Fischer leider nicht sagen konnte. Der Nationalstürmer war pikanterweise vom FC als mein Nachfolger auserkoren worden und stand als Neuzugang für die neue Saison fest. Das missfiel den Schalker Fans. Sie pfiffen ihren Stürmerstar so gnadenlos aus, dass er in der Pause in der Kabine blieb und sich die zweite Halbzeit von der Tribüne aus ansah.

Stuttgart Saison 1981/82

Ich hatte keine Zeit, den Kölner Jahren nachzuweinen. Mittlerweile war ich Vater geworden, Alexander hatte im März das Licht der Welt erblickt, für meine kleine Familie musste der Umzug nach Stuttgart organisiert werden.

Das Jahr in Stuttgart lässt sich schnell zusammenfassen: Es war auf allen Ebenen eine Enttäuschung. Die hochgesteckten Erwartungen konnte die Mannschaft nie erfüllen. Durch die teuren

Neuzugänge wie mich und Six geriet das Mannschaftsgefüge durcheinander, die Fans verziehen es nicht, dass Publikumsliebling Ilyas Tüfekci verscherbelt wurde, damit ich freie Bahn hatte. Solche Dinge sorgten für Komplikationen. Der Start in die Saison gegen Fortuna Düsseldorf hätte allerdings kaum besser laufen können: Beim 3:2 erzielte ich das Siegtor. Am selben Abend lud ich einen Vater, der mit seinem blinden Sohn aus Köln zum Spiel gekommen war, zum Essen ein. Der Junge war ein Fan von mir und als ich das hörte, entschloss ich mich spontan dazu.

Highlights im Dress des VfB waren zwei Derbys gegen den Karlsruher SC. Mir war vorher gar nicht so klar gewesen, wie spinnefeind sich die beiden Klubs waren. Einen derartigen Hass hatte ich noch nie erlebt. In Karlsruhe wurde Hansi Müller bei einem Eckball von einem Stein getroffen (der Schiedsrichter ignorierte das, erst nachträglich ermittelte der DFB). Wir gewannen dieses Spiel mit 2:0 und schossen den KSC auch im Rückspiel mit 5:1 aus dem Stadion. Ich erzielte dabei einen lupenreinen Hattrick – das einzige Mal, dass das jemandem bei diesem Derby gelang, bis heute.

Ansonsten war es das mit sportlichen Erfolgen. Im UEFA-Cup flogen wir gegen Split raus, im Pokal war Gladbach früh Endstation und in der Liga standen wir im Winter auf Rang zehn. Die Journalisten übten sich darin, hochzurechnen, wie lange ich kein Tor schoss. Es lief nicht, also mussten Schuldige gefunden werden. Ich war einer von ihnen. Schon im März 1982 erklärte Sundermann, dass er nach der Saison aufhören würde, und Mayer-Vorfelder teilte mir mit, dass er mich ziehen lassen würde, wenn die Ablöse stimme. Mir war klar: Ich will hier weg. Mit Kollegen wie Karl Allgöwer oder Hansi Müller verstand ich mich zwar prima, aber ich wollte eine Veränderung, in jeder Hinsicht. Denn auch privat lief es in diesem Jahr in Stuttgart sehr schlecht, ich dachte an eine Trennung von Henny. Das Einzige, was uns noch verband, war Alexander.

Der Fußball mit all seinen Höhen und Tiefen, der Reiserei, den Fans, die einen anhimmeln, der Kritik, die man verkraften muss – all das kann eine Beziehung belasten, wenn man nicht vernünftig miteinander kommuniziert. Daran gebe ich mir zuallererst die Schuld.

Leben wie Gott in Frankreich

Girondins Bordeaux 1982–85

28. April 1982, Arminia Bielefeld ist zu Gast beim VfB Stuttgart. Der Tabellenachte empfängt den Zwölften, ein stinknormales Bundesligaspiel an einem Mittwochabend.

Was ich nicht wusste: Didier Couecou, der Manager des französischen Klubs Girondins Bordeaux, saß auf der Tribüne, um Bielefelds Angreifer Ewald Lienen zu beobachten. Doch nicht Lienen war es, der dem Bordeaux-Manager an diesem Abend auffiel, sondern ich, der beim 2:3 (durch das unsere Chancen auf einen UEFA-Cup-Platz vier Spieltage vor Saisonende auf den Nullpunkt sanken) beide Tore schoss. Im Nachhinein bin ich geneigt, an Fügung zu glauben. Auf jeden Fall war es einer dieser schicksalhaften Momente, die dem Leben eine neue Wendung geben.

Eine Woche später bekam ich einen Anruf von Ljubomir Barin, einer schillernden Figur: Der Kroate hatte jahrelang im europäischen Filmgeschäft gearbeitet, beherrschte sieben Sprachen und konzentrierte sich Ende der 70er-Jahre auf die Transfers von Fußballspielern. Jahre später war er einer der zentralen Männer in den größten Skandalen des französischen Fußballs rund um Olympique Marseille und Girondins Bordeaux. Mitte der 90er-Jahre wurde er per internationalem Haftbefehl gesucht und verhaftet. In dem anschließenden Prozess räumte er Bestechung und Steuervergehen ein. Unter anderem gestand er, etliche Schiedsrichter in Europapokal- und Meisterschaftsbegegnungen mit „Geschenken" beeinflusst zu haben, darunter auch schon mal Prostituierte, die er aus Paris nach Bordeaux einfliegen ließ. Barin war auch Mitorganisator von schwarzen Kassen, aus denen andere Klubs, vor allem aber Spieler bezahlt wurden. Er wurde dafür zu einer Haftstrafe auf Bewährung verurteilt.

Besagter Barin rief mich also an und berichtete mir in gutem Deutsch vom Interesse von Bordeaux. Ich war Feuer und Flamme für die Idee, nach Frankreich zu wechseln. Meine Eheprobleme und die Querelen in Stuttgart zermürbten mich. Warum nicht ins Ausland wechseln? Bereits 1977 hatte ich mit Juventus geliebäugelt, und nur eine Sperre für ausländische Spieler hatte meinen Wechsel verhindert. Frankreich spielte international keine große Rolle, weder mit der Nationalmannschaft noch mit den Vereinen, doch die Franzosen hatten wunderbare Fußballer, wie ich im August zuvor hatte feststellen können, als wir mit dem VfB in Paris gegen die französische Nationalmannschaft mit 3:1 gewonnen hatten. Spieler wie Alain Giresse oder Jean Tigana, die beide in Bordeaux spielten, waren mir sehr in Erinnerung geblieben. Barin erzählte mir, dass Girondins-Präsident Claude Bez den Klub peu à peu zu einem europäischen Schwergewicht formen wolle und dass mit Gernot Rohr auch ein alter Bekannter von mir dort spiele. Mit Rohr hatte ich Anfang der 70er-Jahre in der Jugendnationalmannschaft das eine oder andere Mal gemeinsam auf dem Platz gestanden.

Lammsteak mit Rotweinsauce

Barin lud mich nach Bordeaux ein, wo ich mir die Stadt und die Bedingungen vor Ort anschauen sollte. Ich hatte nichts zu verlieren und sagte zu. Mitte Mai organisierten wir an zwei trainingsfreien Tagen meinen Besuch im Westen Frankreichs. Barin empfing mich zusammen mit Manager Couecou am Flughafen in Bordeaux. Wir fuhren zum Trainingszentrum Le Haillan. So etwas hatte ich noch nie gesehen: Das Hauptgebäude war ein Schloss, drumherum verloren sich auf einem riesigen Gelände mehrere Rasenplätze. Beeindruckend. Im Schloss befanden sich im Parterre die Geschäftsstelle, ein Restaurant und einige Konferenzräume, im ersten Stock lagen das Büro des Präsidenten Claude Bez sowie die Zimmer für die Spieler. Ich betrat das Büro von Bez und war sofort fasziniert von seiner

Erscheinung – der Mann trug den größten Schnauzer, den ich je gesehen hatte. Das verlieh ihm ein grimmiges Aussehen, aber so grimmig war er gar nicht. Bez hatte Humor, war höfliche und zuvorkommend. Und wie alle „Bordelais" mochte der Geschäftsmann gutes Essen und Wein. Also gingen wir am Mittag erst einmal im Stadtzentrum lecker speisen. Das gefiel mir besonders. Als Vorspeise gab es Gänseleberpastete, danach ein Lammsteak in Rotweinsauce, dazu – natürlich – einen Bordeaux. Köstlich. Danach fuhren wir ins Stadion, dem Stade du Parc Lescure, ausgelegt für etwa 35 000 Menschen. Der Verein hatte für französische Verhältnisse richtig gute Zuschauerzahlen, im Schnitt kamen 20 000 Fans zu den Heimspielen. Hier wollte ich hin! Wir fuhren zurück zum Trainingszentrum und besprachen die Finanzen. Das Angebot passte: Ich sollte 60 000 Francs im Monat bekommen, was ungefähr 20 000 DM entsprach, dazu einmal pro Saison eine Zahlung von 200 000 DM.

Zurück in Stuttgart suchte ich das Gespräch mit Präsident Gerhard Meyer-Vorfelder und erklärte ihm, dass ich den Verein in Richtung Bordeaux verlassen wolle. Mayer-Vorfelder nickte zufrieden, die beiden Klubs einigten sich in Windeseile. Stuttgart war überraschend mit einer Zahlung von 950 000 DM einverstanden. Das war zwar nur etwa die Hälfte der an Köln gezahlten 1,8 Millionen, aber Mayer-Vorfelder war wohl froh, für mich einen Abnehmer gefunden zu haben. Er stellte mich umgehend frei, die letzten beiden Meisterschaftsspiele in Darmstadt und gegen Werder Bremen fanden ohne mich statt. Ich flog nach Frankreich und unterschrieb einen Dreijahresvertrag, erleichtert, das Kapitel Stuttgarter hinter mir lassen zu können. Meine persönliche Bilanz beim VfB: immerhin 14 Tore.

Umzug nach Bordeaux

Im Juni zog ich nach Bordeaux. Allein. Henny und ich hielten eine Trennung für das Beste; sie zog mit unserem gemeinsamen Sohn zurück nach Köln. Es zerbrach mir das Herz, Alexander zurückzulassen, aber was sollte ich machen? Ich wollte einen Neuanfang.

In Bordeaux fand der Verein ein Penthouse für mich, nicht weit vom Stadion entfernt. Als ich nach der Wohnungsübergabe mit den Schlüsseln in der Hand in dem schicken Appartement stand und über die Dächer der Stadt blickte, wurde mir erst richtig bewusst, dass ich mein neues Leben in Bordeaux nun ganz allein aufbauen musste, meinen Sohn nur alle paar Monate sehen konnte. Ich merkte, wie sehr ich doch ein Familienmensch war. Gernot Rohr klagte ich in dieser Zeit mehr als einmal mein Leid. Er wurde mein engster Freund in Frankreich, mit ihm teilte ich in den folgenden drei Jahren das Zimmer, wenn es ins Trainingslager oder zu Auswärtsspielen ging. Der gebürtige Mannheimer war schon fünf Jahre im Verein und hatte die französische Mentalität sehr verinnerlicht. Er blieb in jeder Situation gelassen, verlor nie seinen Humor und zeigte mir von Anfang an, wie man in Frankreich das Leben als Fußballer genießen konnte.

Mit Caspar Memering vom Hamburger SV hatte der Klub einen weiteren Deutschen verpflichtet. „Kappi" war den Franzosen beim Aufeinandertreffen im UEFA-Cup ein Jahr zuvor aufgefallen, als die Hamburger sich mit 1:2 und 2:0 durchsetzen konnten. Dass der Verein mit mir und Memering zwei neue Ausländer unter Vertrag nehmen konnte, war nur möglich, weil Gernot just in diesem Jahr die französische Staatsbürgerschaft angenommen hatte und somit einen der zwei erlaubten Ausländerplätze freimachte. Gernot war glücklich, wieder jemanden für die Skatrunden zu haben.

Der Fall Battiston

Der Auftrag an uns Deutsche war klar: Der spielerisch überragenden Mannschaft ein wenig mehr Zielstrebigkeit und Durchschlagskraft geben. Deutsche Mentalität war gefragt. Bordeaux war in der Saison 1981/1982 Vierter geworden, nun sollte der

Titel her. Die Mannschaft hatte absolut das Zeug dazu: Die Abwehr mit Patrick Battiston, Raymond Domenech, Leo Specht und Marius Trésor war ein Bollwerk, die Nationalspieler René Girard, Tigana und Alain Giresse wirbelten im Mittelfeld und vorne hatte man mit Bernard Lacombe ein echtes Ass.

Doch zunächst einmal hatten die deutschen Spieler im Sommer 1982 mit einer gewissen Feindseligkeit im Lande zu kämpfen. Und daran war mein spezieller Kumpel Toni Schuhmacher nicht ganz unschuldig. Bei der WM 1982 in Spanien (wenige Tage vor dem Trainingsauftakt in Bordeaux) hatte er im Halbfinale gegen Frankreich mit seinem Kung-Fu-Tritt Patrick Battiston schwer verletzt und sich danach zu allem Überfluss relativ emotionslos in den Medien geäußert. In Frankreich fand in den Monaten danach eine richtiggehende Deutschland-Hetze statt. Überall wurden Memering und ich auf das Foul von Toni angesprochen, bei Auswärtsspielen pfiffen die Fans uns bei jedem Ballkontakt gnadenlos aus. Patrick ging damit recht locker um, machte uns gegenüber daraus kein Thema. „Ca arrive", sagte er, „das passiert schon mal." Was ihn ärgerte, war das Verhalten Schuhmachers danach. 1991 sprachen sie sich auf meine Initiative hin aus und spielten noch mal gegeneinander. Es ging um ein Jubiläumsspiel in Bordeaux. Battiston rief mich an, um zu fragen, ob ich ein paar ehemalige deutsche Stars einladen könnte. Ich telefonierte mit Karl Allgöwer, Felix Magath und Hansi Müller und fragte Battiston, ob er was dagegen hätte, wenn auch Schuhmacher kommen würde. Er war einverstanden und so standen sie zum ersten Mal nach 1982 wieder gemeinsam auf einem Platz.

Aimé Jacquet
Ich fühlte mich in Bordeaux von Beginn an wie ein Fisch im Wasser. Der nahe Atlantik mit dem Bassin d'Arcachon, das traumhafte Wetter, die hübsche Altstadt an der Garonne boten ein tolles Umfeld. Dazu diese entspannte Atmosphäre: Das Leben

war entschleunigter, man genoss das Essen, die guten Weine und saß stundenlang mit den Kollegen zusammen. „Doucement", gemach, war eines der ersten Wörter, die ich auf Französisch lernte.

Auch innerhalb der Mannschaft herrschte eine ganz andere Stimmung als in Deutschland. Während in Köln oder Stuttgart kaum einer beim Frühstück hochschaute, wenn man „Guten Morgen" sagte, gaben wir uns in Bordeaux jeden Tag die Hand und schauten uns dabei in die Augen. Wir unternahmen mit der Mannschaft gemeinsame Bootsausflüge, gingen häufig gemeinsam essen oder auch mal Bowling spielen. Daran hatte Trainer Aimé Jacquet einen großen Anteil, für ihn war Teamgeist sehr wichtig. Jacquet war im Jahr zuvor aus Lyon gekommen. Er war gerade mal 40 Jahre alt und hatte schon damals große Ambitionen (1998 führte er die französische Nationalmannschaft zum Weltmeistertitel); sein Training war knüppelhart. Den Franzosen sagte man damals nach, dass sie einen Tick weniger trainieren würden – das kann ich nicht bestätigen. Wenn wir im Trainingslager in Aix-les-Bains in den Vogesen morgens um sechs Uhr eine Stunde lang über den Golfplatz rannten, wurde mir ganz schwarz vor Augen, eine echte Tortur. Jacquet hatte in punkto Fleiß, Disziplin und Ehrgeiz viel „Deutsches" an sich. Ich habe im Laufe meiner Karriere die Erfahrung gemacht, dass ein erfolgreicher Trainer menschlich sein muss, gleichzeitig aber auch hart und konsequent. Jacquet verkörperte diese Mischung auf perfekte Art und Weise. Er legte sehr viel Wert auf Disziplin und die richtige Hackordnung, war dabei aber immer bemüht, einen guten Draht zu seinen Spielern zu haben. Er hat uns alle ein Stück weit geprägt; sicherlich ist es kein Zufall, dass später etliche seiner Spieler selbst Trainer wurden. Allein aus unserer Mannschaft wechselten Giresse, Tigana, Rohr, Girard und Domenech später ins Trainerlager. Ich hatte ein sehr enges Verhältnis zu ihm, er wusste mich zu nehmen. Und er war 1997 bei der Beerdigung meines Sohnes in Deutschland. Das war eine große Geste, die ich ihm nie vergessen werde.

„Champagne pour tout le monde" und Familienzusammenführung

Von den Menschen in Bordeaux wurde ich überaus herzlich aufgenommen. Generell komme ich mit den meisten Menschen gut aus, weil ich jedem gleich begegne, ob Millionär oder Zeugwart. Das spüren die Leute. Für die Fans war es durchaus etwas Besonderes, dass ein 28-jähriger deutscher Nationalspieler, ehemaliger Torschützenkönig und Meister der Bundesliga nach Bordeaux gewechselt war. Ich war dort ein echter Star und man adoptierte mich schnell, weil man merkte, wie wohl ich mich fühlte. Das hatte auch mit der Sprache zu tun. Wenn du in ein fremdes Land kommst, ist das Wichtigste, dass du dich verständigen kannst. Deshalb wollte ich so schnell wie möglich Französisch lernen. Und hatte das Glück, gleich zu Anfang einen fußballbegeisterten Professor für Germanistik, der an der Uni Bordeaux lehrte, kennenzulernen. Monsieur Hasselot brachte mir Französisch bei und wurde schnell ein Freund. Ich war beinahe jeden Tag zum Frühstück bei ihm und seiner Frau Helen, wo es köstliche Croissants, warmes süßes Brioche, duftende Pains au Chocolat oder einfach ein Stück Baguette mit Butter, das man in eine große Schüssel Milchkaffee tunkte, gab.

Natürlich ich hatte auch anfangs Verständigungsschwierigkeiten. Als wir am ersten Spieltag den amtierenden Meister Monaco mit 3:1 schlugen und danach in der Stadt ausgelassen feierten, wollte ich der Mannschaft eine Runde ausgeben und sagte zur Kellnerin: „Champagne pour tout le monde", „Champagner für alle". Also servierte sie im ganzen Lokal Champagner. Gernot lachte sich kaputt und sagte: „Du musst dich mit dem Lernen beeilen, sonst wird es teuer für dich in den nächsten Monaten."

In meiner ersten Saison schossen mein Sturmpartner Bernard Lacombe und ich zusammen 37 Tore (ich 17, mein Lacombe 20). Es war die große taktische Meisterleistung von Jacquet, dass es ihm gelang, uns beide ins Team zu integrieren, denn

Anfang der 80er-Jahre spielte man meist mit nur einem echten Mittelstürmer. Jacquet ließ uns variabel spielen: Einer von uns ließ sich fallen, kam aus dem Mittelfeld oder wich auf den Flügel aus. Es funktionierte wunderbar – in unseren drei gemeinsamen Jahren machten wir zusammen weit über 100 Tore. Bernard schaffte es zurück in die Nationalelf und hatte seinen Anteil am französischen EM-Gewinn 1984. Mit 255 Toren ist er in der französischen Meisterschaft bis heute der zweitbeste Torschütze aller Zeiten.

Es ließ sich also alles gut an in Bordeaux. Trotzdem hatte ich oft Heimweh. Als mich Henny im Oktober 1982 anrief und sagte, dass sie mich vermisste, und sie mit Alexander wieder bei mir einzog, war ich überglücklich. Die anschließende Zeit mit ihr und Alexander in Bordeaux gehört zu den schönsten meines Lebens: Der sportliche Erfolg stimmte, die Menschen mochten uns und wir die Menschen, und was das Wichtigste war: Wir waren wieder eine richtige Familie. Ohne Henny und Alexander wäre ich nicht drei Jahre am Atlantik geblieben. Für mich war bei allem, was in der Fußballwelt an verrückten Dingen passiert, ein stabiles Privatleben entscheidend für mein Glück.

Die französische Liga
Der Fußball in Frankreich war nicht so physisch wie in Deutschland, was mir sehr entgegenkam. Ich war es gewohnt, gegen eisenharte Verteidiger wie Hans-Peter Briegel, Uwe Kliemann oder Rolf Rüssmann zu spielen. Das zahlte sich nun aus: Ich kam äußerst gut mit den gegnerischen Abwehrreihen zurecht. Zu Beginn recht ungewohnt für mich war die Tatsache, dass man in Frankreich nur zwei Spieler für die Ersatzbank nominieren konnte statt fünf wie in Deutschland. Der Trainer musste sich also entscheiden, ob er einen Torwart und einen Stürmer oder einen Verteidiger und einen Mittelfeldspieler als Auswechselspieler in der Hinterhand haben wollte.

Und es gab noch mehr Unterschiede zu Deutschland. Als ich beim ersten Auswärtsspiel in Lens am Mittagstisch saß, staunte ich: Auf der Tafel standen zwei Rotweinflaschen und einige Mitspieler schenkten sich auch ein Gläschen ein. Rotwein am Spieltag – so war das in Frankreich. Zu Auswärtsspielen nahmen wir immer zwei Flaschen Rotwein mit, Bordeaux hatte schließlich einen Ruf zu verteidigen. Und die Flaschen wurden immer geleert, was unsere Leistungen nicht schmälerte, im Gegenteil.

Dank der Auswärtsspiele entdeckte ich jeden Monat ein wenig mehr von diesem wunderschönen und vielfältigen Land: die Normandie, die Bretagne, das Elsass, die Auvergne, das Languedoc, Paris oder die Cote d'Azur, alles zauberhafte Flecken. Im September 1982 spielte ich auch das erste Mal auf Korsika. Mir war bis dahin nicht klar, dass die Korsen ein eigenständiges Völkchen mit einer eigenen Mentalität waren. Anfang der 80er-Jahre strebte die Insel nach Autonomie, die Korsen fühlten sich nicht unbedingt als Franzosen und zeigten gern, dass sie anders waren – auch im Stade Furiani, der Spielstätte von SEC Bastia, um das sich in Frankreich bis heute Legenden ranken. Gernot hatte mich vor dem Spiel gewarnt, ich solle mich ja nicht provozieren lassen, Korsika sei ein wenig wie der Wilde Westen, Zuschauer kämen durchaus manchmal mit Schusswaffen ins Stadion. Im Stadion herrschte tatsächlich eine extrem giftige, aggressive Stimmung. Fans und Mannschaft waren wie entfesselt, es wurde mit allen Mitteln gearbeitet: Die Fans warfen Rauchbomben und die Spieler Bastias schlugen und traten, was das Zeug hielt, ohne dass der Schiedsrichter eingriff. Roger Milla, der Kameruner in Diensten von Bastia, traf zum umjubelten 1:0 für die Gastgeber. Doch dann egalisierte erst Jean-Christophe Thouvenel und schließlich gelang Jean Tigana der Siegtreffer. Als der Schlusspfiff ertönte und ich nach Ansicht einiger Bastia-Akteure zu viel Freude zeigte, gingen die Spieler Bastias auf mich los. Ich wurde von unseren Betreuern schnell in Richtung Kabine gezogen. Das Schiedsrichtertrio war da schon längst verschwunden.

In meinem ersten Jahr in Bordeaux wurden wir Zweiter, allerdings ohne jede Chance, den Meister Nantes abzufangen, wo wir im Januar 1983 eine 0:4-Packung bekamen. Am Ende waren es zehn Punkte, die uns von Nantes, die mit Vahid Halihodzic einen überragenden Angreifer hatten, trennten. Auch im Pokal war in Nantes für uns Endstation. Der Pokal wurde damals in Hin- und Rückspielen ausgetragen und nach einem 0:0 in Bordeaux gab es in Nantes erneut 0:4 auf die Mütze.

Vom Gourmand zum Gourmet

Ich genoss Land und Leute und war überglücklich, wieder mit meiner Familie vereint zu sein. Ende 1982 war auch meine Schwester Stefanie nach Bordeaux gezogen, wo sie eine Anstellung bei Ford fand. Mit Henny, Steffi und Alexander unternahmen wir an freien Tagen Ausflüge in die Umgebung. Oft waren wir auch bei Gernot eingeladen, der ein wunderschönes Haus in Cap Ferret direkt am Atlantik hatte. Ich fühlte mich nach wenigen Monaten wie Gott in Frankreich.

Das Essen und vor allem der Wein wurden in dieser Zeit zu einer echten Leidenschaft. Wenn wir gewannen, gingen wir mit einem Großteil der Mannschaft gerne zu Francis Garcia ins „L'Olivier du Clavel" am Bahnhof. Das Lokal besaß damals einen Michelin-Stern und ich liebte es, dort zu speisen. Im Team hatte ich schnell den Ruf eines Feinschmeckers weg. Gernot sagt heute noch: „Du kamst als Gourmand (Vielfraß) und gingst als Gourmet." Schon bald lernte ich auch das „Les Prés d'Eugénie" kennen, ein legendäres Hotel, das ungefähr zwei Stunden südlich von Bordeaux auf dem Weg nach Pau liegt. Besitzer und Koch war Michel Guérard. Michel erhielt 1977 zum ersten Mal drei Michelin-Sterne für seine Kochkünste und er besitzt sie noch heute, was allein Paul Bocuse über so eine lange Zeit gelang. Außerdem gilt Michel als einer der Erfinder der „Nouvelle cuisine"; was er auf den Tisch brachte, war einmalig. Noch heute steht er in der Küche und es ist für mich immer wieder eine Freude, ein, zwei Tage in seinem Hotel zu verbringen. Ich weiß noch, wie ich Henny zu meinem 30. Geburtstag Anfang April 1984 für zwei Tage dorthin entführte. Die wunderschöne Landschaft, das exklusive Hotel und das unfassbare Essen machten diesen Geburtstag unvergesslich, hinzukam, dass ich am Wochenende vorher beim 7:0 gegen St. Etienne drei Tore erzielt hatte.

Ich hatte schon in Deutschland immer sehr viel Wert auf gutes Essen gelegt und einen guten Tropfen zu schätzen gewusst. In Bordeaux konnte ich dieser Leidenschaft bis zum Exzess frönen. Ich fing an, mich ernsthaft für Weinkultur zu interessieren. Bei einem Besuch mit Freunden von Chateau Mouton-Rothschild lernte ich Raoul Blondin kennen. Blondin war nicht nur ein großer Fußballfan von Girondins, sondern auch der Kellermeister dieses weltberühmten Chateaus. Er war eine Legende, einer der größten Weinmacher der Welt, verantwortlich zum Beispiel für die großen Jahrhundertjahrgänge 1982 und 1986. Wir fühlten von Anfang an eine große Verbundenheit und wurden sehr gute Freunde. Ich besuchte ihn oft und er brachte mir die Philosophie des Weines näher. Ein Kellermeister gleicht einem Kapitän auf hoher See: Er ist für alles verantwortlich, muss jedes Detail im Auge haben. Mit Sorgfalt und größtem Respekt vor der Natur holt er das Beste aus seinen Reben hervor. Blondin war ein Künstler; wenn er das erste Mal einen Wein probierte, dann war das fast wie ein sakraler Moment. Ich genoss das Privileg, sogar die privaten Keller der Familie Rothschild kennenlernen und dort den einen oder anderen großen Wein verkosten zu dürfen. Berühmt sind die Flaschen auch, weil Maler wie Salvador Dali, Joan Miro, Marc Chagall, Andy Warhol oder Pablo Picasso bis heute jedes Jahr das Etikett gestalten. Als Honorar erhalten die Künstler einige Kisten des betreffenden Jahrgangs. Das ist Lohn genug. Wein ist für mich Poesie in Flaschen. Auch nach meiner Zeit in Bordeaux besuchte ich Raoul regelmäßig. Ihm verdanke ich meine Liebe zum Wein.

Einmal nahm ich Toni Schuhmacher, der anlässlich des bereits erwähnten Jubiläumsspiels 1991 nach Bordeaux kam, mit auf das Weingut. Angesichts der großen Fässer staunte er ehrfurchtsvoll und sagte: „So eins kaufe ich". Ich musste doch sehr lachen. In ein Fass gehen 225 Liter. Da hätte Toni schon sehr viel Geld auf den Tisch legen müssen, denn ein Liter kostet bei einem normalen Jahrgang bereits zwischen 600 und 1000 Euro.

Aber eigentlich kann man nichts falsch machen. In meinem Keller lagern einige Mouton-Rothschild-Flaschen ... Für mich ist Wein aber in erster Linie Leidenschaft und jede Flasche ein Genuss. Ob man als Normalverbraucher schmeckt, dass der Wein 10, 50 oder 500 Euro wert ist? Schwer zu sagen. Viel wichtiger ist, dass man mit einem solchen Wein besondere Momente feiert. Wenn ich für Freunde einen Mouton-Rothschild aufmache, dann hat das etwas mit Wertschätzung und Verbundenheit zu tun.

Saison 1983/84: Gewinn der Meisterschaft

In der französischen Liga lief es im zweiten Jahr noch besser für uns. Wir hatten einen fulminanten Spielstil und trafen 72-mal in 38 Spielen. Bis zum Saisonende lieferten wir uns ein Kopf-an-Kopf-Rennen mit Monaco, das bis zum vorletzten Spieltag mit einem Punkt vorne lagen, auch weil wir in den zwei direkten Begegnungen zweimal das Nachsehen hatten. Doch Ende April spielte Monaco am 37. Spieltag in Toulouse unentschieden und wir gewannen gleichzeitig zu Hause mit 2:1 gegen Bastia (die Tore schossen Rohr und Domenech). Wegen des weitaus besseren Torverhältnisses standen wir nun an der Tabellenspitze und mussten nur noch bei Stade Rennes gewinnen, um nach 34 Jahren wieder den französischen Meistertitel nach Bordeaux zu holen.

Die Partie fand bereits am Mittwoch statt. Ganz Bordeaux träumte davon, den Titel nach 1950 erstmals wieder zu gewinnen. 1500 Schlachtenbummlern reisten mit in die Hauptstadt der Bretagne. Monaco spielte zu Hause gegen Nantes, doch wir konnten auf keine Schützenhilfe hoffen, denn für den amtierenden Meister war als Sechstplatzierter die Saison gelaufen. In Rennes lief das übliche Programm ab: Wir aßen zu Mittag, tranken unser Schlückchen Rotwein und am Nachmittag hielt Jacquet eine bewegende Ansprache. „C'est à nous aujourd'hui", wiederholte er eindringlich, „heute sind wir an der Reihe." Zwar fehlte Alain Giresse wegen eines Muskelfaserrisses, aber Rennes stand bereits als Absteiger fest, wir hatten ein gutes Gefühl. Wie wichtig dieses Spiel für Bordeaux war, zeigte sich auch daran, dass Jacques Chaban-Delmas, ehemaliger französischer Premierminister und Bürgermeister von Bordeaux, auf der Bank neben Trainer Jacquet Platz nahm. Die Stadt Bordeaux war damals der größte Sponsor des Vereins, investierte viele Millionen Francs.

Nach anfänglicher Nervosität gewannen wir souverän mit 2:0, das zweite Tor steuerte ich bei. Der Ex-Münchner Udo Horsmann, der bei Rennes spielte, war einer der ersten Gratulanten auf dem Feld. Es war mein zweiter Meistertitel nach dem mit Köln 1978. Dass ich in zwei Ländern Meister war, machte mich besonders stolz.

Noch ein Unterschied zu Deutschland: In Frankreich gab es keine Trophäe, keine offizielle Ehrung durch den Verband. Das Spiel war aus und wir waren Meister, punkt. Ein bisschen sangen wir in der Kabine, wo eine Magnumflasche Taittinger herumgereicht wurde – etwas mehr hätte ich schon erwartet. Dafür fiel der Empfang in Bordeaux umso glorreicher aus: Als unser Flugzeug um ein Uhr nachts auf dem Flughafen Merignac vor dem Terminal zum Stehen kam, stürmten Tausende Fans auf das Rollfeld, umstellten das Flugzeug und jubelten uns zu. Die Polizei war völlig überfordert und setzte Tränengas ein. Doch die Fans ließen sich nicht zurückdrängen, belagerten weiterhin die Maschine. Ich war nach Jean Tigana der zweite Spieler, der auf die kleine Gangway hinauskam. Der Jubel war ohrenbetäubend. Der Flughafen war ganz in der Hand der Girondins-Fans.

Dann erschien der Kapitän der Meistermannschaft von 1950, Jean Swiatek. Es war rührend zu sehen, wie Swiatek die Tränen kamen, als er uns gratulierte. In der Halle war der Empfang ebenfalls frenetisch. Wir fuhren im Bus zum Place Gambetta ins Stadtzentrum, wo wir weiterfeierten. Präsident Bez schenkte höchstpersönlich Champagner an die Fans aus – natürlich nicht irgendein billiges Zeug. Wir schliefen in dieser Nacht höchstens zwei, drei Stunden, denn am Morgen hatte Trainer Jacquet tatsächlich ein Auslauftraining angesetzt. Da verstand er keinen Spaß. Um 10.15 Uhr standen wir also mit müden Augen und Beinen auf dem Platz. Auch ein paar Fans hatten sich in La Haillan eingefunden und machten neben dem Trainingsplatz einen Mordsradau. Am Nachmittag ging es ins Rathaus, wo Bürgermeister Chaban-Delmas uns empfing und wir uns in das Goldene Buch der Stadt eintrugen.

Saison 1984/85: Zweiter Meistertitel und Europapokal-Debüt
Wir hatten mit dieser Mannschaft für die neue Saison großartige Perspektiven. Zwar beendete Marius Trésor seine Karriere und Raymond Domenech wechselte nach Mülhausen, doch dafür bekamen wir mit Ex-Nationaltorhüter Dropsy und der EM-Entdeckung Chalana aus Portugal zwei potenzielle Verstärkungen. Mit dem Anflug des Portugiesen war auch klar, dass Memering gehen musste, da neben mir und Chalana kein Platz für einen dritten Ausländer war. Caspar hatte daran sehr zu knabbern, wechselte schließlich ablösefrei zu Schalke 04.

Nicht nur der Meistertitel stärkte uns für die neue Saison den Rücken, auch die Tatsache, dass Frankreich mit fünf unserer Spieler Europameister geworden war, sorgte Euphorie. Chalana, Tigana und Giresse wurden in die Top-Elf des Turniers gewählt, Bordeaux war in aller Munde. Giresse und Tigana brillierten zusammen auf dem Platz, doch wollte keiner der beiden Weltstars das Rampenlicht teilen, so zumindest mein Eindruck. Während Giresse oft dabei war, wenn wir ausgingen, war Tigana eher ein Außenseiter. Trainer Jacquet registrierte das genau und versuchte den beiden klarzumachen, dass sie nur gemeinsam erfolgreich sein konnten – was ihm auch gelang.

Wir starteten perfekt in die Saison. Aus den ersten zwölf Spielen holten wir neun Siege und drei Unentschieden. Von 19 Heimspielen gewannen wir insgesamt 18.

Erstmals nahm Bordeaux auch am Europapokal der Landesmeister teil. Es sollten Festtage werden. In der ersten Runde warfen wir den spanischen Meister Bilbao aus dem Wettbewerb, dann den rumänischen Titelträger Dinamo Bukarest und im Viertelfinale schlugen wir Dnjepopetrowsk aus der UdSSR. Wir standen plötzlich im Halbfinale und trafen dort auf Juventus Turin, der damals besten Mannschaft der Welt. Trainer Giovanni Trapattoni hatte ein spektakuläres Ensemble unter seinen Fittichen – Michel Platini, Zbigniew Boniek, Paolo Rossi, Marco Tardelli, Antonio Cabrini und Gaetano Scirea waren allesamt Ausnahmekönner auf ihren Positionen. Doch wir wollten uns nicht verstecken und flogen am 9. April 1985 als souveräner Tabellenführer unserer Liga nach Italien.

Das Hinspiel wurde zum Fiasko. Es war das größte Spiel der Vereinsgeschichte und wir gingen mit 0:3 unter. Wir hatten viel zu großen Respekt. Ich weiß noch, wie Gianni Agnelli, der damalige Fiat-Boss und Klubpräsident, in grauem Anzug, blauem Hemd und Krawatte beim Warmmachen an uns vorbeiging und uns mit seinem eleganten Auftreten beeindruckte. Alles war eine Nummer zu groß für uns. Die Italiener spielten mit uns Katz und Maus und das lag vor allem an Michel Platini, um den sich irgendwie keiner kümmerte. Er legte zwei Tore auf, traf selbst zum 3:0 und war der überragende Mann an diesem Tag. Wir erspielten uns keine einzige Chance und waren mit dem 0:3 noch gut bedient. So hatten wir uns das nicht vorgestellt.

14 Tage später kam es zum Rückspiel, der Parc Lescure war ausverkauft. „Marquage individuel", Manndeckung, lautete diesmal Jacquets Devise. Zu Gernot Rohr sagte er: „Egal, wo Platini hingeht, du bist schon dort." Rohr bearbeitete Platini mit harten und manchmal auch unfairen Mitteln, sodass der an diesem Tag keinen Ball berührte. Ich traf schnell zum 1:0, Battiston zehn Minuten vor Ende zum 2:0. Wir hatten die Italiener kurz vor der Verlängerung. So ein Spiel hatte Bordeaux bis dahin noch nicht gesehen. Als der Schiedsrichter abpfiff, jubelten die Juventus-Spieler: Wir hatten sie an den Rand einer Niederlage gebracht, die einer Blamage gleichgekommen wäre.

Nach den Halbfinalspielen mit Köln 1974, 1975 und 1981 im UEFA-Cup und 1979 dem Halbfinale des Landesmeister-Cups gegen Nottingham war dies mein fünftes internationales Halbfinal-Aus. Zum Jammern, aber es half alles nichts: Ich sollte meine Karriere ohne einen internationalen Titel abschließen.

Die erneute Meisterschaft ließen wir uns aber nicht entgehen: Am drittletzten Spieltag standen wir mit einem 2:0 in Laval als erneuter Titelträger fest. Danach verließ ich Bordeaux. Rückblickend war das ein Fehler, ich hätte noch eine Saison bleiben sollen. Doch ich wollte noch einmal in der Bundesliga spielen. Dazu kam, dass meine Ehe mit Henny inzwischen endgültig zerbrochen war. Ich brauchte mal wieder einen Neuanfang. Eintracht Braunschweig und Kaiserslautern waren sehr an einer Verpflichtung interessiert. Mit den Pfälzern war ich beinahe schon handelseinig, aber der Transfer scheiterte in letzter Minute. Ich wechselte schließlich zum Grasshopper Club Zürich, als Übergangslösung für ein halbes Jahr. Damit begann der letzte Abschnitt meiner Karriere als Fußballspieler.

Der Vorhang fällt

Zürich, Saarbrücken und der OFC 1985–89
Bei den Grasshoppers Zürich war Goalgetter Claudio Sulser verletzt und der schwedische Angreifer Mats Gren kam erst zum 1. Januar 1986. Ich sollte die Lücke schließen, was mir gut passte, denn ich hatte kein anderes Angebot und das Gehalt in der Schweiz war wirklich lukrativ. Ich unterschrieb einen Vertrag über sechs Monate. Zürich hatte die Saison zwar nur als Sechster abgeschlossen, mit Martin Andermatt, Alain Sutter, Marcel Koller, André Egli und Sulser aber absolute Top-Spieler in seinen Reihen. Trainer war Timo Konietzka. Der knorrige Ex-Dortmunder mit Ring im Ohr war ein ganz anderer Typ als der elegante Aimé Jacquet.

Ich fand eine Wohnung direkt am Züricher See in Wädenswil, die Restaurants und das Nachtleben hatten einiges zu bieten, mit FC-Zürich-Legende Fritz Künzli zog ich um die Häuser – das passte alles. Fußballerisch empfand ich die Schweiz aber als großen Rückschritt. Gerade hatte ich in Bordeaux noch vor 35 000 Zuschauern gegen Juventus gespielt und nun stand ich in Grenchen vor 3000 Fans auf einem Platz, der eher an die dritte als an die erste Liga erinnerte. Ich spielte sieben Partien, nach dem Stadtderby gegen den FC Zürich packte ich dann meine Koffer. Der 1. FC Saarbrücken hatte sich gemeldet und mir einen Wechsel schmackhaft gemacht.

Saarbrücken
Der FC Bayern statt Wettingen, ich freute mich, wieder Bundesligaluft schnuppern zu können. Trainer in Saarbrücken war Uwe Klimaschefski, eine Marke für sich. „Klima" hatte richtig viel Ahnung vom Fußball, aber seine Ansprachen und Methoden waren gewöhnungsbedürftig. Er störte sich von Anfang an

meiner fehlenden Fitness, was ich voll und ganz nachvollziehen konnte. Nur schickte er die ganze Mannschaft mit mir zum Laufen, damit ich wieder mit dem Tempo in der Bundesliga mithalten konnte. Nicht gerade ein Türöffner bei den Jungs, mit denen ich mich aber trotzdem super verstand. Ein anderes Mal schickte er mich, wirklich wahr, wegen einer Torflaute zu einem Wunderheiler, der mir die Hand auflegte. Damit konnte ich nicht viel anfangen und dachte erst an einen Witz. Aber „Klima" meinte das ernst. Ich fuhr also zu dem Mann, der mit Meditation, Gesprächen und Duftkerzen versuchte, mir meine Unsicherheit zu nehmen. Es half nicht viel.

Unser Trainer war wirklich speziell. Einmal band er den Zeugwart an den Pfosten fest und wir Spieler sollten vom Sechzehner auf ihn zielen – der arme Mann hatte den Rasen nicht so präpariert, wie der Trainer sich das wünschte. Bei einer Pressekonferenz brach er die Fragerunde mit den Worten ab: „Ich muss in die Kabine zu meinen Spielern. Die sind so blind, die finden ohne mich nicht raus." Ein Lob hörte man nie aus seinem Mund. Verteidiger Hans-Jürgen Boysen, einen unserer Besten, motivierte er mit dem Spruch: „Du bist so schlecht. Dir haben sie irgendwann mal die Füße gebrochen, dass du so schief läufst."

Der 1. FC Saarbrücken zählte zu den Abstiegskandidaten, doch das Potenzial war allemal da, um mit Klubs wie Hannover, Waldhof oder Dortmund mitzuhalten. Zu meinen neuen Mitspielern zählten Ex-Nationalspieler Wolfgang Seel, Sascha Jusufi, Franco Foda, Michael Blättel, Jürgen Mohr und der pfeilschnelle Jean-Santos Muntubila aus dem Kongo.

Direkt nach meiner Ankunft stand ich trotz fehlender Fitness in Hannover in der Anfangself. Wir verloren 0:2. Nach einem 1:2 bei Bayer Uerdingen schoss ich beim 2:2 zu Hause gegen den HSV mein erstes Tor für Saarbrücken. Es war aber keine Saison, die viel Spaß machte. Wir standen immer im Tabellenkeller und Trainer Klimaschefski wusste schon im

Winter, dass der Verein nach Jahren des gemeinsamen Erfolges nicht mehr mit ihm plante. Ab da ließ er es schleifen. Wir gewannen nicht oft und ich traf immer seltener. In der gesamten Rückrunde erzielte ich kein Tor und kam am Ende nur auf vier Treffer. Klimaschefski wurde im April entlassen und die beiden Spieler Wolfgang Seel und Walter Müller übernahmen seinen Job. So etwas hatte es in der Bundesliga bis dahin noch nicht gegeben. Wir stiegen ab, wurden Siebzehnter mit nur 21 Pluspunkten.

Zurück zum alten Verein: Kickers Offenbach/Amateur-Oberliga Hessen 1986/87

Mittlerweile war ich 32 Jahre alt und eindeutig auf der Zielgeraden meiner aktiven Fußballerkarriere. Was nun? Erste Liga kam nicht mehr infrage. Aber was wollte ich? Ich sehnte mich danach, wieder ins Rhein-Main-Gebiet zurückzukehren. Über Waldemar Klein, den Präsidenten von Kickers Offenbach, knüpfte ich erste Kontakte zu meinem Heimatklub. Parallel machte ich mich am Bodensee in der Werner-Messmer-Klinik in Mettnau fit. Doch die Offenbacher waren mittlerweile in der Amateur-Oberliga Hessen angekommen. Wollte ich mir wirklich Spiele gegen Ziegenhain, Marburg und Dietesheim antun? Vom Kopf her war ich skeptisch, doch mein Herz sagte ja. Im September war der Wechsel perfekt.

Trainiert wurde das Team von Franz Brungs. Der hatte schon alles erlebt, was man im Fußball erleben konnte, war als Spieler mit Dortmund Pokalsieger geworden und mit dem 1. FC Nürnberg Meister. Anfang der 70er-Jahre wurde er im Rahmen des Bundesligaskandals als Spieler von Hertha BSC für zwei Jahre gesperrt und beendete seine Karriere. Er war nicht der beste Trainer in meiner Laufbahn, aber er machte seine Sache so gut, dass wir die Saison als Tabellenführer abschlossen und uns für die Aufstiegsrunde qualifizieren. Für mich war die Umstellung alles andere als leicht. Mir war schnell klar: Eine zweite Saison würde ich in dieser Liga nicht spielen. Ich schoss in 28 Spielen 18 Tore und trug meinen Teil zum Meistertitel bei. Einen Spieltag vor Schluss, wir standen schon als Meister fest, wurde Brungs entlassen. Man traute ihm nicht zu, die Aufstiegsrunde zu gewinnen. Typisch Offenbach. Für sechs Spiele übernahm Robert Jung, der im Jahr zuvor den FSV Salmrohr in die Zweite Liga geführt hatte.

Wir trafen in einer Gruppe auf Bayreuth, Trier und Sandhausen. Vor dem letzten Heimspiel gegen Bayreuth standen wir auf Rang zwei, was den Aufstieg bedeutet hätte. Der Erstplatzierte Bayreuth hatte sich drei Tage zuvor bereits den Aufstieg gesichert. Wir mussten im Heimspiel gewinnen, um nicht noch von Trier abgefangen zu werden. Vor 20 000 Zuschauern kam es zum Showdown. Die Bayern hatten entweder zu viel gefeiert oder einfach keine Lust. Meine Gegenspieler ließen mich machen, was ich wollte. Bis heute habe ich das Gefühl, dass es in diesem Spiel nicht ganz mit rechten Dingen zuging, aber wie dem auch sei: Mir gelang noch vor der Halbzeit ein Hattrick zum 3:0, am Ende gewannen wir 5:0, der Aufstieg war perfekt. Und ich machte weiter.

Zweite Liga 1987/88 und 1988/89

Zur neuen Saison wurde Dieter Renner unser Trainer, Niko Semlitsch, mein ehemaliger Mitspieler aus den 70er-Jahren sein Co-Trainer. Wir starteten mit einem 3:0 gegen Meppen in die Zweitligasaison. Unser erstes Zweitligator schoss ich – wer sonst? Ein gutes Omen: ich beendete die Saison trotz einiger Verletzungen mit 18 Toren. Am Ende wurden wir Siebter, für uns ein riesiger Erfolg. Ich entschloss mich, eine weitere Saison dranzuhängen. Mittlerweile war ich 34, doch ein weiteres Jahr in Liga 2 traute ich mir noch zu. Danach sollte Schluss sein.

Die Saison 1988/89 verlief ungleich dramatischer. Schon das erste Spiel gegen Viktoria Aschaffenburg ging in die Vereins-Annalen ein. 0:1 in der 1. Minute, 1:1 in der 2. Minute, 1:2

in der 5. Minute. So etwas hatte ich noch nie erlebt. Das alles bei 36 Grad Hitze. 20 Minuten vor Schluss konnte ich zum 2:2 ausgleichen.

In ähnlich halsbrecherischer Manier ging es weiter, wir kämpften bis zum letzten Spieltag gegen den Abstieg. Zwischenzeitlich glaubte im Umfeld keiner mehr so richtig an den Klassenerhalt. Am letzten Spieltag kam es zum Entscheidungsspiel gegen Rot-Weiß Essen. Michael Kroninger schoss das 1:0 für uns, was den Klassenerhalt bedeutete, aber zehn Minuten vor Ende rannten einige OFC-Fans und Essener Anhänger auf den Platz. Das Spiel wurde unterbrochen und stand kurz vor dem Abbruch. Das hätte eine Wiederholung der Partie bedeutet. Glücklicherweise behielt der der Schiedsrichter die Nerven und pfiff wieder an. Er beendete die Partie dann viel zu früh und raste mit den Kollegen in die Kabine, bevor die Massen das Spielfeld stürmten.

Mein Abschiedsspiel

Zwei Tage später, am 20. Juni, stand mein Abschiedsspiel an. Die Vorbereitungen, die Organisation und die Verhandlungen hatten wochenlang gedauert. Ich hatte sogar versucht, dafür den damals weltbesten Fußballer, Diego Maradona, an den Bieberer Berg zu locken. Folgendes war passiert: Angelo Prizzi, ein bekannter Frankfurter Gastronom, mit dem ich befreundet war, kannte den Argentinier, der damals für den SSC Neapel spielte, persönlich. Er sagte zu mir: „Hey, wie wäre es, wenn Diego kommen würde?" Ich dachte erst, er wolle mich veräppeln, aber er behauptete, die Sache vermitteln zu können. Er nahm also Kontakt zu Maradona auf, erklärte ihm die Angelegenheit und kam mit der Botschaft zurück, Diego sei für eine Uhr von Patek Philippe (sie kostete um die 8000 DM), bereit, bei meinem Abschiedsspiel in Erscheinung zu treten. Ich wollte den Teilnehmern eigentlich kein Honorar zahlen, aber für Maradona musste man eine Ausnahme machen. Prizzi und ich flogen am

3. Mai 1989 zum ersten UEFA-Pokal-Endspiel zwischen Neapel und Stuttgart nach Italien, um den Deal einzutüten. Doch wie das manchmal so mit Stars ist: Ein Treffen kam nicht zustande. Dafür schauten wir uns in der unfassbaren Atmosphäre des San-Paolo-Stadions den 2:1-Sieg der Italiener an. 14 Tage später versuchten wir es erneut, als Neapel für das Rückspiel zu Gast in Stuttgart war. Dieses Mal schaffte es Angelo tatsächlich, einen Termin beim König von Neapel zu ergattern. Wir fuhren in das Spielerhotel in Stuttgart und begaben uns hoch aufs Zimmer, wo der leibhaftige Maradona uns in kurzen Hosen und T-Shirt die Tür öffnete und freundlich hereinbat. Angelo übersetzte für uns. Diego sagte, dass er mich natürlich kennen würde und es eine Ehre sei, bei einem solchen Spiel eingeladen zu sein – er wusste, wie man sich einschmeichelte. Ich fragte ihn, ob es denn nun mit seiner Teilnahme klappen würde. Da klopfte er sich auf die Brust wie ein Orang-Utan und rief aus: „I am the greatest, I am the greatest!" Dann sprach er ein paar Sätze mit Angelo. Der übersetzte: „Er macht es, wenn er einen Porsche bekommt. Er meint, die seien hier doch sowieso billiger. Porsche ist aus Deutschland, das kostet nichts." Ich fiel hinten über. Doch Diego meinte es ernst. Damit war leider klar, dass mein Abschiedsspiel ohne den argentinischen Fußballgott stattfinden würde. Angelo und ich schauten uns am Abend das 3:3 an, mit dem Neapel UEFA-Cup-Sieger wurde, dann fuhren wir unverrichteter Dinge zurück nach Offenbach.

Maradona kam also nicht, dafür aber viele andere Stars. Zwei Partien standen auf dem Programm. Zunächst spielte eine italienische Auswahl um die Weltmeister Claudio Gentile, Paolo Rossi und Francesco Graziani gegen eine Auswahl von Ex-Kickers- und -Eintracht-Spielern wie Bernd Nickel, Karl-Heinz Volz, Hermann Nuber, Kurt Geinzer, Siggi Held, Jimmy Hartwig und Willi Neuberger. Danach standen sich das Dieter-Müller-Team und eine DFB-Auswahl gegenüber. Es war ein Spiel der Legenden. Oleg Blochin, Gernot Rohr, Alain Giresse, Jean

Tigana, Bernard Lacombe, Sepp Maier, Manni Kaltz, Jean-Marie Pfaff, Uwe Seeler, Karl-Heinz Rummenigge, Icke Häßler, Paul Breitner, Pierre Littbarski und Gerd Müller trabten über den Rasen und machten das Spiel zu einem herausragenden Ereignis in der Offenbacher Fußball-Historie. Auch Franz Beckenbauer war am Bieberer Berg, konnte aber wegen eines Fahrradunfalls nicht spielen. Dafür coachte er die DFB-Auswahl. Coach meines Teams war Rinus Michels.

Der Hessische Rundfunk übertrug die Partie live und hinterher gab es ein großes Feuerwerk. Emotionaler Höhepunkt für mich war meine Auswechslung und der Empfang durch meinen Sohn an der Außenlinie. Danach zündeten die 15 000 Zuschauer ihre Wunderkerzen an und verabschiedeten mich mit Standing Ovations. Mit Alexander auf dem Arm verdrückte ich mehr als eine Träne.

Die Players Night hatte ich in der bekannten Diskothek „Dorian Gray" im Frankfurter Flughafen organisiert. Wir feierten dort bis fünf Uhr morgens, eine Sause, an die ich mich bis heute sehr gerne erinnere. Gegen Mittag wachte ich in meiner Wohnung in Offenbach auf und war von einem Glücksgefühl erfüllt. Ich war ab sofort kein Spieler mehr. Kein Training mehr, keine Trainingslager, keine brutalen Gegenspieler, keine Stollenabdrücke auf dem Schienbein. Was die Zukunft bringen würde, wusste ich nicht. Aber ich blickte ihr optimistisch entgegen.

Abenteuer Osten

Dynamo Dresden 1991–92

Im Herbst 1991 erhielt ich einen Anruf von einer gewissen Annegret Steffen. Sie stellte sich als Vertreterin der Saarbrücker Sportagentur Sorad vor, die sich um die Vermarktung von Vereinen und Sportlern kümmerte. Sorad war zu diesem Zeitpunkt der wichtigste Sponsor des Bundesligisten Dynamo Dresden. Frau Steffen (eine ehemalige herausragende Tischtennisspielerin) sagte mir, es gehe um den Managerposten dort, ob ich Interesse hätte. Der langjährige Manager Bernd Kießling war mitten in der Saison den Machtkämpfen innerhalb des Vereins zum Opfer gefallen. Nun suchte man einen Nachfolger mit Bundesligaerfahrung. Das Angebot schmeichelte mir. Dresden war immerhin ein Erstligist. Frau Steffen spielte mit offenen Karten und verriet, dass es mit Karl-Heinz Förster und Hans-Peter Briegel zwei weitere ernsthafte Kandidaten gebe. Für mich war das eine Chance. Zwei Jahre hatte ich als Repräsentant von Portas, dem Türenhersteller, gearbeitet, ohne dabei aber wirklich glücklich zu werden.

So fuhr ich also nach Dresden, um mit Steffen, ihrem Partner Georg Rebmann und Dynamo-Präsident Wolf-Rüdiger Ziegenbalg zu reden. Ziegenbalg hatte nach der Wende mit einem Hi-Fi-Großhandel in Radeberg Geld gemacht und war die Sorte Präsident, die ihr Konterfeit lieber einmal zu viel als zu wenig in der Zeitung sehen. Ich legte ein Konzept dazu vor, wie ich meine zukünftige Aufgabe angehen wollte. Letztlich war das mehr graue Theorie als alles andere, aber ich bekam den Zuschlag, auch weil Briegel den Dresdnern absagte. Gelinde gesagt, hatte ich nicht viel Ahnung von dem, was mich ab Januar 1992 in Dresden erwarten würde.

Dynamo Dresden: Willkommen im Kapitalismus

Wir befanden uns mitten in der ersten gesamtdeutschen Fußballsaison. In der Bundesliga tummelten sich 20 Vereine. Eigentlich hatte der DFB bereits die Reduzierung von 18 auf 16 Vereine für die Saison 91/92 beschlossen, doch Mauerfall und Wende veränderten die Gesamtlage. „2 + 6" lautete die Kompromissformel von DFB und DFV, um die ostdeutschen Klubs in die westdeutsche Fußballwelt zu integrieren. Hansa Rostock und Dynamo Dresden qualifizierten sich als Meister und Vizemeister der letzten DDR-Oberligasaison für die Bundesliga, die sechs Teams dahinter (Rot-Weiß Erfurt, Chemnitzer FC, Stahl Brandenburg, Carl Zeiss Jena, Hallescher FC und der VfB Leipzig) fanden den Weg in die Zweite Liga. Reinhard Häfner hatte die Dresdner als Trainer in die Bundesliga geführt, doch ihm wurde das Abenteuer Bundesliga nicht zugetraut. Man wollte unbedingt „West-Erfahrung" und so war im Sommer 1991 Helmut Schulte verpflichtet worden, der zuvor beim FC St. Pauli einen super Job gemacht hatte. Wir hatten sofort einen guten Draht zueinander.

Dabei war die Ausgangssituation alles andere als entspannt. Die Mannschaft belegte den Rang 17, kämpfte ums sportliche Überleben, der Verein ums finanzielle. Im Klub wurde ich zu Beginn mit großer Ablehnung empfangen. Wieder so ein „Wessi", der den Menschen im Osten sagen wollte, wie es funktioniert. Denkbar ungünstige Startvoraussetzungen also.

Das allergrößte Problem waren die Finanzen. Die Umstellung auf ein betriebswirtschaftliches Denken hatte erhebliche Probleme mit sich gebracht. Helmut Schulte drückte es so aus: „Sie gaben das Geld wie Kapitalisten aus und nahmen es wie Kommunisten ein." Die Gehälter der Spieler konnten weder im Januar noch im Februar noch im März pünktlich bezahlt werden. Es fehlte Kohle an allen Ecken und Enden. Ich versuchte, die Mannschaft zu verstärken, doch ohne Geld war das schwierig. Ich hatte unter anderem den späteren Bundesligastar Micky Stevic an der Angel, doch alle Transfers scheiterten am fehlenden

Geld. Von Beginn an war eine meiner Hauptaufgaben zu schauen, wie alle Angestellten irgendwie bezahlt werden konnten. Präsident Ziegenbalg hoffte vor allem auf den Ost-Fonds des DFB. Er ließ sogar eine Namensänderung überprüfen. Ihm war fast egal, wie das Geld reinkam, Hauptsache es kam. Dazu verschlang das marode Rudolf-Harbig-Stadion Millionen. Wir standen kurz vor der Pleite. Sorad hatte dem Verein ein Darlehen gewährt und damit sein Überleben gesichert, dafür aber auch ein Mitspracherecht erworben, was die Abläufe nicht einfacher machte.

Helmut Schulte, sein neuer Co-Trainer Ralf Minge und ich verstanden uns aber blind. Das war schon mal ein Pluspunkt. Doch die Verhältnisse in Dresden, anderthalb Jahre nach der politischen Wende, waren speziell – eine totale Umbruchssituation, die für viele Menschen größte Veränderungen mit sich brachte. Ein neues Gesellschaftssystem, neue Ämter, neues Denken und der Abschied von vielen alten Gewohnheiten und Abläufen. In Dresden mangelte es an Wohnraum, die Menschen verloren zu Tausenden ihre Arbeitsplätze. Im Klub spiegelte sich das wider, alles wirkte in die Jahre gekommen. Der Fußball bedeutete in der Stadt immer noch sehr viel, doch die Menschen hatten jetzt andere Sorgen, das spürte man. Dennoch versprühte Dresden trotz der Baufälligkeit vieler Gebäude und Straßen mit Semper-Oper, Schloss und Zwinger sehr viel Charme.

Die Dresdner Mannschaft hatte bei allen Problemen des Vereins durchaus Qualität. Mit René Müller, Uwe Rösler, Heiko Scholz, Torsten Gütschow, Sven Kmetsch, Uwe Jähnig oder dem reaktivierten Hans-Uwe Pilz hatten wir tolle Spieler. Doch diese Qualität sah man leider ausschließlich in Heimspielen, auswärts kriegte die Mannschaft ihre PS nicht auf die Straße. In fremden Stadien spielten wir zu zaghaft, so als verliere die Mannschaft beim Überschreiten der ehemaligen Grenze ihren ganzen Mut. Aber auch die veränderte Selbstwahrnehmung war ein Problem: Über viele Jahre war Dynamo eines der großen

Aushängeschilder des DDR-Fußballs gewesen, hatte um Titel gespielt, internationale Spiele bestritten. Nun drohte der Klub ein Mauerblümchendasein zu fristen und musste sehen, irgendwie die Klasse zu halten.

„IM Fußball"

Im Januar flogen wir nach Kreta ins Trainingslager und fühlten uns auch ohne Neuverpflichtungen gut für die Rückrunde aufgestellt. Es war Ende Januar, als die Bombe platzte: Torsten Gütschow, unser bester Stürmer, der absolute Fanliebling und Star der Mannschaft, wurde als Mitarbeiter des Staatssicherheitsdienstes enttarnt. Als „IM Schröter" hatte er jahrelang Familienangehörige, Mitspieler und Vereinsmitarbeiter ausspioniert, insgesamt 60 Personen. Wir trafen uns mit Torsten in der Wohnung von Helmut. Torsten war am Boden zerstört und erklärte uns unter Tränen, welchem Druck er von Seiten der Stasi ausgesetzt gewesen war. Wir sicherten ihm unseren Rückhalt zu. Sollten wir Wessis ihn verurteilen? Wenig später stellte er sich vor die Mannschaft und bat in einem ergreifenden Moment um Vergebung. Die Mannschaft nahm seine Entschuldigung an. Danach forderte René Müller jeden, der ebenfalls für die Stasi gearbeitet hatte, auf, sich nun vor der Mannschaft zu outen, worauf auch Frank Lieberam sich ein Herz fasste und seine IM-Tätigkeit gestand. Er hatte unter anderem Informationen über seinen langjährigen Freund Matthias Sammer weitergegeben. Sammer schrieb im *kicker*, dass ihn Lieberam angerufen habe, um sich bei ihm zu entschuldigen. Er sprach sich dafür aus, den Stasi-Mitarbeitern eine faire Chance zu geben.

Wenig später stand das erste Rückrundenspiel zu Hause gegen Nürnberg an. Der reumütige Gütschow erzielte in der 3. Minute das 1:0. Leider kassierten wir noch zwei Tore und verloren recht unglücklich 1:2.

Eine Woche später spielten wir dann im Olympiastadion gegen die Bayern, wo wir überraschend gewannen. Helmut Schulte sagte danach: „Punkte gegen direkte Konkurrenten sind im Abstiegskampf besonders wichtig", und hatte damit die Lacher, aber auch den Zorn von Bayern-Manager Uli Hoeneß auf seiner Seite. Nach zwei 0:3-Niederlagen innerhalb von drei Tagen in Duisburg und in Wattenscheid stand Schulte kurz vor der Ablösung. Ziegenbalg wusste aber, dass er mit einer Entlassung vor allem seine eigene Position schwächen würde, und zögerte den Rausschmiss hinaus. Zum Glück, denn ab da punktete die Mannschaft in einem fort. Nach einem 0:1-Sieg in Bochum waren wir tatsächlich gerettet. Dynamo war für ein weiteres Jahr Bundesligist, während Hansa Rostock, das an den ersten Spieltagen von der Spitze gegrüßt hatte, absteigen musste.

Die Erleichterung war riesig, doch die Probleme nicht gelöst. Mein Vertrag endete im Sommer und ich wusste nicht wirklich, ob ich mich auf eine neue Amtszeit einlassen sollte. Im Verein machten einige Stimmung gegen mich. Klaus Sammer, Vater von Matthias und als ehemaliger Spieler und Trainer eine Legende in Dresden, wurde instrumentalisiert. Es ging um Macht, denn wer bei Dynamo das Sagen hatte, hatte in der Stadt eine wichtige Position inne. Zwei Tage vor dem letzten Spiel zu Hause gegen den 1. FC Köln kam es dann zur Trennung. Als ich merkte, dass Ziegenbalg Ausflüchte suchte und sich nicht zu einer weiteren Zusammenarbeit bekennen wollte, sagte ich, dass es wohl das Beste sei, wenn wir uns trennen. Ziegenbalg stimmte mir zu. Er war einfach nur zu feige gewesen, mir von sich aus den Laufpass zu geben. Eine von meinem Freund Gunther Küster organisierte Reise des Klubs in die USA trat ich gar nicht mehr an. Schulte war ob der Entwicklung schockiert und gab in Florida trotz laufendem Vertrag seinen Rücktritt bekannt. Mein Abschied hatte für ihn das Fass zum Überlaufen gebracht. Klaus Sammer wurde der Nachfolger von Schulte und der ein Jahr zuvor geschasste Trainer Reinhard Häfner lustigerweise mein Nachfolger als Manager. In Dresden war alles möglich. Für mich bedeutete der Abschied aus Dresden gleichzeitig den endgültigen Abschied aus der Bundesliga, auch als Funktionär. Das halbe Jahr hatte viel Kraft gekostet. Die Widerstände im Verein gegen meine Person hatten mich schon belastet. Ich war gekommen, um zu helfen, wurde aber von vielen im Umfeld des Klubs bekämpft. Der enge Kontakt zum Trainerteam und zu den Spielern war das Schönste an dem Job gewesen. Vielleicht hatte ich einigen Einfluss auf den Erfolg durch die vielen Gespräche mit den Spielern. Doch was an Querelen und Problemen nahezu täglich aufploppte, war letztlich zermürbend.

„Ich bin dein Vater"
Die Zeit danach war nicht einfach. Ich besaß zwar eine Immobilie und hatte Ersparnisse, doch das war als Reserve gedacht. Ich probierte Verschiedenes aus, arbeitete als Trainer, Firmenrepräsentant und in einer Marketingagentur. Was mir am meisten Freude bereitete, war der Umgang mit Kindern. Rudi Völler und Jimmy Hartwig luden mich immer mal wieder ein, in ihren Kindersportcamps auszuhelfen. Daraus entwickelte ich die Idee, selbst eine Fußballschule zu eröffnen, und genau tat das ich 1994, zusammen mit Uwe Peterson, meinem einstigen B-Jugendtrainer beim OFC. Das Konzept ist einfach: Kinder werden in den Ferien von mir betreut, erhalten Trainingseinheiten, theoretisches Rüstzeug und übernachten teilweise zusammen. Ein toller Spaß für die Kinder und mich.

Nebenbei verdiente ich mir mit ein paar Promotion-Geschichten etwas Geld dazu. OFC-Präsident Waldemar Klein hatte mir Anfang der 90er-Jahre einen äußerst lukrativen Trip nach Japan zusammen mit Gerd Müller vermittelt. Ich bekam 10 000 DM dafür, was ein Haufen Geld war. Wir besuchten Schulen und Vereine in ganz Japan, gaben Autogramme und lächelten viel. Dabei lernten wir uns persönlich gut kennen. Gerd war einer der feinsten Menschen, die mir je begegnet sind. Da wir für viele Tage zusammen unterwegs waren, konnten mir seine Alkoholprobleme nicht entgehen. Ich litt sehr darunter, hautnah diese Abhängigkeit zu erleben. Seit der gemeinsamen Zeit in Japan pflegten Gerd und ich einen sehr herzlichen Kontakt und ich freute mich immer sehr, wenn ich ihn später als Präsident der Kickers bei den Begegnungen gegen die Amateure von Bayern München traf, wo er viele Jahre als Co-Trainer tätig war.

Einige Zeit später, ich war zurück in Offenbach, kam es zu einer besonderen Begegnung. Ich war zu Hause, als es an der Tür klingelte. Ich drückte den Türöffner und sah einen älteren Mann die Treppe hochsteigen. Ich kannte ihn nicht. Schließlich stand er vor mir, schaute mich gefühlt einen Moment zu lang an und sagte: „Ich bin dein Vater. Ich wollte dich immer mal kennenlernen." Wenn man sich solche Augenblicke vorstellt, denkt man an große Gefühle, berührende Worte und herzzerreißende Gesten. Bei mir fand das alles nicht statt. So viele Jahre hatte ich mir meinen Vater vorgestellt, mich gefragt, wie er aussieht, was er zu mir sagen würde, wenn er mich sieht, und nun war dieser Moment gekommen – und ich fühlte gar nichts.

„Kommen Sie doch rein", sagte ich.

Heinz Kaster betrat die Wohnung und wir setzten uns ins Wohnzimmer. Ich bot ihm ein Glas Wasser an. Er war ein netter, gutaussehender Mann, gab sich Mühe, einen guten Eindruck zu hinterlassen. Ich erfuhr, dass er verheiratet war und in Hanau ein Hotel betrieb. Aber es war ein komisches Gefühl, ihm nach all den Jahren gegenüber zu sitzen. Er war mein Vater und doch war und blieb er mir fremd. Ich stellte ihm die Fragen, die ich ihm schon immer hatte stellen wollen: Warum er und meine Mutter damals ohne mich nach Herne gegangen waren, warum er nicht schon früher gekommen war.

Er sagte, es sei eine schwierige Situation gewesen, die er im Nachgang auch nicht mehr so nachvollziehen könne. Nach einer gewissen Zeit habe ihm der Mut gefehlt. Natürlich habe er im Laufe der Jahre mitbekommen, was für eine Karriere ich machte. Er sei stolz auf mich und meinen Erfolg, wollte aber nicht als Trittbrettfahrer wahrgenommen werden, der sich in mein Leben drängte, weil ich ein bekannter Fußballer war. Was er sagte, war nachvollziehbar, ich verspürte keinen Groll, freute mich ehrlich, ihn kennenzulernen. Aber seine Antworten berührten mich nicht, dafür war es zu spät.

Wir saßen eine Stunde zusammen. Mein biologischer Vater ging und wir versprachen uns, dass wir uns wiedersehen. Was wir auch taten. Ich besuchte ihn in Hanau und einmal nahm er mich mit zu seinen ehemaligen Fußballkameraden von Eintracht Frankfurt. Da merkte ich natürlich, wie stolz er war. Mein biologischer Vater verstarb 1998 und ich verabschiedete mich von ihm auf dem Friedhof in Hanau.

Alexander

Mein Sohn Alexander war mittlerweile 13 Jahre alt. Ich erinnere mich noch genau an den Tag seiner Geburt, es war der 3. März 1981. Es war einen Tag vor dem Viertelfinalhinspiel des 1. FC Köln im UEFA-Cup bei Standard Lüttich. Ich fuhr nicht mit der Mannschaft ins Hotel bei Aachen, sondern blieb in Köln und wartete mit Henny auf die Geburt unseres Kindes. Im Kreißsaal war ich nicht dabei, das war damals noch nicht sehr üblich. Ich wartete nervös auf dem Gang, rauchte eine Zigarette nach der anderen (das war damals noch üblich). Nach drei Stunden wurde ich reingerufen. Es war ein unbeschreiblicher Moment, als ich meinen Sohn in einem Tuch auf dem Bauch meiner Frau liegen sah.

Mit Alexander kam mehr Stabilität in mein Leben, auch wenn er unsere Ehe nicht auf Dauer retten konnte. Als er ein Jahr alt war, trennte ich mich von Henny und ging nach Frankreich, Alexander blieb bei Henny in Köln. Aber einige Monate später kam sie doch nach. Die Familie um mich zu haben, empfand ich als großes Geschenk, die Zeit in Frankreich war privat eine der glücklichsten in meinem Leben.

Doch die Ehe zwischen mir und Henny war eben nicht zu retten, und 1985 trennten wir uns endgültig. Seit dieser Zeit lebte ich nicht mehr mit Alexander unter einem Dach; er war da gerade mal vier.

Da Henny Arbeit und Kind nicht unter einen Hut bekam, zog Alexander zu Hennys Mutter nach Herzogenrath-merkstein, einem kleinen Ort bei Aachen. Die Oma war ein wundervoller Mensch und Alexander liebte sie über alles. Die Parallelen zu meinem Leben sind unübersehbar. Dass ich Alexander zu mir nahm, stand nicht zur Debatte, das hätte ich mit meiner damaligen Lebensführung und meiner Karriere ebenfalls nicht organisieren können. Ich hatte damals keine feste Partnerin, sondern schwang mich von einem Abenteuer zum nächsten. Alexander war ein außergewöhnliches Kind und das sage ich nicht nur, weil ich sein Vater bin. Er hatte etwas Weises an sich und war sehr schlau. Mit elf Jahren konnte man sich mit ihm über ernste Themen unterhalten. In der Schule war er ein Ass. Auf dem Humanistischen Gymnasium hatte er einen Notendurchschnitt von 1,3. Dazu war er sehr sportlich, spielte Tennis und Golf. Er lachte viel und gern, man musste ihn einfach mögen.

Johanna

Nach meiner aktiven Zeit als Fußballer machte ich eine schwierige Zeit durch. Ich fing ich in einer Marketingagentur an, wo ich mit meinem Namen den Türöffner gab. Ende 1994 war die Agentur auf der Suche nach einem Sponsor für einen TV-Fußballtalk. Uli Melchior des Restaurants „Frankfurter Haus" in Neu-Isenburg, gab mir den Tipp, mich an die Kelterei Höhl zu wenden, Johanna Höhl, das Gesicht des „Alten Hochstädter" Apfelweins, sei möglicherweise für so etwas offen.

Wenige Tage später stand ich im Büro von Johanna in Hochstadt. Später erzählte Johanna mir, dass sie damals dachte: „Endlich." Und auch ich fühlte mich gleich zu ihr hingezogen. Wir sprachen über das Geschäftliche, doch die ganze Idee zerschlug sich relativ schnell. Schließlich war es der Bierbrauer Warsteiner, der die Sendung, die ein Jahr später, im September 1995 beim DSF auf Sendung ging, sponserte. Johanna und ich blieben in Kontakt und sahen uns immer öfter. Wir gingen viel spazieren und begannen, Händchen zu halten. Es war eine ganz sachte Annäherung, völlig untypisch für mich, doch ich spürte, dass diese Frau, die mit ihren beiden Kindern getrennt von ihrem Mann bei den Eltern lebte, etwas ganz Besonderes war und keine schnelle Affäre. Nach drei Monaten waren wir unzertrennlich. Wenig später zog Johanna bei ihren Eltern aus und in eine eigene Wohnung. Ihr Ex-Mann kam ein halbes Jahr später bei einem Verkehrsunfall ums Leben. Das war für sie ein schwerer Schlag, von den beiden Kindern ganz zu schweigen, die nun ohne ihren Vater aufwachsen mussten.

Johanna lernte also Alexander kennen, als er 13 Jahre alt war. Sie verstanden sich auf Anhieb prächtig.

Die niederschmetternde Diagnose

Anlässlich meines 42. Geburtstags war Alexander wieder mal bei mir. Wir spielten in unserer Stammhalle in Dreieich-Sprendlingen Tennis, als er plötzlich aufhörte: „Ich bin so müde." Ich dachte mir nichts weiter dabei.

Es war der 21. Juli 1996. Johanna und ich waren gerade von unserem Urlaub aus Spanien zurückgekehrt, frisch verliebt und rundum glücklich. Ich saß auf dem Balkon meiner kleinen Junggesellenwohnung in Offenbach, als das Telefon klingelte. Henny, meine Exfrau, war am Apparat. In dieser Sekunde veränderte sich mein Leben schlagartig. Nichts würde danach mehr so sein wie vorher. Das Schicksal kann ein sehr mieser Verräter sein. Als Henny mir sagte, dass Alexander einen Gehirntumor habe, erfasste mich eine bleierne Lähmung und die Vorahnung, dass mein Sohn nie mehr gesund werden würde.

Ich ließ alles stehen und liegen, setzte mich ins Auto und fuhr nach Aachen, von einer tiefen Hoffnungslosigkeit durchdrungen. Alexander lag im Klinikum in Aachen, wo er auf eine Gehirnoperation vorbreitet wurde. Es war die Hölle.

Als ich in Aachen ankam, saß Alexander im Bett und blickte mir voller Wiedersehensfreude entgegen. Man sah man ihm seine schlimme Krankheit nicht an.

Ich riss mich zusammen, um fröhlich und aufmunternd zu wirken. Alexander war normalerweise nicht auf den Mund gefallen und sehr wortgewandt, aber jetzt stockte seine Sprache. War das schon die zerstörerische Kraft des Gehirntumors? Professor Gilsbach, einer der besten Neurochirurgen in Deutschland, hatte zu einer Operation geraten. Obwohl wir die exakte Diagnose zu diesem Zeitpunkt noch nicht hatten, fühlte Henny ganz klar, dass Alexander sterben musste. Vielleicht haben Mütter da noch feinere Antennen als Väter. Oder vielleicht klammerte ich mich an die Hoffnung auf ein Wunder.

Alexander wurde im Bett zur OP gerollt. Wir begleiteten ihn bis vor den OP-Raum und übergaben ihn dort dem Klinikpersonal. Die Tür schloss sich und wir waren mit uns und unseren Ängsten allein.

Als ewiger Optimist, der ich bin, wollte ich die Diagnose nicht wahrhaben: Glioblastom Stufe 4, der bösartigste Gehirntumor, der bis heute als unheilbar gilt. Die Operation mit anschließender Strahlentherapie konnten also lediglich eine lebensverlängernde Wirkung haben. Eine Schwester sagte mir auf dem Flur: „Herr Müller, genießen Sie jeden Tag mit Ihrem Sohn, er wird nicht wieder gesund werden."

Alexanders Tod

Henny und ich waren uns einig, dass wir die Zeit, die Alexander noch blieb, für ihn so schön wie möglich gestalten wollten. Er sollte auf jeden Fall so lange es nur irgendwie möglich war die Schule besuchen. Er ging gerne in die Schule. Dabei erkannte er seine Situation in aller Klarheit. Mit großer Traurigkeit nahm er jede Einschränkung und jeden Rückschritt in seinem Leben wahr. Der Tumor eroberte sich unerbittlich einen Funktionsbereich nach dem anderen und Alexander konnte in der Schule bald nicht mehr mithalten.

Hennys beste Freundin hatte eine Tochter in Alexanders Alter. Anja und Alexander kannten sich von klein auf. Als Alexander nicht mehr in die Schule gehen konnte, beschlossen wir, dass Henny und Alexander zu Anja und ihrer Mutter nach Porz ziehen würden. Damit war ein 24-Stunden-Rundumpflege für Alexander gesichert.

Ich richtete mir mein Leben so ein, dass ich mindesten zweimal die Woche nach Porz kommen konnte. Die Gefühle, die diese Besuche begleiteten, sind mir noch heute gegenwärtig. Die Fahrt nach Köln wurde nie zur Routine. Immer und immer wieder fuhr ich die 160 Kilometer gelähmt vor Angst zu meinem Sohn. Wenn ich bei ihm weilte, war ich unheimlich stark und nahm woher auch immer die Kraft, Geschichten erzählen, zu flachsen und zu lachen.

Einmal lagen wir zusammen im Bett, da sagte er zu mir: „Papa, ich habe doch noch so viel vor…"

Ich verabschiedete mich jedes Mal mit den Worten: „Also dann bis übermorgen und halt die Ohren steif!" Sobald ich im Auto saß, hatte ich das Gefühl, man würde mir das Herz aus dem Leib reißen, und ich weinte oftmals den ganzen Weg bis nach Hause. Ich war einfach nur verzweifelt und hatte das Gefühl, so aberwitzig das klingt, dass Alexander mir Kraft gab. Deshalb versuchte ich so oft wie möglich bei ihm zu sein. Wie tief man doch Liebe empfinden konnte. Und je tiefer die Liebe, desto schmerzhafter das Loslassen. Alexander war mein einziges Kind, mit dem ich eine ganz tiefe Verbundenheit hatte und nun entriss mir das Schicksal diese große Liebe. Wie sollte ich das überstehen? Ich stellte mir sein Leid nicht nur vor, ich fühlte es mit ihm. Ein unfassbarer Schmerz überschattete meine Tage und Nächte. Weihnachten 1996 wollte Alexander, wie früher so oft, im Jagdhaus meiner Mutter im Vogelsberg verbringen. Ich holte ihn in Porz ab. Es schneite, die A3 war dicht und wir brauchten zehn Stunden bis nach Offenbach. Alexander, schon spürbar gezeichnet, war vergnügt, das schwere Sprechen schien ihn nicht zu belasten und ich genoss die Autofahrt mit meinem Sohn trotz allem. Anja, seine Freundin, saß mit uns im Wagen und wir freuten uns auf die Tage im Vogelsberg, wohin auch meine Mutter kommen wollte. Uns allen war klar, dass es Alexanders letztes Weihnachtsfest werden würde. Die Stimmung war fröhlich und entspannt, es waren unbeschwerte Tage, die wir zusammen verbrachten. Die letzten in Alexanders Leben. Sein Verfall wurde von Woche zu Woche sichtbarer. Sein Sprachzentrum wurde vom Krebs zerfressen und eines Tages konnte er nur noch „Automat, Automat" sagen. Das Kortison hatte seinen Körper zu einer nur noch schwer manövrierbaren Masse deformiert und sein hübsches Gesicht entstellt. Aber sein Verstand arbeitete noch und quälte ihn. Er fing an, sich für sein Aussehen und seinen Zustand zu schämen. Die letzte Phase der Krankheit fesselte Alexander ans Bett. Henny und ich ließen seine Lieblingsserie *Al Bundy* laufen, spielten seine Lieblingsmusik, zündeten Kerzen an und waren ständig um ihn. Der eigentliche Übergang in den Tod war ein ganz besonderes Erlebnis. Henny und ich merkten, dass es täglich bergab ging und Alexander auch aufgrund der starken Schmerzmittel immer schwächer wurde. Es war eine laue Frühlingsnacht Ende Mai. Ich saß an seinem Bett, wir hatten das Fenster geöffnet und der Wind wehte sanft durch die Vorhänge. Der einzige Lichtschein kam von den vielen Kerzen, die Henny für ihren Sohn angezündet hatte. Alexander war ruhig und es breitete sich eine Stimmung des Friedens aus. Ich betete für meinen Sohn und mit einem Mal fühlte ich Engel im Zimmer – ganz deutlich und fast körperlich spürbar. Ich empfand es als Gnade, dass Alexander von dieser mächtigen Energie ins Jenseits begleitet werden sollte. Bis heute bin ich mir sicher, dass diese Engel real waren und meinem Sohn als auch mir helfen wollten, diesen unglaublich schweren Moment zu meistern. Vielleicht hat mir diese Erfahrung geholfen, diesen schweren Schicksalsschlag zu verarbeiten und den Tod meines Sohnes als Teil meines Lebens zu akzeptieren und annehmen zu können.

Annehmen und Loslassen, das musste man lernen. Alexander ist inzwischen seit über 20 Jahren tot, aber wenn ich an ihn denke, fühle ich immer noch Schmerz. Zwar ohne Verbitterung oder Groll und Auflehnung gegen das Schicksal – ich habe den Tod meines Sohnes angenommen – aber es ist wie eine verheilte Wunde, die eine schmerzende Narbe hinterlässt. Sie wird ewig bleiben.

Die Beerdigung fand in Merkstein statt. Viele meiner Wegbegleiter aus Köln kamen, aber auch mein ehemaliger Trainer in Bordeaux, Aimé Jacquet, und Gernot Rohr kamen zur Trauerfeier. Nach der Trauerrede des Pfarrers spielten wir den Song „Tears in Heaven" von Eric Clapton. Das Lied handelt von der Trauer des Sängers nach dem Unfalltod seines vierjährigen Sohnes. Das Lied zerreißt einem das Herz, doch es erinnert auch daran, dass der Tod allgegenwärtig ist und niemand davon verschont bleibt.

Nach Alexanders Tod
Der Tod Alexanders war definitiv eine Zäsur in meinem Leben. Ich trank danach viel, fühlte mich antriebslos. Johanna und ich trennten uns kurzzeitig. Heute weiß ich, ich brauchte Raum und Zeit, um den Verlust zu verarbeiten.

Auch beruflich war es schwer für mich in jener Zeit. Das Leben um mich herum lief ganz normal weiter, doch ich fühlte mich dem oft kaum gewachsen. Als ich wieder mit Johanna zusammenkam, war sie es, die mir Kraft gab. Auch viele Freunde standen mir bei. Das ist in solchen Momenten sehr wichtig, auch wenn man letztlich ganz allein mit dem Schmerz fertig werden muss.

Ich fragte mich unzählige Male, warum. Warum erlebt man schreckliche Verluste? Warum gibt es so viel Leid? Warum bekommt mein Sohn, der nie ein böses Wort gesprochen hat, einen Gehirntumor und stirbt? Darauf gibt es keine Antwort. Dennoch muss man seinen Frieden finden, die Dinge akzeptieren. Das Wichtigste ist, nicht in Selbstmitleid zu ertrinken. Ich habe es geschafft, indem ich mich auf die schönen und positiven Dinge in meinem Leben konzentrierte. Ich sage mir, ich hatte fünfzehneinhalb tolle Jahre mit meinem Sohn, dafür will ich dankbar sein. Die Erinnerung an sein Lachen, unsere gemeinsamen Momente sind das, was bleibt.

Auch die Fußballschule hat mir geholfen, mit ihr habe ich etwas gefunden, womit ich Kindern etwas geben kann: Liebe, Aufmerksamkeit und eine schöne Zeit. Da ist etwa Svenni, ein Junge mit Down-Syndrom, der über Jahre bei mir mittrainierte. Er ist jetzt erwachsen und kommt noch manchmal zu Besuch. Auch Kindern, die sich das Training nicht leisten können, ermöglichen wir die Teilnahme. Diese Arbeit erfüllte mich; von den Kindern habe ich unglaublich viel zurückbekommen. Gerade auch, weil wir uns bei der Fußballschule an finanziell schlechter gestellte Familien richten und dank unserer Sponsoren auch Kindern tolle Fußballferien ermöglichen können, die sich das im Normalfall nicht hätten leisten können.

Mit Johanna bekam ich keine Kinder. Ich wollte nicht. Aber wir sind mit ihren zwei Kindern zu einer neuen Familie zusammengewachsen. Die beiden haben ihren Vater verloren, ich meinen Sohn. Dieses gemeinsame Schicksal half uns allen, mit dem Verlust umzugehen.

Ich denke oft an Alexander, er ist immer bei mir. Heute wäre er 38 Jahre alt, hätte vielleicht eine Familie, Kinder, und er würde mit meinen Enkeln öfters vorbeischauen. Es ist nicht so und das ist sehr, sehr traurig. Aber ich bin nicht verbittert, und dafür bin ich dankbar.

Präsident beim OFC

2000-12

Es dauerte, bis ich mich vom Tod Alexanders erholte. Ich steckte viel Energie in den Ausbau meiner Fußballschule. Es war 2000, als ich bei meinem Heimatverein, dem OFC, eine neue Tätigkeit fand. Die Kickers waren in jenem Jahr aus der Zweiten Liga abgestiegen. Hinter den Kulissen formierten sich verschiedene Fraktionen. Der Technische Direktor Klaus Gerster, ehemaliger Manager von Eintracht Frankfurt, Borussia Dortmund und langjähriger Spielerberater, war vielen im Verein zu mächtig geworden, auch weil OFC-Präsident Dr. Lothar Winkler im November 1999 verstorben war und es außer Gerster keinen weiteren starken Mann gab. Neuwahlen waren erst für Ende 2000 anberaumt. Vor allem Horst Jung, dem das Portas-Unternehmen gehörte und der den Verein jahrelang großzügig unterstützte, dementsprechend großen Einfluss hatte, strebte einen Neuanfang ohne Gerster an.

Zunächst stand dem OFC ein turbulentes Halbjahr in der damaligen Regionalliga Süd bevor, das im deutschen Fußball seinesgleichen sucht: Zwischen August und Dezember 2000 erlebte der Verein sieben verschiedene Trainerkonstellationen. Und dabei spielte auch ich eine Rolle.

Trainer beim OFC

Zunächst einmal trennten sich die Wege von Peter Neururer und dem OFC nach nur zwei Spielen. Gerster holte Trainerlegende Dragoslav Stepanovic als neuen Chefcoach. Doch der trat Ende September von sich aus zurück, weil der Verein ihm keinen Vertrag für die darauffolgende Saison geben wollte. Sowohl Neururer als auch Stepanovic konnten in dieser kurzen Zeit keine Visitenkarte hinterlassen: Die Mannschaft rutschte auf den letzten Tabellenplatz. Dabei war vor der Saison als Ziel der direkte Wiederaufstieg ausgegeben worden ... Als Nächster übernahm Ex-Spieler und Gymnasiallehrer Knut Hahn die Leitung der Mannschaft. Er trainierte die A-Jugend des Klubs und sollte nur für die Zeit der Herbstferien einspringen. Das Engagement erstreckte sich dann über einen Monat, in dem vier Unentschieden zustande kamen – und der letzte Platz in der Regionalliga Süd zementiert wurde. Gerster suchte abermals nach einem neuen Trainer, sein Wunschkandidat Djuradj Vasic, der Trainer von Schweinfurt 05, erhielt keine Freigabe. Was also tat Gerster? Er übernahm selbst das Team, zusammen mit Vizepräsident Wilfried Kohls. Doch nach zwei Spielen und zwei Niederlagen, hoppla, wechselte der Übungsleiter zum vierten Mal. Knut Hahn übernahm abermals und saß gegen Darmstadt und Burghausen auf der Bank. Null Punkte, aber vor allem das 0:5 bei Wacker Burghausen im November 2000 sorgten für ein abermaliges Umdenken. Gerster rief mich an und fragte, ob ich für die restlichen vier Partien des Jahres die Mannschaft trainieren könne. Ich sagte zu, aber nur unter der Bedingung, dass ich mir den Job mit Ex-Stürmer und Fanliebling Oliver Roth teilen dürfe, der nach dem Zweitligaabstieg des OFC seine Karriere beendet hatte und inzwischen als Wertpapierhändler tätig war. Im Winter wollte man dann eine dauerhafte Lösung finden.

Am 13. November 2000 leiteten wir das erste Training. Mittlerweile war das Team seit acht Spielen ohne Sieg, 14 Punkte nach 16 Spielen waren die magere Gesamtbilanz. Vor uns saß eine völlig verunsicherte, matte Mannschaft, die den Glauben an sich verloren hatte. Wir reaktivierten mit Matthias Becker und Tom Stohn einige zuvor suspendierte Spieler, versuchten Freude und Begeisterung zu entfachen und einen Stimmungsumschwung herbeizuführen. Gegen Regensburg, wo wir 0:1 verloren, klappte das noch nicht, aber zum Rückrundenauftakt fuhren wir endlich wieder einen Sieg ein: 1:0 gegen das Spitzenteam aus Trier. Es folgte ein 0:3 in Erfurt und ein 1:1 zu Hause gegen die Bayern-Amateure. Damit war auch unser Trainerjob beendet. Der OFC belegte weiter den letzten Tabellenplatz und endlich war Winterpause.

Ernennung zum Präsidenten

Die Jahreshauptversammlung sollte wenige Tage nach dem letzten Spiel stattfinden. Mit Professor Ulf Tunn, bis dato Vizepräsident im Verein, hatte Horst Jung einen Mitstreiter gewonnen, der sich das Amt des OFC-Präsidenten vorstellen konnte, wenn er auch keinen allzu großen Enthusiasmus zeigte. Ich traf Klaus Gerster damals zufällig auf einem Golfplatz. Thema waren natürlich die Kickers und irgendwann fragte mich der gewiefte Manager, ob ich mir vorstellen könnte, Präsident zu werden. Ich schaute ihn überrascht an und fragte, ob er das ernst meine. Er nickte. Ich überlegte. Ich hatte ja nichts zu verlieren. Meine Fußballschule lief gut, ich hatte die notwendige Zeit. Warum sollte ich also keine Verantwortung übernehmen, wenn es meinem Heimatklub, dem ich jahrzehntelang als Mitglied die Treue gehalten hatte, gerade schlecht ging? Gerster bat mich, Stillschweigen zu wahren und am Abend der Jahreshauptversammlung so zu tun, als sei ich überrascht. Ich sollte an diesem Abend zu Gersters Trumpf werden, war sozusagen sein Ass im Ärmel.

Am 10. Dezember 2000 fand die mit Spannung erwartete Jahreshauptversammlung statt. Es kamen viermal so viele Mitglieder wie üblich, über 1000 Menschen versammelten sich in der Offenbacher Stadthalle. Klar war mittlerweile, dass sich niemand im Vorfeld für den Posten des Präsidenten beworben hatte. Auf der Versammlung ging es turbulent zu. Gerster trieb Horst Jung, seinen größten Kritiker in die Enge: Er forderte ihn auf, Verantwortung zu übernehmen, wohl wissend, dass Jung niemals für ein Amt kandidieren würde. Klar war auch, dass Gerster nicht zurücktreten wollte. Und so verging Stunde um Stunde. Vorwürfe, Beschuldigungen, Anfeindungen von allen Seiten, aber niemand, der das schlingernde Schiff steuern wollte und vor allem: der von allen Mitgliedern akzeptiert wurde. Es ging auf Mitternacht zu, als Gerster ans Mikrofon ging. Ich wusste, dass jetzt der entscheidende Moment gekommen war. Gerster sagte: „Wir brauchen einen starken Mann, der von uns allen anerkannt und unterstützt wird. Mir fällt da nur ein Name ein: Dieter Müller", und zeigte auf mich. Der ganze Saal drehte sich nach mir um. Die Überraschung war groß. Mit mir hatte keiner gerechnet, doch schon mischte sich unter das Raunen lauter Applaus. „Dieter", rief Gerster, „kannst du dir vorstellen, das Amt in dieser schweren Situation zu übernehmen?" Ich erhob mich, ging zu einem der Mikrofone und sagte schlicht: „Ja". Danach ging alles recht schnell. Ich wurde mit großer Mehrheit gewählt, Thomas Kalt und Edgar Old wurden Vizepräsidenten und Thomas Delhougne der neue Schatzmeister. Ich ging ans Rednerpult und zog eine von mir vorbereitete Rede aus dem Sakko. Das wollte ich mir nicht nehmen lassen, egal wie es aussah. Gerster wurde beinahe ohnmächtig, als er die Zettel bemerkte, denn er wollte ja unter allen Umständen, dass sein Coup wie eine spontane Idee wirkte. Sein Gegner, Horst Jung, registrierte den Sachverhalt, aber ansonsten ging dieses Detail in der allgemeinen Aufregung zum Glück unter. Ich wurde anschließend mit Standing Ovations gefeiert. So schnell konnte das in Offenbach gehen.

2001: Platz 10 in der Regionalliga Süd

Auf einmal war ich also Präsident meines Heimatklubs. Und wurde zum neuen Hoffnungsträger. Dabei hielt ich mich aus dem operativen Geschäft völlig heraus. Ich beriet in sportlichen Fragen, versuchte mit meinem Namen Türen zu öffnen, den Klub zu repräsentieren, den Kontakt zum DFB zu pflegen; um die finanziellen, buchhalterischen und finanziellen Angelegenheiten kümmerten sich Thomas Kalt, Edgar Old und Thomas

Delhougne. Die Probleme waren im Dezember 2000 ja groß. Wir standen nicht nur auf dem letzten Tabellenplatz, es fehlte eine Million Mark in der laufenden Saison und wir konnten die Gehälter nicht mehr in vollem Umfang zahlen, dazu belastete uns ein Schuldenberg von sechs Millionen Mark. Das in Erbpacht dem OFC überschriebene Stadion war marode, verursachte horrende Kosten. Es standen also wegweisende Entscheidungen an. Erst einmal musste ein neuer Trainer her. Ich machte Ramon Berndroth, Trainer der zweiten Mannschaft, zum neuen Coach – eine meiner besten Entscheidungen. Er entpuppte sich in jeder Hinsicht als Glücksgriff. Anfang Januar rief ich dann Klaus Gerster an und erklärte ihm, dass wir uns von ihm trennen würden. Es fiel mir nicht leicht, den Mann zu feuern, der mich geholt und in seinen fünf Jahren als Manager den Klub aus der Viertklassigkeit zurück in die Zweite Liga gebracht hatte, aber ein wirklicher Neuanfang musste her. Gerster nahm die Entscheidung zum Glück professionell auf. Oliver Roth, mein ehemaliger Partner als Trainer, nahm seine Position ein. In dieser neuen Konstellation vollbrachten wir dann Unglaubliches. Ramon Berndroth und der neue Co-Trainer Michael Dämgen bauten den Kader um, legten Wert auf Disziplin, taktische Finessen und führten die Mannschaft vom letzten Platz auf einen Nichtabstiegsrang. Am Ende wurde es sogar Platz zehn, und das bei vier Absteigern in einem 18er-Feld. Ganz klar: Berndroth rettete uns. Wenn wir damals die Liga nicht gehalten hätten, wären wir mausetot gewesen.

2005: Wieder in der Zweiten Liga, das Trainerkarussel dreht sich weiter

Wir konsolidierten uns in den darauffolgenden vier Jahren und stiegen 2005 sogar wieder in die Zweite Liga auf. Wir hatten einen schlagkräftigen Kader zusammengestellt, der aus bewährten Spielern wie Suat Türker und Christian Müller sowie hervorragenden externen Verstärkungen bestand. Vor allem die Neuzugänge Sascha Ciric, Laszlo Kanyuk und Stephan Sieger, die wir auch dank meines Einflusses verpflichten konnten, machten unser Team stärker. Und wieder, wie schon 1999, war es Hans-Jürgen Boysen, dem es als Trainer gelang, die Mannschaft zum Titel der Regionalliga Süd zu führen. Ich halte ihn für einen wirklich guten Coach und wundere mich bis heute, dass er nie einen Trainerposten in der Bundesliga bekam. Ein Jahr zuvor hatte der OFC ihn auf meinen Vorschlag hin für den glücklosen Lars Schmidt eingestellt. Ich hatte also durchaus ein gutes Händchen bei Trainern. Manches Mal lag ich aber auch daneben, auch beim Managerposten. 2005 installierten wir Uwe Bein, Weltmeister von 1990 und überragender Spieler des letzten Bundesligakaders des OFC in der Saison 1983/84, als Sportdirektor. Wir mussten aber schließlich einsehen, dass diese Konstellation nicht funktionierte. Nach sechs Monaten beendeten wir das Kapitel und Michael Dämgen wurde sein Nachfolger.

Es folgten aufregende Jahre im Unterhaus der Bundesliga. Wir starteten mit einem 2:1 Auswärtssieg beim Bundesligaabsteiger Hansa Rostock in die Saison 2005/06, am Ende der Hinrunde belegten wir Rang 15. Als im Januar 2006 auch das erste Spiel des Jahres gegen Rostock mit 1:3 verloren wurde und dem OFC das Tabellenende drohte, mussten wir handeln und trennten uns von Hans-Jürgen Boysen, obwohl er im Fanlager des OFC nach wie vor einen guten Stand hatte. Unter seinem Nachfolger Wolfgang Frank rutschten wir auf den letzten Tabellenplatz ab, retteten uns aber an den letzten Spieltagen durch einen sensationellen 4:0-Sieg beim Mitkonkurrenten 1. FC Saarbrücken und ein hochverdientes 2:0 gegen den Bundesligaaufsteiger Energie Cottbus. Ein erneuter direkter Abstieg war uns erspart geblieben und damit war die Grundlage geschaffen, den Verein in der Zweiten Bundesliga zu etablieren. Wir sahen der sportlichen Zukunft mit Zuversicht entgegen. Aber auch in der zweiten Saison in der 2. Liga mussten wir mit

Frank als Trainer kräftig zittern. Es war am Ende ziemlich knapp. Wir retteten uns erst am letzten Spieltag mit einem 1:1 gegen Braunschweig, aber auch nur, weil Essen in Duisburg und Haching in Rostock verloren. Ein Remis hätte beiden genügt. Wir hatten echt Glück gehabt. Doch es wurde nicht besser.

2007-12: Der lange Abstieg bis zur Regionalliga Südwest

In unserer dritten Zweitligasaison beraumte das Präsidium nach der Pokal-Klatsche im Oktober gegen Hansa Rostock eine Sitzung mit der Mannschaft an, um sich ein Stimmungsbild zu machen. Für Wolfgang Frank war das ein nicht hinnehmbarer Vertrauensverlust, er warf die Brocken hin. Der leider inzwischen verstorbene Frank war sicher einer der besten Trainer, den man sich für den OFC zur damaligen Zeit vorstellen konnte, aber er hatte seine Prinzipien. Mit Jørn Andersen kam im November 2007 ein Trainer, der leider nicht in Franks Fußstapfen trat. Seine Verpflichtung war ein Fehler, den ich auf meine Kappe nehmen muss. Andersen übernahm die Mannschaft auf dem 14ten Rang und erhielt mit Aristide Bancé eine für OFC-Verhältnisse außergewöhnliche Verstärkung. Trotzdem stiegen wir ab. Das kuriose dabei war, dass wir in der ganzen Saison nicht einmal auf einem Abstiegsplatz gestanden hatten – bis eben auf den 34. Spieltag. Nach einer 0:3-Niederlage beim direkten Konkurrenten in Osnabrück und dem zeitgleichen 3:0-Sieg des 1. FC Kaiserslautern, der ausgerechnet gegen den bereits aufgestiegenen 1. FC Köln gewann, mussten wir runter. Unnötig und völlig überflüssig.

In den letzten Jahren meiner Amtszeit zwischen 2008 und 2012 versuchten sich Trainer wie Hans-Jürgen Boysen, Steffen Menze, Wolfgang Wolf, Thomas Gerstner und Arie van Lent am Unternehmen Aufstieg. Bis 2011 arbeitete ich auch eng mit Andy Möller zusammen, der 2008 unser Manager wurde. Andy war wie ich für den sportlichen Bereich zuständig und machte das ordentlich, aber die Bedingungen waren schwierig, auch weil man es mit Konkurrenten wie dem SC Paderborn, Union Berlin, Eintracht Braunschweig und Hansa Rostock zu tun hatte.

Alle Personalentscheidungen brachten am Ende leider nicht den erhofften Erfolg. Zwar gab es tolle Ergebnisse im DFB-Pokal, allen voran der Sieg gegen Borussia Dortmund, das in dieser Saison die erste Meisterschaft unter Jürgen Klopp feierte. Unter Steffen Menze und Wolfgang Wolf stand der OFC auch an der Spitze der Dritten Liga, doch am Ende reichte es nie. Die Fans und das mediale Umfeld wurden mit den Jahren immer kritischer. Mit einem siebten Tabellenplatz in der Dritten Liga wollten sie sich nicht mehr zufriedengeben. Mir war klar: Als Präsident musste ich für alles, was schiefläuft, geradestehen. Trotzdem belastete mich das sehr.

Nachdem wir in den Jahren davor zumindest im vorderen Tabellendrittel der Dritten Liga angesiedelt waren und mit Sebastian Rode und André Hahn Talente entwickelt hatten, die bei anderen Vereinen zu Spitzenspielern wurden, lief die Saison 2012/13 von Anfang an schlecht für den OFC. Die Stimmung wurde zusehends negativer, große finanzielle Probleme kamen hinzu.

Ende meiner Amtszeit

2012 spürte ich einen gewissen Verschleiß auf allen Seiten. In den Hinterzimmern auch von ehemals Verbündeten wurde ein neuer Präsidentschaftskandidat aus dem Ärmel geschüttelt, ohne dass man mit mir gesprochen hätte. Der neue Mann, Dr. Frank Ruhl, stellte sich mir noch nicht einmal vor. Das empfand ich alles als sehr trostlos, weshalb ich der Jahreshauptversammlung im September 2012 fernblieb. Meine Amtszeit fand ein unwürdiges Ende, nachdem ich so lange im Amt gewesen war wie kein anderer Präsident in der über 100-jährigen Geschichte des Vereins. Was bleibt, sind der Zweitliga-Aufstieg im Jahr 2005, aber auch der Bau des neuen Stadions, die Art und Weise meines Abgangs tut dagegen noch immer weh.

Stefanie

Der Verlust meiner Schwester Stefanie im Jahr 2015 ließ mich restlos traurig und ratlos zurück. Zu meiner zwölf Jahre jüngeren Schwester hatte ich Zeit meines Lebens eine enge Beziehung gehabt. Sie war mir in den 80er-Jahren sogar nach Frankreich gefolgt. Auch später, als ich wieder in Offenbach lebte, sahen wir uns häufig. Sie lebte ganz in meiner Nähe, und kam beinahe zu jedem Heimspiel der Kickers, als ich dort Präsident war. Sie hatte einen netten Mann gefunden, wurde zweimal Mutter und doch hatte ich das Gefühl, dass sie immer auf der Suche war. Sie wirkte oftmals verloren, versuchte sich irgendwie an das Leben anzupassen mit all seinen Herausforderungen und scheiterte am Ende. Sie fing an zu trinken. Den Auslöser dafür weiß ich nicht, aber gibt es dafür immer einen Auslöser?

2005 war es mir zum ersten Mal aufgefallen. Wir wollten beim Notar in Frankfurt zusammen etwas erledigen. Stefanie kam nach Hochstadt und hatte auf dem Weg kurz vor der Ankunft einen Unfall. Sie war mit einem anderen PKW an einer Kreuzung zusammengestoßen. Als ich bei ihr an der Unfallstelle war, merkte ich, dass etwas nicht mit ihr stimmte. Sie redete wirres Zeug und war völlig durcheinander. Ich fragte sie, ob ich sie nach Hause fahren sollte. Da sagte sie: „Nein, ich schaffe das." Ich ließ sie allein nach Hause fahren, wo sie kollabierte. Die Diagnose lautete Leberzirrhose. Sie brauchte eine neue Leber. Es stellte sich heraus, dass sie schon länger an der Flasche hing. Für mich war das schockierend und eigentlich unvorstellbar. Ich merkte, dass ich sie eigentlich weniger kannte, als ich gedacht hatte. Meine Schwester war alkoholabhängig, so wie ihr Mann im Übrigen auch. Und auch das hatte ich nicht. Oder wollte ich es nur nicht wahrhaben?

Stefanie wurde operiert und kam zum Entzug in eine Klinik im Schwarzwald. In dieser Zeit trennte sie sich von ihrem Mann. Er kam über die Trennung nie hinweg und wurde anderthalb Jahre später in seiner Wohnung tot aufgefunden.

Meine Schwester schaffte es, sieben Jahre „clean" zu bleiben. Dann fing es wieder an.

Sie war in Spanien im Ferienhaus unserer Mutter, als meine Nichte uns anrief: „Mama ist tot." Die Todesursache war Organversagen. Stefanie hatte einen Mix aus Tabletten mit Alkohol zu sich genommen. Zuviel für ihren bereits geschwächten Körper. Wieder hatte ich einen geliebten Menschen verloren, mein Neffe und meine Nichten, die damals 17 und 23 alt waren, standen ohne Eltern da.

Leben oder Tod

Herzinfarkt 30. September 2012
Der Tag, an dem ich beinahe mein Leben verlor, begann in der Schweiz. Johanna und ich waren für ein paar Tage in Saanen gewesen. Die Höhls besaßen in dem schicken Bergort ein kleines Domizil, was wir ab und an in Beschlag nahmen, um die Landschaft, die Luft und vor allem den Golfplatz zu genießen. Die Rückfahrt war anstrengend, für die knapp 500 Kilometer brauchten wir acht Stunden. Vor allem das letzte Stück auf der A3 zwischen Frankfurt-Flughafen und Offenbacher Kreuz hatte es in sich. Ein Unfall hatte sich ereignet, dazu waren Tausende Fußballfans auf dem Weg in die Commerzbank-Arena, um sich das Bundesligaspiel zwischen der Eintracht und dem SC Freiburg anzuschauen.

Die Straße zu unserem Haus führt direkt an der ehemaligen familieneigenen Höhl-Kelterei vorbei. Als wir Mitte der 90er-Jahre ein Paar wurden, bauten wir wenig später keine 100 Meter von der Firma entfernt ein Haus, das mit seiner Kieseinfahrt, den blauen Fensterläden, den Terracotta-Fliesen und der einladenden Terrasse einem französischen Landhaus nachempfunden war. Daran war ich als großer Frankreich-Liebhaber nicht ganz unschuldig. Mir war ein schönes Zuhause immer wichtig.

Kaum zu Hause angekommen, sagte Johanna: „Ich geh nochmal rüber in die Firma und schau nach der Post." Ich war darüber gar nicht unfroh, denn ich fühlte mich nicht wohl und war überhaupt nicht in Plauderlaune. Die Reisestrapazen, dachte ich.

„Ich schalte die Sauna an und leg mich dann ins Bett", sagte ich.

„Ja, mach das", rief Johanna und war aus der Tür.

Mir fiel das Atmen schwer und ich spürte einen zunehmenden Druck auf der Brust. Das beunruhigte mich nun doch etwas. Ich verzichtete auf den Saunagang und begab mich ins Schlafzimmer, zog mich aus und legte mich ins Bett. Mir wurde immer übler, schließlich versuchte ich, Johanna anzurufen, aber nur ihre Mailbox sprang an.

Das Engegefühl steigerte sich. Ich versuchte mir einzureden, dass das sicher bald vorübergehen würde, und schaffte es, in so etwas wie einen Halbschlaf zu kommen. Als ich aufwachte, war Johanna immer noch nicht zurück. Als die Haustür aufging und ich ihre Schritte im Flur hörte, lag ich apathisch im Bett. Ich rappelte mich auf, aber es fiel mir schwer.

„Wo warst du? Ich dachte, ich muss sterben", sagte ich, „das war ganz furchtbar."

„Was ist los?"

„Ich weiß nicht, ich hatte Schwierigkeiten mit dem Atmen."

„Dann müssen wir sofort den Notarzt rufen!"

Johanna nahm meine Hand.

„Dieter, die ist ja eiskalt!"

An mehr kann ich mich nicht erinnern.

Zwischen Leben und Tod

Ich hatte einen Herzinfarkt, in dessen Folge es zu einem Herz-Kreislauf-Stillstand kam. Ein Herzkranzgefäß war verstopft, sodass kein Sauerstoff mehr zum Herzen transportiert werden konnte. Ich war ein „typischer" Kandidat für so etwas: Ich hatte Übergewicht (ich wog zum damaligen Zeitpunkt etwa 115 Kilogramm), aß viel zu viel Fleisch, trank nicht wenig Alkohol und war Kettenraucher. Und ich hatte jede Menge Stress. Meine Absetzung als Präsident von Kickers Offenbach, all die damit verbundenen Querelen und Intrigen hatten mir in den vorangegangenen Monaten ziemlich zugesetzt. Heute vermute ich, dass der Infarkt auch viel damit zu tun hatte, wie ich mich damals seelisch fühlte. Ich hatte mir das alles sehr zu Herzen genommen. Das Herz wollte nicht mehr und blieb einfach stehen. Für fünf Tage schloss ich die Augen und kämpfte um mein Leben. Rund 80 000 Menschen jährlich erleiden in Deutschland einen Herzstillstand. Nur fünf Prozent davon überleben. Wie ich später las, sinkt die Überlebenswahrscheinlichkeit nach einem Herzstillstand pro Minute, die zwischen Zusammenbruch und Defibrillation vergeht, um sieben bis zehn Prozent; nach zehn Minuten steht die Überlebensrate bei plötzlichem Herzstillstand bei null. Niemand wusste, ob ich noch einmal aufwachen würde. Mein Herz stand 31 Minuten lang still. Fast eine ganze Halbzeit ... Wie konnte ich das überleben?

Was man wissen muss: Unser Herz hat einen eigenen Schrittmacher, den Sinusknoten. Er bestimmt über elektrische Impulse die Herzfrequenz. Dadurch besteht die Möglichkeit, dass das Herz seinen Stoffwechsel nicht sofort stoppt. Doch um den Betrieb aufrechtzuerhalten braucht es Energie, Sauerstoff, sonst sterben die Zellen ab. Und mein Körper musste 31 Minuten lang darauf verzichten. Eine Überlebenschance besteht nur dann, wenn nach dem Herzstillstand sofort kontinuierliche Wiederbelebungsmaßnahmen eingeleitet werden. Die Herzmuskelmassage sorgt dafür, dass immerhin etwa 30 Prozent des normalerweise benötigten Sauerstoffs ins Gehirn gelangen können.

Es war Schicksal und großes Glück, dass Johanna neben mir saß, als ich das Bewusstsein verlor. Ohne sie wäre ich heute nicht mehr am Leben. Alles, was ich jetzt erzähle, weiß ich von meiner Frau.

Als ich das Bewusstsein verlor, schrie Johanna meinen Namen, schüttelte mich, schlug mir ins Gesicht. Mein Atem hatte ausgesetzt. Panisch griff sie zum Telefon, das auf dem Nachttisch steht, und wählte die 112: „Mein Mann stirbt, mein Mann stirbt! Er reagiert nicht mehr, atmet nicht!"

Die Rettungskräfte sind auf solche Situationen vorbereitet. „Bleiben Sie ganz ruhig, wir werden das zusammen hinkriegen. Bitte sagen Sie Ihren Namen, die Adresse, wo wir Sie finden, und das Alter des Opfers. Meine Kollegen sind in wenigen Augenblicken bei Ihnen."

Johanna war total außer sich, zitterte. Sie antwortete, verhaspelte sich aber immer wieder. Als der Mann ihre Adresse wiederholte merkte sie, dass sie vor lauter Aufregung die falsche Hausnummer genannt hatte. Sie wiederholte alle Angaben.

„Wo ist Ihr Mann jetzt?"

„Hier im Bett vor mir", sagte Johanna.

„Gut. Versuchen Sie ihn so sachte, wie es geht, auf den Boden zu legen. Fangen Sie mit den Beinen an, heben Sie dann den Oberkörper rüber."

Johanna legte den Telefonhörer ab und versuchte, meinen leblosen 115-Kilogramm-Körper auf den Boden zu wuchten. Es war eine unglaubliche Kraftanstrengung, doch sie schaffte es.

„Legen Sie ihn auf den Rücken, Arme und Beine leicht abgespreizt", kam es aus dem Telefon. „Haben Sie es?"

„Ja."

„Was hat Ihr Mann an?"

„Ein T-Shirt und eine Boxer-Short."

„Okay, Ziehen Sie das T-Shirt hoch und legen Sie ihm eine Hand flach auf das Herz, die andere legen Sie darüber. Dann drücken Sie mit der obenliegenden Hand kräftig zu. Die Brust muss dabei wirklich einsinken. Zählen Sie bis 10 im Sekundentakt und drücken Sie. Dann fangen Sie wieder von vorne an."

„Eins, zwei, drei, vier…"

„Sie müssen schneller zählen! Im Sekundentakt."

„Es knackt so furchtbar!"

„Das macht nichts, Hauptsache, Sie pumpen. Die Rippen wachsen wieder zusammen. Die Sauerstoffversorgung des Gehirns ist jetzt alles, was zählt."

Johanna tat ihr Bestes und massierte unter den Anweisungen des Ersthelfers meinen Herzmuskel. Ich möchte mir heute noch nicht vorstellen, was sie damals durchlitt. Da lag ich und sie wollte mich am Leben sehen, aber tief innen spürte sie die Angst, dass es am Ende vielleicht doch nicht langte.

Endlich waren die Rettungskräfte da, zunächst zwei Notfallhelfer in Zivil, wenig später kam auch der Ambulanzwagen an. Mein Herz stand weiter still. Noch immer atmete ich nicht, trotz aller Bemühungen. Nach und nach füllte sich das Haus mit Menschen. Am Ende waren es rund ein Dutzend. Die Rettungshelfer gaben mir eine blutverdünnende Spritze, schlossen einen Defibrillator an und versuchten, mein Herz mit elektrischen Schlägen wiederzubeleben. Johanna wurde gegen ihren Willen in die Küche geleitet. Eine Seelsorgerin kümmerte sich um sie, bereitete sie darauf vor, dass ich sterben würde. Es gab zu diesem Zeitpunkt nicht viel Hoffnung, dass ich überlebte. Über 20 Minuten lang kämpften die Helfer darum, dass mein Herz wieder ansprang. Je mehr Zeit verging, desto geringer wurde die Chance.

Auf einmal geschah das Wunder: Mein Herz begann wieder zu schlagen. Unglaublich, nach 31 Minuten.

Der erste große Schritt war geschafft, doch was hieß das für mein Überleben? Weniger als zehn Prozent der Herzstillstandpatienten, die reanimiert werden, verlassen eine Klinik gesund. Mein Herz schlug, doch ich war ohne Bewusstsein. Immerhin war ich jetzt transportfähig. Man verlud mich in den Rettungswagen und brachte mich in das nah gelegene Hanauer Krankenhaus.

Johanna saß zwei Stunden in der Notaufnahme, dann erschien ein Arzt und sagte, dass die Kollegen einen Stent gesetzt hätten, um den Blutkreislauf wieder zu gewährleisten. Ich würde einen weiteren Stent brauchen, aber momentan sei das zu gefährlich.

Ich wurde in ein künstliches Koma versetzt, um die Körpertemperatur zu senken, sodass sich der Stoffwechsel verlangsamte. Ich wurde künstlich beatmet und ernährt.

„Wird mein Mann überleben?", fragte Johanna.

„Das Herz macht mir die wenigsten Sorgen, Frau Höhl."
Die Frage war, welcher Dieter Müller ich nach dem Aufwachen sein würde. Eine komplette Lähmung, Sprachstörungen, geistige Aussetzer. Alles war denkbar. Würde ich wieder normal reden können, Sport treiben, ins Stadion gehen? Würde ich allein lebensfähig sein oder ab sofort ein Pflegepatient?

Auf diese Fragen konnte zu diesem Zeitpunkt niemand eine Antwort geben.

„Du nervst"

Ich lag auf der Intensivstation, wo ich vom Notfallbereich in ein Zwei-Bett-Zimmer verlegt wurde. Die ersten zwei Nächte lag neben mir noch ein anderer Mann, der nach einem schweren Verkehrsunfall nicht aufhörte zu stöhnen und schließlich verstarb, wie Johanna erzählte. Ab da war ich allein im Zimmer. Unendlich viele Kabel und Schläuche steckten in mir drin. Am dritten Tag wurde ich „aufgetaut". Ich bekam meine normale Körpertemperatur zurück. Morphine und Sedativa wurden abgesetzt. Es ging nun darum, dass ich von allein wach wurde und wieder selbstständig atmete. Dass mich eine Lungenentzündung erwischte und ich mit Fieber zu kämpfen hatte, machte die Ausgangsituation nicht besser.

Es war der Morgen des fünften Tages, ein Freitag, als Johanna wie an jedem Tag die Intensivstation im Krankenhaus anrief, um sich zu erkundigen, wie die Nacht war. Die zuständige Schwester sagte: „Ich darf Ihnen das eigentlich nicht sagen, aber heute Morgen beim Waschen habe ich gesehen, dass Ihr Mann auf einen Reflex reagiert hat. Es kann gut sein, dass er heute wach wird. Am besten, Sie kommen gleich vorbei."

Johanna sagte meiner Tante Annemarie Bescheid und fuhr an jenem 5. Oktober früh in die Klinik. Als sie eintraf, arbeiteten meine Lungen schon wieder selbstständig und die Beatmungsgeräte waren abgestellt. Ich war mittlerweile in einer Art Dämmerzustand, noch nicht bei Bewusstsein. Aber ich spürte, dass mich etwas störte. Ich fingerte an meinem Hals herum, um mir die Schläuche und Kabel abzureißen. Johanna redete beruhigend auf mich ein und hielt meine Hände fest. Da platzte es aus mir heraus: „Du nervst!"

Ich lebte also wieder. Und vor allem, ich tickte noch richtig. Ich erinnere mich an weitere erste Sätze, die ich nach dem Aufwachen zu Johanna sagte, die mit Tränen in den Augen vor mir stand: „Ich werde aufhören zu rauchen und möchte gerne nochmal Klavierspielen lernen. Ach, und bitte bring mir ein alkoholfreies Weizen." Was sie auch tat …

Dankbarkeit

Dankbarkeit überkommt mich bis heute, wenn ich an diesen Moment zurückdenke. Alles eine Frage der Perspektive. Ich atmete wieder, mein Herz schlug und das Wichtigste: Ich war gesund. Das, was ich in Hanau erlebte, relativierte vieles. Worüber soll man sich noch aufregen oder wütend sein, wenn man am eigenen Leib erfahren hat, dass das Leben einem nicht selbstverständlich gegeben ist? ‚Der Morgen ist nicht versprochen' ist ein Satz, der mir in den Sinn kommt, wenn ich darüber nachdenke. Dankbar zu sein für das, was man hat, und nicht so sehr darüber zu klagen, was einem fehlt, ist einer der großen Schlüssel für ein zufriedenes Leben.

Ich habe gelernt, dass man aus Krisen mit positivem Denken wieder rauskommen kann. Als ich in der Hanauer Klinik lag, wusste ich nicht, was kommen würde. Die Ungewissheit war groß. Würde ich wieder mein altes Leben zurückbekommen?

Wie sahen die Folgen meines Herzinfarktes aus? Ich sagte mir, ich werde alles bewusst genießen, was kommt. Jeder kleine Schritt sollte ein Erfolg sein. Ich sah nicht, was mir noch fehlte, sondern das, was ich erreichen konnte. Ich war in den ersten Tagen durchaus auch verzweifelt, wusste nicht, wo das alles enden würde. Ich fragte mich so manches Mal: Schaffe ich das noch? Schaffe ich den Sprung zurück ins Leben? Aber ich spürte, dass das doch alles einen Sinn haben musste, nicht umsonst gewesen war. Ab da war ich davon überzeugt, dass ich wieder gesund werden würde. Durch das Erlebte verlor ich die Angst vor dem Tod. Das war wie eine Befreiung. Den Tod muss man annehmen; er gehört zum Leben dazu. Ich glaube: Nur wer sich mit dem Tod beschäftigt, kann das Leben auch richtig schätzen. Man muss das Beste daraus machen, für sich und andere. Gutes tun ist die beste Medizin für eine echte Ausgeglichenheit im Alltag. Wenn ich morgens aufstehe und sage, alles ist negativ, dann ist die Chance groß, dass auch alles negativ wird. Aber wenn ich sage, heute bin ich dankbar, freundlich und gehe auf die Mitmenschen zu, dann kann es gut sein, dass ich einen schönen Tag erlebe.

Ich bin einmal gefragt worden, ob das Leben nach solch einem „Wunder" eine Bürde sei, weil man nach einem solchen Geschenk vielleicht den Druck verspürt, etwas Großes aus dem Rest seines Lebens zu machen. Ich empfinde das nicht so. Seitdem sehe ich mein Leben als Geschenk, bei dem es vor allem um das Annehmen geht. Um den Blick auf die vielen kleinen schönen Dinge. Den will ich mir bewahren und versuchen, aus den dramatischen Ereignissen zu lernen. Aber dafür muss man das Leben lieben. Und ich liebe es. Deshalb war es mir auch immer wichtig, anderen Menschen zu helfen.

Zurück ins Leben
Nach der ersten Euphorie des Überlebens waren die Wochen, die dann kamen, extrem mühsam. Ich musste stabilisiert werden,

und das in allen Belangen. Alles brauchte Zeit. Aber so gut ging es mir schon wieder, dass ich auf der Intensivstation Fußball schauen wollte. Deutschland spielte im Rahmen der WM-Qualifikation für das Endturnier in Brasilien in Irland, und es gab keinen Fernseher in meinem Zimmer.

„Annemarie, kannst du mir nicht einen Fernseher besorgen?", fragte ich meine Tante.

„Dieter, das hier ist eine Intensivstation. Die machen das nicht ohne Grund, dass sie keinen Fernseher in die Zimmer stellen. Und außerdem, wie soll das denn mit dem Anschluss gehen?"

„Du hast doch diesen kleinen Apparat mit eigener Antenne."

„Ach Dieter, hast du wirklich keine anderen Sorgen, als dir ein Spiel anzuschauen?"

„Komm schon, Annemarie, sag Harro Bescheid. Er hilft dir, ihn zu bringen."

Es war dann tatsächlich Annemaries Mann Harro, der einen tragbaren Fernseher in die Klinik brachte. Die Pflegekräfte schauten etwas überrascht, hatten am Ende aber nichts dagegen. Das Problem war nur, dass wir keinen Empfang hinbekamen. Irgendwie konnte der Fernseher auf dem Zimmer kein Signal empfangen. Wir probierten es eine halbe Stunde und gaben dann auf.

Deutschland gewann 6:1 und ich erzählte am nächsten Tag munter, dass ich ein ganz tolles Spiel gesehen hätte. Das war nicht die einzige groteske Auswirkung meiner Halluzinationen.

Nach knapp einer Woche wurde ich nach Bad Nauheim in die Kerckhoff-Klinik verlegt, wo ich meine Reha begann. Dort wurde mir auch ein Defibrillator und ein Herzschrittmacher eingesetzt, eine kleine Operation unter Vollnarkose. Der „Defi" stellt automatisch fest, wenn eine Herzrhythmusstörung auftritt. Dann sendet er einen Stromstoß aus, der die Rhythmusstörung beheben kann. Er ist so groß wie eine Scheckkarte.

Mein kleiner Lokalpromi-Bonus half mir sicherlich, dass ich überall sehr nett empfangen und behandelt wurde. Die allermeisten hatten durch die Zeitung und das Internet mitbekommen, was mir zugestoßen war. Die Anteilnahme war insgesamt wirklich überwältigend. Ich bekam Fanpost, an die 100 Briefe von Menschen, die mir Mut zusprechen wollten. Ich habe jeden einzelnen Brief, jede Mail gelesen. Auch meine Ex-Vereine nahmen Anteil. Die Spieler des OFC schickten am Rande des 5:2-Heimsiegs gegen Babelsberg mit einem „Alles Gute, Dieter Müller!"-Plakat Genesungswünsche ins Krankenhaus. Und dass die Fans des 1. FC Köln bei einem Heimspiel lautstark meinen Namen skandierten, macht mir noch heute Gänsehaut. Auch der hessische Ministerpräsident Volker Bouffier meldete sich und Heribert Bruchhagen, Vorstandschef von Eintracht Frankfurt. Das alles baute mich unheimlich auf.

Komischerweise ist das Datum meines Infarkts kein besonderes für mich. Es ist nicht so, dass ich den 5. Oktober jedes Jahr feiern würde, als sei es mein zweiter Geburtstag.

Aber ich lebe seitdem bewusster und änderte meine Gewohnheiten. Ich ging zurückhaltender mit dem Alkohol um und ließ auch von den Zigaretten ab. Ich hatte über die Jahre sehr viel geraucht. Johanna sagte immer zu mir, ich würde die Zigaretten „fressen". Doch nach dem Herzstillstand war Schluss damit. Ich sagte mir: Nie mehr Rauchen. Das hat auch mit der Verantwortung gegenüber der Familie und dem Partner zu tun. Man sollte die Zeichen, die der eigene Körper sendet, schon ernst nehmen. Ich reduzierte auch meinen Fleischkonsum und nahm extrem ab.

Fast der zweite Infarkt

Meine Bemühungen führten dazu, dass ich mich topfit fühlte und wieder joggen konnte. 2014 setzte ich mir in den Kopf, an dem berühmten „Marathon du Medoc" teilzunehmen. Ich stellte mir das wie ein Jogginglauf durch die geliebten Weinberge bei Bordeaux vor. Die Veranstaltung vereint Sport, Gastlichkeit und das Feiern. Der Marathon, der immer im September stattfand, gilt als der größte Läufer-Karneval der Welt. Mehr als 90 Prozent der Teilnehmer sind kostümiert auf der Strecke unterwegs. Jedes Jahr gibt es ein anderes Verkleidungsmotto, diesmal lautete es „Schick in Schale". Unsere weißen Heinz-Flohe-Trikots aus der glorreichen FC-Köln-Zeit waren vielleicht nicht ganz passend, aber wir fanden unser Outfit super.

Ein Rundkurs führt entlang der Weinberge mitten durch beeindruckende Châteaus. Der Knüller ist aber, dass es an den Versorgungsständen nicht nur Wasser gibt, sondern besten Rotwein, natürlich aus Gläsern und nicht aus Pappbechern, leckeren französischen Käse, Austern und andere Köstlichkeiten. Nicht ohne Grund gilt der „Marathon du Médoc" als die längste Weinprobe der Welt.

Ich war zwar 61 Jahre alt und hatte einen implantierten Defibrillator, aber ich wollte diesen Lauf unbedingt mitmachen.

In Frankfurt war ich zu dem Zeitpunkt Teil einer Laufgruppe, die sich jeden Sonntag im Frankfurter Stadtwald traf, darunter auch Leute wie Ex-Nationalspieler Ronny Borchers. Wir feierten zusammen, unternahmen Ausflüge. Ich überzeugte einige meiner Laufkumpel, gemeinsam am Marathon du Médoc teilzunehmen. Wir sagten uns, es gehe um den Spaß, und wenn alles gut liefe, würden wir vielleicht die Halbmarathon-Distanz schaffen. Hauptsache, einmal dabei gewesen sein! Mit meinem Freund Jürgen Molnar, einst Spieler beim 1.FC Kaiserslautern, fuhr ich Anfang September 2015 Richtung französische Atlantikküste.

Am Abend vor dem Rennen waren wir so unvernünftig, etliche Flaschen des Jahrgangs 1954, meines Jahrgangs, zu verkösten. Ich musste feststellen, dass es für meine Verhältnisse ein wenig zu viel gewesen war.

Am nächsten Tag war es bereits morgens es sehr warm. Am Startort fanden wir keinen Parkplatz und mussten unser Auto weit ab vom Schuss abstellen. Danach hatten wir Schwierigkeiten, in dem Gewühl die Ausgabe der Startnummern zu finden.

Die Stimmung war überbordend. Musikgruppen spielten, Sambatänzerinnen heizten ein. Die 20 Kilometer sollten machbar sein, dachte ich. In einem riesigen Pulk trabten wir langsam los. Während viele Läufer schon bei den ersten Getränkeständen einen „becherten", zog ich es vor, mich ganz auf das Laufen zu konzentrieren. Nach Alkohol war mir nach dem Vorabend nicht zumute. Nach etwa sechs Kilometern merkte ich, dass etwas nicht stimmte. Ich bekam immer schwerer Luft und sagte zu Jürgen, der neben mir lief: „Mir geht's nicht gut."

Er sah mich an: „Du siehst ganz blass aus."

Ich legte mich ins Gras am Wegrand. Der Lauf war an dieser Stelle zu Ende für mich. Viel früher als gedacht. Ich hatte mich komplett überschätzt. Der Shuttle brachte mich zum Startpunkt zurück. Spätestens da hätte ich unbedingt das Sanitäterzelt aufsuchen müssen – gerade mit meiner Vorgeschichte. Warum sagte ich: „Wird schon nicht so schlimm sein?" Jürgen holte das Auto und wir fuhren zurück zu unserem Chateau, wo ich den Rest des Tages auf dem Zimmer verbrachte. Einen Arzt wollte ich nicht. Ich kann mir heute nicht erklären, warum. Hatte ich Angst, mir einzugestehen, dass ich nach wie vor am Herzen verwundbar war?

Ich war heilfroh, als ich am nächsten Tag im Auto saß und wir nach Hause fuhren. Jochen Hoim, mein Freund aus Maintal, hatte eigentlich fliegen wollen, sich dann aber zu uns in den Wagen gesetzt. Jürgen wechselte sich mit ihm beim Fahren ab. Ich lag die ganze Zeit auf der Rückbank und schlief. Wir hielten nur ein- oder zweimal, kamen nach 12 Stunden in Maintal an. Zu Hause traf ich auf Johanna, die meinen Zustand entgeistert registrierte. Ich hatte ein schlechtes Gewissen und fand für mein Verhalten keine Erklärung. Sie packte mich sofort in den Wagen und fuhr mit mir nach Bad Nauheim. Dort stellte man fest, dass sich wieder eine Arterie verengt hatte und ich kurz vor einem Infarkt stand. Ich bekam umgehend eine Bypass-OP. Bei dem erneuten Eingriff wurde ein Sehnerv beschädigt. Keine Ahnung, wie das geht, Fakt ist, dass ich seitdem mitunter leicht doppelt sehe. Nach diesen zwei Operationen durfte ich mich im schönen Bayern, in einer Klinik an den Osterseen in Bayern erholen und darüber nachdenken, warum ich die Signale meines Körpers nicht ernst genug genommen hatte. Die Ärzte wählten klare Worte. Noch einmal würde ich nicht so viel Glück haben. Meine Herzleistung liegt seitdem bei maximal 35 Prozent. Doch das kann ich verschmerzen. Ich lebe. Immer noch. So leicht bin ich nicht von der Bühne des Lebens weg zu bekommen.

Epilog

Es ist ein heißer Tag Ende August 2019. In Geisenheim im Rheingau weht eine sanfte, sommerliche Brise. Über dem Rheintal thront die Burg Schwarzenstein, eine im 19. Jahrhundert von der Weinhändlerfamilie Mumm erbaute künstliche Ruine. In den 1950er-Jahren eröffnete Rudolf-August Oetker dort ein Restaurant, seit 1989 beherbergt die Ruine einen Hotelbetrieb. Unter zwei Birken sitzt am Nachmittag eine Hochzeitsgesellschaft, die 80 Gäste fächern sich mit den Speisekarten Luft zu. Das ist nicht irgendeine Hochzeit, das ist meine Hochzeit.

2019 war es nach 24 Jahren endlich so weit: Ich bat Johanna um ihre Hand und sie sagte tatsächlich „ja". Eine Heirat hatte für uns bis dahin nie groß zur Debatte gestanden. Meine erste Ehe war krachend gescheitert und wir hatten viele Jahre gezeigt, dass es auch ohne Trauschein bestens funktioniert. Wir waren ja glücklich zusammen, liebten uns.

Doch im Frühjahr 2019 ging es mir nicht gut, ich durchlebte eine heftige Krise. Plötzlich wollte ich nur eines: mich an Johanna binden.

Nun sitze ich also da und lausche den Worten des Pastors, lasse das Leben an mir vorbeiziehen und spüre große Dankbarkeit.

Es ist nicht selbstverständlich, jeden Morgen aufzuwachen. Das Leben ist ein Geschenk, für das ich wirklich unendlich dankbar bin. Nachts, wenn ich wach liege und nicht mehr schlafen kann – was übrigens immer häufiger vorkommt –, denke ich über vieles nach: über die Menschen, die mir etwas bedeuteten, meinen Stiefvater, mit dem ich nur sieben Jahre verbrachte, meine Mutter, die gegeben hat, was sie imstande war zu geben, meinen Sohn Alexander. Einmal im Jahr versuche ich, Alexanders Grab bei Aachen zu besuchen.

Ich denke an meine Schwester, die eine Tochter und einen Sohn zurückließ. Vor allem mein Neffe Lukas steht mir sehr nah, er ist für mich wie ein Sohn.

Ich denke an meine Tante Annemarie, den Menschen, der mir nach meiner Frau am nächsten steht. Außer der innigen Verbundenheit der frühen gemeinsamen Jahre in Offenbach verbinden uns die schlimmen Schicksalsschläge.

Die große Kunst des Lebens besteht darin, Dinge loszulassen und anzunehmen. Das loszulassen, was man liebt, und die Aufgaben anzunehmen, die uns das Schicksal stellt, auch wenn das wahnsinnig schwer ist. Das Leben kann ein mieser Verräter sein und manche Dinge kann und muss man vielleicht auch nicht verstehen.

Ich musste Alexander loslassen, aber ich bin dankbar für die Zeit, die ich mit ihm erleben durfte.

Dank

Zuerst möchte ich am Ende dieses Buches meinem Ghostwriter Mounir Zitouni danken. In den vergangenen Monaten entwickelte sich zwischen uns eine große Verbundenheit. Mounir ist ein sehr guter Freund geworden, für den ich immer da sein werde.

Danken möchte ich natürlich auch dem Verlag Edel Books, der an mich und meine Lebensgeschichte geglaubt und mir dieses Buch ermöglicht hat.

Von ganzem Herzen danke ich meiner ersten Frau Henny, die mir einen großartigen Sohn geschenkt hat, mit dem ich 15 Jahre lang glücklich sein durfte.

Und natürlich danke ich meiner wunderbaren Frau Johanna, die mir ihre Liebe in allen Momenten ihres Lebens geschenkt hat. Sie hat mir gezeigt, dass Lieben alles Verstehen und alles Verzeihen heißt. Dafür liebe ich sie sehr.

Danke an Anna und Johannes, den Kindern meiner Frau, die ebenfalls sehr früh ihren leiblichen Vater verloren haben und die ich seit 25 Jahren begleiten darf. Die Liebe zu ihnen gibt mir Kraft in schwierigen Momenten meines Lebens. Sie sind wunderbare Menschen.

»Dieses Buch nimmt kein Blatt vor den Mund«

Sein Doppelleben als Fußballprofi und Alkoholiker konnte er vor Fans und Öffentlichkeit jahrelang verheimlichen. Erst zwei Jahre nach seinem Abschied aus der Bundesliga gelang ihm im Jahr 2000 nach viermonatiger, stationärer Therapie der Ausstieg aus der Alkoholsucht. Borowka berichtet in seiner typisch direkten und kompromisslosen Art von Alkohol und Fußball, Freunden und Feinden, Enttäuschungen und Unterstützung. Dabei spart er nichts aus. Am wenigsten sich selbst.

Uli Borowka mit Alex Raack
Uli Borowka: Volle Pulle
Mein Doppelleben als Fußballprofi und Alkoholiker

12.95 € (DE) / 13.40 € (AT)

> **Ich würde heutzutage wahrscheinlich die gesamte Presseabteilung eines Vereins beschäftigen.** <

Mario Basler galt als Freigeist in einer Welt durchtrainierter, stromlinienförmiger Athleten, dabei war er unbestritten ein absoluter Ausnahmespieler.
Seine Erfolge sprechen für sich: Er war Deutscher Meister, Pokalsieger, Europameister und Bundesliga-Torschützenkönig – und immer gut für Schlagzeilen. Öffentlich zelebrierter Nikotin- und Alkoholkonsum, zur Schau gestellte Trainingsunlust, Interviews, die heute Megahits in sozialen Medien wären: Der gebürtige Neustädter tat immer nur das, was er wirklich wollte, eine Attitüde, die es bis heute unmöglich macht, diesen Mann nicht zu lieben oder zu hassen. In *Eigentlich bin ich ein super Typ* erzählt Mario Basler über sich selbst, sein unangepasstes Leben und seine beispiellose Karriere, gerade heraus, authentisch, voller Witz und Ironie und bisweilen überraschend nachdenklich.

Mario Basler mit Alex Raack
Eigentlich bin ich ein super Typ

18.95 € (DE) / 19.50 € (AT)

Edel Books
Ein Verlag der Edel Germany GmbH

Copyright © 2020 Edel Germany GmbH,
Neumühlen 17, 22763 Hamburg
www.edelbooks.com
2. Auflage 2020

Projektkoordination: Dr. Marten Brandt
Lektorat: Ronit Jariv, Dr. Marten Brandt
Layout und Satz: Datagrafix GSP GmbH, Berlin | www.datagrafix.com
Umschlaggestaltung: Rothfos & Gabler, Hamburg
Lithografie: Frische Grafik, Hamburg
Druck und Bindung: GGP Media GmbH, Pößneck

Alle Rechte vorbehalten. All rights reserved. Das Werk darf – auch teilweise – nur mit Genehmigung des Verlages wiedergegeben werden.

Printed in Germany

ISBN 978-3-8419-0697-7